四川职业技术学院文库·百年校庆丛书

高职院校执行力研究

Gaozhi Yuanxiao Zhixingli Yanjiu

马莉 编著

西南交通大学出版社
·成都·

图书在版编目（CIP）数据

高职院校执行力研究 / 马莉编著. —成都：西南交通大学出版社，2017.11
（四川职业技术学院文库. 百年校庆丛书）
ISBN 978-7-5643-5858-7

Ⅰ. ①高… Ⅱ. ①马… Ⅲ. ①高等职业教育－学校管理－研究－中国 Ⅳ. ①G718.5

中国版本图书馆 CIP 数据核字（2017）第 264703 号

四川职业技术学院文库 · 百年校庆丛书
高职院校执行力研究
马 莉 编著

责任编辑	臧玉兰
助理编辑	宋浩田
封面设计	曹天擎
出版发行	西南交通大学出版社 （四川省成都市二环路北一段 111 号 西南交通大学创新大厦 21 楼）
发行部电话	028-87600564 028-87600533
邮政编码	610031
网 址	http://www.xnjdcbs.com
印 刷	四川煤田地质制图印刷厂
成品尺寸	170 mm × 240 mm
印 张	12.75
字 数	249 千
版 次	2017 年 11 月第 1 版
印 次	2017 年 11 月第 1 次
书 号	ISBN 978-7-5643-5858-7
定 价	58.00 元

前 言

高等职业院校处于我国职业技术教育的顶端，高等职业教育研究对于我国由制造业大国向制造业强国转变具有重要的意义。但其执行力却一直颇受诟病，影响了高职院校职业教育效能的发挥，本书力求在此方面进行突破。

本书首先对高职院校执行力相关理论进行梳理，进而系统地论述高职院校领导力、组织结构、运行机制、学校团队、校园文化及其与执行力之间的关系，分析影响高职院校执行力的因素，探讨促进高职院校执行力的策略，为高职院校执行力提升提供参考。

本书由四川职业技术院校的马莉副教授、贺桂祯助理研究员和易伟副教授共同编著，具体分工如下：

第一章　总论　由易伟编著

第二章　高职院校领导力与执行力　由马莉编著

第三章　高职院校组织结构与执行力　由马莉编著

第四章　高职院校运行机制与执行力　由马莉、贺桂祯编著

第五章　高职院校学校团队与执行力　由马莉编著

第六章　高职院校校园文化与执行力　由马莉编著

全书由马莉统稿，马莉、贺桂祯共同校对。

本书受四川职业技术学院文库·百年校庆丛书基金资助。

执行力有关的专著虽然很多，但大多围绕企业进行论述，专注于高职院校的论著还很鲜见，本书在专家学者研究的基础上借鉴学习、进行了一些探索。本书的编著非常感谢我院漆明龙教授、廖策权副教授、姚进昆副教授等专家的指点。感谢本书所参阅、引用的信息和资料的作者，如有遗漏，敬请谅解。感谢西南交通大学出版社编辑的辛勤劳动。由于水平有限，加之成书时间紧，不足之处在所难免，还望各位专家、学者以及读者提出宝贵意见。

马　莉

2017 年夏　于南充

目 录

第一章　总论.../001
第一节　执行力研究现状.../001
一、国外执行力研究.../001
二、国内执行力研究.../001
第二节　执行力概述.../003
一、执行力.../003
二、执行力特征.../005
三、高职院校执行力.../005
四、高职院校执行力作用.../006
第三节　高职院校执行力体系.../007
一、领导力.../008
二、组织结构.../008
三、运行机制.../009
四、学校团队.../010
五、校园文化.../010

第二章　高职院校领导力.../012
第一节　高职院校领导力与执行力关系.../012
一、领导力的理论渊源.../012
二、高职院校领导力相关概念.../013
三、高职院校领导力的意义.../013
四、高职院校领导力与执行力的关系.../014
第二节　党委（行政）领导力.../015
一、党委（行政）领导力概念界定.../015
二、党委（行政）领导力构成要素.../016
三、高职院校党委（行政）领导力现存问题.../024
四、高职院校党委（行政）领导力提升策略.../028

第三节　教师领导力.../035
一、教师领导力概述.../035
二、高职院校教师领导力现状.../036
三、高职院校教师领导力提升策略.../038
第四节　辅导员领导力.../043
一、辅导员领导力概述.../043
二、高职院校辅导员领导力存在的问题.../045
三、高职院校辅导员领导力存在问题的成因分析.../048
四、高职院校辅导员领导力提升策略.../050
第五节　学生干部领导力.../056
一、学生干部领导力概述.../056
二、学生干部领导力现状.../059
三、高职院校学生干部领导力存在的问题.../060
四、高职院校学生干部领导力提升策略.../064

第三章　高职院校组织结构与执行力.../071
第一节　高职院校组织结构与执行力关系.../071
一、相关概念界定.../071
二、高职院校组织结构的类型.../072
三、高职院校组织结构的特性.../074
四、高职院校组织结构与执行力的关系.../076
第二节　我国高职院校组织结构的现状.../076
一、学院层次.../077
二、系（二级学院）层次.../077
三、教研室层次.../078
第三节　我国高职院校组织结构的问题.../078
一、工作重心偏移.../078
二、单位划分不合理.../079
三、层级结构欠科学.../080
四、权力分配不合理.../080
五、协调机制不健全.../082
六、与外界交流不畅.../082

第四节　高职院校组织结构提升思路.../ 082
一、明确界定职责权能关系.../ 082
二、分类规划高职院校组织结构.../ 083
三、改善运行环节.../ 083

第四章　高职院校运行机制与执行力.../ 085
第一节　高职院校运行机制与执行力关系.../ 085
一、机制.../ 085
二、运行机制.../ 085
三、高职院校运行机制.../ 085
四、权力制约.../ 086
五、高职院校运行机制与执行力的关系.../ 086
第二节　高职院校运行机制的现状.../ 087
一、高职院校党委和行政的基本情况.../ 087
二、党委领导的内涵与运行机制.../ 089
三、院长负责的内涵与运行机制.../ 091
四、教授治学的内涵与运行机制.../ 092
五、民主管理的内涵与运行机制.../ 093
第三节　高职院校运行机制的问题.../ 093
一、党委与行政部门职责不明晰.../ 093
二、运行效率不高.../ 095
三、行政执行效果不好.../ 096
四、决策程序不够民主.../ 096
第四节　高职院校运行机制改善策略.../ 097
一、借鉴美国董事会制度的成功之处.../ 097
二、行之有效地实施分工负责.../ 098
三、努力提高决策程序的民主性.../ 099
四、与时俱进地完善制度建设.../ 099
五、实事求是加大宣传力度.../ 100

第五章　高职院校学校团队与执行力.../ 102
第一节　高职院校学校团队与执行力关系.../ 102
一、相关概念界定.../ 102

二、高职院校学校团队与执行力的关系.../103
第二节 高职院校行政管理团队.../104
一、行政管理团队相关概念.../104
二、高职院校行政管理团队建设的必要性.../106
三、高职院校行政管理团队建设的特殊性.../109
四、高职院校行政管理团队效能建设关键因素.../112
五、高职院校行政管理团队建设.../113
第三节 高职院校教学团队.../120
一、教学团队内涵.../120
二、高职院校教学团队构成要素.../122
三、高职院校教学团队特征.../124
四、高职院校教学团队建设内容.../125
第四节 高职院校科研团队.../126
一、科研团队概念界定.../126
二、高职院校科研团队构成要素.../127
三、我国高职院校科研团队建设现状.../130
四、我国高职院校科研团队建设方向.../132
第五节 高职院校辅导员团队.../135
一、辅导员团队概念.../135
二、高职院校辅导员团队发展现状.../139
三、高职院校辅导员团队存在的问题.../139
四、高职院校辅导员团队建设对策.../142

第六章 高职院校校园文化与执行力.../149
第一节 高职院校校园文化与执行力关系.../149
一、高职院校校园文化内涵.../149
二、高职院校校园文化特征.../152
三、高职院校校园文化与执行力的关系.../155
第二节 高职院校校园文化建设内容.../156
一、高职院校校园文化建设主体.../157
二、高职院校校园文化建设客体.../166
第三节 高职院校校园文化建设意义.../177
一、社会主义先进文化建设的要求.../177

二、高职学生人文素质提高的途径.../178
三、高职院校管理水平提高的需要.../178
四、高职院校竞争力提高的必然.../179
五、高职院校特色凸显的重点.../181
第四节 高职院校校园文化建设的途径.../181
一、营造高职院校校园文化建设氛围.../182
二、突出高职院校校园文化建设特色.../183
三、提升高职院校校园文化建设质量.../186
五、打造高职院校校园文化建设平台.../191

参考文献.../193

第一章
总论

第一节　执行力研究现状

一、国外执行力研究

执行力属于管理学的范畴。美国的拉里·博西迪与拉姆·查兰在2002年7月合著了《执行——如何完成任务的学问》，该书一经推出便好评如潮。书中从不同的角度对执行力一词赋予了丰富的涵义，剖析了执行力的三个主要流程——战略、人员和运营结合起来的关键，阐明了形成企业管理的最大黑洞的原因是人们对执行力的认识不足。从此，对执行力的研究风靡全球，关于执行力的各种学说也随之风起云涌，该书可谓是执行及执行力理论研究的奠基性著作。2003年，在《执行力——没有执行力，就没有竞争力》一书中保罗·托马斯和大卫·伯恩提出：执行力是一整套行为和技术体系，它能够使公司形成自己独特的竞争优势，没有执行力就没有竞争力。该书从五个方面构建了执行力的一整套运作体系，论述了企业组织应该如何提升执行，从而在激烈的竞争中占据优势地位。

国外学者的研究大多是站在企业的角度研究执行力，为企业的发展提供理论基础，对于高等院校或者高职院校执行力发展应用则没有进行深入研究。

二、国内执行力研究

在执行力研究风靡全球的背景下，中国也兴起了执行力研究的高潮。在国内，对执行力的理论研究较早且发展相对成熟的是有中国执行力研究第一人之誉的周永亮所在的国富执行力课题组。他们先后出版了《本土化执行力模式》① 与《GFO6

① 国富执行力课题组《本土化执行力模式》[M]．北京：中国发展出版社，2004.

组织执行力：打造执行力组织的 6 项实务》[①] 两本书。其中《本土化执行力模式》一书主要从执行为什么是企业成长的关键和构成执行的核心要素出发，论述了要提升企业的执行力应从执行心态、执行工具、执行角色、执行流程、执行原理、辨认执行的误区、执行评估以及执行力组织几方面出发，结合本国实际情况，从而实现执行力的构建。而《GF06 组织执行力：打造执行力组织的 6 项实务》一书则主要是从组织这一实体出发，提出了打造组织的六项实务：如何评估组织执行力、怎样设计组织执行力、执行力组织如何有效运行、执行力组织如何管理绩效、如何推动执行者有效执行、如何让员工成为卓越执行者。这两本书立足于国内企业，理论实用性比较强，也相对比较系统。

余世维博士[②]在 2004 年和 2005 年分别出版了名称相同的两本书《赢在执行》。他指出要克服中国企业执行力低下的问题，首先要明确企业高层、中层、基层的执行战略并缔造高效执行经理的领导哲学，其次是明确执行的 48 字真经，最后还探讨了世界优秀公司的七大执行纲领，从而为中国企业执行力的提升指明了方向。余世维博士在企业界的演讲对国内的影响很大。企业界研究成果丰硕，引起全社会的响应与互动。教育理论工作者和管理者借鉴企业界对于执行力的研究成果，将执行力理论嫁接到教育领域并应用于学校教育领域，初步形成了关于学校的执行力理论。

（一）高职院校执行力内涵研究

执行力的定义有很多，却没有统一的定论。因此，学术界借鉴执行力的定义来界定高职院校执行力的定义也是多种多样，没有统一的定论。从这些定义的解析视角来看，关于高职院校执行力的定义界定基本可分为两类。

第一类是广义的视角。其出发点是以高职院校的职能为依据，将执行力涵盖到高职院校行政活动的全过程中，以做出全面综合的概括。中国石油大学蒋庆哲教授认为，对于高职院校来说，执行力的核心作用在于实现学校的战略性长远目标，实质是指按照党的教育方针政策，完成学校战略决策、战略规划等方面的能力[③]。第二类是狭义的视角。把高职院校执行力限定在高职院校政策的制定和执行上。如苏天从在硕士学位论文中界定的概念是：学校的执行力就是学校内部的各个管理层次、各个岗位的教职员工在共同愿景的牵引下，在有利的执行条件，如文化、经

---

① 国富执行力课题组《GF06 组织执行力：打造执行力组织的 6 项实务》[M]. 北京：中国发展出版社，2004.

② 余世维，赢在执行[M]. 北京：中国社会科学出版社，2005.

③ 文永红，努力提升高校管理者的执行力　不断推进学校各项事业改革发展——访中国石油大学（北京）党委书记蒋庆哲[J]. 北京教育（高教版），2007（3）.

费、制度等的基础上，贯彻落实学校制定的战略决策、方针策略、制度措施、方案计划和实现学校战略目标的能力①。杨振娇认为，高职院校执行力就是指其落实党的方针政策、完成学校战略决策、决议和工作部署的实践能力和操作能力，当前高职院校执行力主要就体现在领导学校跨越式发展的思路和作为上②。齐永胜则认为学校执行力就是按质、按量、按时完成自己的工作③。

（二）提升高职院校执行力的途径研究

近年来，学者们研究的重点和难点是关于如何提升高职院校执行力的问题，总体上也是从宏观和微观两个层面来探讨高职院校执行力的提升途径。从现有研究可以看出有关高职院校执行力的研究仍属于初级化的基础研究，高职院校执行力的理念与理论研究有待加强，高职院校执行力建设体系有待构建与完善。执行力理论在高职院校教育管理领域中的运用在目前国内外的研究中都还很欠缺，尚未有针对高职院校执行力建设研究的系统全面的著作。高职院校执行力建设是一项系统的复杂的工程。没有一个完善的理论体系来指导实践，高职院校则无法建设优秀的执行力体系，所以教育研究工作者们应尽快加强理论研究，并指导实践工作，使执行力落于实处。

第二节　执行力概述

执行力一词的流行，始于2002年美国拉里·博西迪和拉姆·查兰合著的《执行——如何完成任务的学问》（后简称《执行》）一书。该书开门见山地指出：执行应当是一名领导者最重要的工作。对于企业的各级管理者来说，执行和领导几乎就是同义词。领导的主要职责是执行，而有效的执行需要强有力的领导。执行是要求达到某种目标的行为。因此，执行是一种暴露现实并根据现实采取行动的系统化方式。执行并不是一个简单的完成任务的概念。同样是去执行某项任务，达成某种目标，但结果却有好坏之分，因此执行也是一门学问。

一、执行力

什么是执行力？拉里·博西迪与拉姆·查兰在《执行》一书中向人们阐述了

① 苏天从，学校管理中执行力的研究[D]．福建师范大学，2008.
② 杨振娇，高等学校提升执行力的要素[J]．黑龙江教育，2006（13）．
③ 齐永胜，学校核心竞争力关键在于执行力[N]．中国教育报，2006.06.06.

一个全新的执行概念：执行是一套系统化的流程，它包括对方法和目标的严密讨论、质疑、坚持不懈地跟进以及责任的具体落实。它还包括对企业所面临的商业环境做出假设、对组织的能力进行评估、将战略与运营及实施战略的相关人员的结合、对这些人员及其所在的部门进行协调以及将奖励与产出的结合。它还包括一些随着环境变化而不断变革前提假设和提高公司执行能力以适应野心勃勃的战略挑战的机制。执行的核心在于三个核心流程：人员流程、战略流程和运营流程。因此，执行并不仅仅局限于实施这个管理环节中，而是贯穿于整个管理循环中，也就是全面质量管理的思想，是企业中全面执行的思想。

"执行力"一词以前在中国并不常见，在大部分情况下是用"贯彻落实"，比如贯彻落实党的方针政策和规划纲领等。但随着执行力研究的传入，中国企业界掀起了执行力热潮。国内的企业管理界对"什么是执行力"进行了许多探讨，对于执行力的概念，他们有自己的解读。学者和实践家对于执行的认识，归结起来，认为执行有三种形态：第一，执行是个人完成任务的行为；第二，执行是团队达成目标的过程；第三，执行是组织决策、运营、操作的系统集成。这三种关于执行的定义都有道理。人类认识事物的过程都是从简单到复杂，对于执行的认识也是这样，说简单一点它是一种行为，说复杂一些是一个系统集成。所以，应该从多角度多侧面认识执行力才有意义。执行力是衡量执行水平高低、执行者能力大小、执行效果好坏的一个概念。执行力是执行者贯彻战略意图，完成预定目标的操作能力，是把组织战略、规划转化成为效益、成果的行为，包含完成任务的意愿、完成任务的技能、完成任务的效果和程度。执行力的大小强弱还表现在执行的力度、速度和强度等方面。

个体执行力主要有以下三个方面的内容：第一，基础智能，包括智商、基础文化和情商；第二，心理性格能力，包括灵商、事业心和使命感、敬业精神、责任感和忠诚度、持续不断的行动习惯、积极的心态和工作激情；第三，技术技能，包括具备完成工作任务的潜在胜任能力、实际完成工作任务的显在操作能力、技术创新和能力提升的自觉能力。

团队执行力则是一个组织的合力，是决策层、管理层与执行层的合力，是单个个体以一定的结构组织起来所表现出来的合力，它比单个个体的简单相加要大，是一种制度力，体现为上下一致的凝聚力。团队执行力的基本内涵有：在人员上，下属必须有贯彻执行的能力；在结构上，执行结构不能过于复杂，结构的简单化与扁平化是发展的趋势，结构必须适合贯彻执行命令；在态度上，下属要有充足的贯彻执行的原动力，或者下属贯彻执行时态度必须端正。团队执行力体现为上下一致的行动，必须具有清晰的奋斗理念和明确的奋斗目标以及鲜明时代特点的团队文化。

二、 执行力特征

对于执行力的定义有很多，但却没有一个约定俗成的执行力定义，每个人都从自身所处的社会背景和所掌握的知识出发进行不同的解释。但我们可以总结出普遍认可的执行力所包含的一些特征：首先，执行力是具有目标指向的，并且更关注行动，关注结果，是目标、行动、结果三者的统一；其次，执行力是一种合力，组织执行力是一个系统性概念，它是组织内各个部门、全体员工执行力的合力，是由领导者和全体员工共同努力而形成的综合的能力，与组织的其他发展因素密切相关，是相互促进、相互制约的关系；再次，执行力不仅仅需要整个组织的努力贯彻，还需要一定的执行条件，如执行力文化，这是保证战略目标高度执行、得以实现的基础因素。因此，所谓的执行力应是指在可行战略目标的指引下，在有利的组织条件基础上，依靠组织全体人员的共同努力而有效地达到远景、实现既定目标的能力。

三、 高职院校执行力

通过企业界对执行力定义的分析，相应地可以将高职院校执行力定义为：高职院校执行力，就是高职院校内部自上而下整个管理层次、各个岗位的教职工在共同愿景的牵引下，在有利的执行条件的基础上，贯彻落实高职院校制定的战略路线、方针决策、规章制度，实现高职院校战略目标的能力。高职院校执行力应该贯穿于高职院校管理的全过程，而不仅仅是目标的落实。

我们借鉴企业执行力，但也应看到高职院校的执行力是与企业执行力有本质区别，如果照抄照搬，那么高职院校的执行力只能是流于形式。二者的区别有以下几点：其一，目标不同。高职院校是以服务学生为目的的，主要职能是人才培养、科学研究、社会服务、文化传承创新；企业则是以获取经济利益，谋求股东最大利润为目的的，主要是通过商品的生产与销售来实现。其二，组织结构体系不同。高职院校结构松散，人性化管理为主，多数成员之间联系不紧密，相对地彼此独立；企业则是科层体制，组织内层极其严密，管理体系弹性小，这就使得企业落实执行力的困难与阻力较小，而学校教职工因为彼此争权夺利并推诿卸责，相互独立而无隶属关系，执行力的落实难度将大大提高。其三，对象不同。高职院校执行力的对象是教职工，但是执行力的效果要通过学生来体现，组织任务的达成则很难立刻显现出来，所培养出来的学生能否适应社会的需要，还要通过其在社会建设中是否做出了贡献才能加以判断；企业贯彻执行力的对象主要是其成效即所获得的经济效益，可以立刻从收支上有所体现，因此，若是简单地套用企业的理论，那么高职院校的执行力必然走形。其四，领导权力基础不同。高职院校的领导权力基础有限，在奖赏权与惩罚权两者上较为薄弱；企业组织的领导权力则有奖赏权、惩罚权、参照权、关联权、专家权与知识权可以利用。因此，高职院校在落实执行力时遇到的挑战更大、困难更多。

四、 高职院校执行力作用

战略决定命运，执行决定成败。高职院校具有人才培养、科学研究、社会服务和文化传承与创新等职能。任何一种职能的实现，都需要制定科学的战略规划，需要强有力地予以执行，使战略规划成为现实，推动学校发展，实现教育事业的振兴。

学校执行力的高低直接决定高职院校的生存与发展，对于推进现代学校制度的建设，走有中国特色的建设道路，实现学校跨越式发展，有着不可忽视的重要作用。

（一） 正确的执行能推动目标的实现

学校的战略规划和发展目标的顶层设计，决定着学校发展的方向。首先，目标必须制定好。要进行充分调研，既要研究学校的历史、办学优势、学校在全国高等教育中的地位以及各个专业的特点，也要研究社会对本校的认可度、需求度以及所能承载对社会服务的内容与方向。目标的制定要广泛依靠群众，不能完全交给领导者，战略目标和执行要紧密联系在一起同步前进，既要在兄弟院校中调研，进行对比分析，吸取经验和教训，也要充分征求本单位干部职工的意见建议，充分发扬民主，坚持从群众中来，到群众中去，坚持理论与实践的紧密结合，这样制定的战略规划、实施方案才具有科学性、可操作性，才具有广泛的群众基础。其次，要制定战略决策执行的推行机制，通过制定措施，促使这些规划方案得以有效执行，以实现其既定目标。

（二） 坚决的执行能提升竞争的优势

红后效应。红后效应又称作“红后”“红后假设”“红后竞赛”“红后原理”，是一种进化假设。这个词来自于刘易斯·卡洛尔（英国）所著童话书《爱丽丝奇境历险记》（《爱丽丝梦游仙境》）。红后效应告诉我们，要想适应不断变化的社会，并在激烈的竞争中取得更大的成功，就必须比我们的竞争对手更加努力。对于高职院校来说，竞争愈演愈烈，今天的竞争优势，也许明天就不复存在，甚至会成为劣势，要想保持优势，在竞争中立于不败之地，就要全校上下围绕制定的规划目标不懈努力，不断进步。而这些努力，就是对学校方案、制度、规定的贯彻落实，就是执行。有人说，没有执行，战略再好也无法实现，原有的竞争优势也将荡然无存。在执行过程中，一要坚决，按照既定目标不折不扣地执行，认认真真地执行，脚踏实地执行，以踏石留印，抓铁有痕的精神，强力推动。二要坚持，在执行过程中会遇到方方面面的问题和形形色色的阻力。要学习铁人王进喜的精神，即有条件要上，没有条件创造条件也要上的精神，持之以恒，坚持不懈。三要彻底，要围绕既定目标，先易后难，循序渐进，不达目标绝不罢休。学校发展进步快慢，常常体现在执行能否到位，在于能否按质按量地完成每一项既定任务。

（三）尊重执行能培育优秀高职院校文化

高职院校文化是学校的灵魂，是学校竞争力的核心。优秀的高职院校文化不是空洞的说教，而是通过一种氛围和精神潜移默化地影响人，给人们以正能量。而执行，正是其核心所在。没有执行，任何目标都不会实现，任何文化都有如空中楼阁。执行文化是高职院校文化的重要支文化，是其他分支文化形成的基础。优秀执行文化可以促进形成强大执行力，并使这些执行力得以长久维持。而优秀执行文化的形成与稳定，也是执行意识、执行理念、执行觉悟的固化。破窗理论告诉我们，如果有一个人打破规矩，不认真执行职责或任务且又得不到及时有效遏制，这种风气会迅速蔓延，以至于让整个已形成的文化现象产生危机。相反，如果高职院校积极构建优秀的执行文化，就会最大限度地调动学校全体成员的积极性和创造力，形成强大的竞争优势，推动学校各项事业的高效运转，从而形成优秀的高职院校文化。

第三节 高职院校执行力体系

有资料表明，一个成功的企业，20%靠战略，60%靠企业各级领导和员工的执行力，剩下20%靠运气等其他因素。也有人说，企业成功三分靠战略，七分靠执行。可以看出，执行力对企业的成败有着不可替代的决定作用。同样，对高职院校而言，身处于高职院校林立的激烈竞争中，执行力是高职院校竞争力的核心，是高职院校获得可持续优势竞争力的强大支撑，其优劣直接决定着高职院校战略目标能否顺利实现，决定着能否成为众多高职院校中的佼佼者。

高职院校执行力受多个方面影响，成为一个体系——高职院校执行力体系，其影响因素主要有领导力、组织结构、运行机制、学校团队以及校园文化。

一、 领导力

领导力是一种影响力，是领导者实现领导过程、完成组织目标所应具备的能力素质。领导力决定执行力，执行力保障领导力，二者相互推动、相互促进，使正确的理念变成现实。在高职院校中，它包括党委行政领导力、教师领导力、辅导员领导力以及学生干部领导力。

党委行政领导力是指党委行政在高职院校中担当最高战略决策团队的角色，为实现学院的发展愿景和办学目标，以特定的领导素质、合理的知识和技能，在履行工作职责的各种领导活动中所应具备的各种能力的有机组合。教师领导力指教师的影响力，是指在教育、教学、科研等活动过程中通过自己及团队的权威促使目标顺利达成的能力。辅导员领导力就是高职院校辅导员通过自身的教师权力以及所具有的非权力性要素帮助学生在人格、心理、学习等方面树立正确观念的一种综合性影响力。学生干部领导力指高职院校学生干部具备了领导者的责任意识、奉献精神、荣誉感和一定的知识储备，具备了领导力的客观要素，在本质上是一个影响他人的过程，是通过对被领导者产生的影响，塑造人、改造人的过程。因此，学生干部领导力不是基于学生干部职位的权力，而是一种基于学生干部职务的价值追求（组织愿景和目标），是通过发挥学生干部自身的个人天赋、知识智慧、人格魅力等综合能力，率领、引导、激励普通学生，在组织行为中克服阻力、提高效率、实现组织愿景与目标的过程。

二、 组织结构

组织结构是指组织内部各组成要素及相互联系的方式或框架，是指组织成员为实现组织目标，在管理工作中进行分工协作，在职务范围、责任、权力方面所形成的结构体系，是执行力顺利实施的保障。它包括纵向层次结构，横向部门结构，职能、职权结构。

纵向层次结构，通常可分为高层、中层和基层。高层，负责指定总目标及方针政策，也称为战略层；中层，负责指定具体计划，执行上级政策，也称为业务层；基层，实施上级所安排的具体计划或工作，也称作业层。横向部门结构，可以按功能分为：决策机构、执行机构、参谋机构与监督机构。职能、职权结构，即各层次、各部门在完成组织目标所需的各项业务工作、比例和关系以及在权力和责任方面的分工及相互关系。

组织结构，其科学性与否是执行效果如何的重要影响因素。科学的组织结构，均有明确的组织界定，清晰的权责划分，可以引导并激发执行者执行的积极性，能有效规避执行过程中的不利因素，积极吸纳学校相关资源，整合各方面的积极力量，以促进目标的实现，执行力的提高。

三、 运行机制

机制泛指一个工作系统的组织或部分之间相互作用的过程和方式。运行机制是指影响机构运行的内部和外部的多种构成要素之间相互联系和作用的关系及运转方式。高职院校运行机制是高职院校内部和外部周而复始地运转着的工作系统中组织或部分之间相互作用的过程和方式，它包括依附于其上的制度，激励、监督以及反馈机制等。

我国高职院校目前实行的是党委领导下的院长负责制。“党委领导”一般是集体领导和分工负责相结合，集体领导指的是党委集体讨论关系到学校改革发展与稳定的重大事项，最后的决策也由党委集体决定；分工负责指的是党委成员要认真领会集体决策的精神，根据分工切实履行自己的职责，做好决策的执行工作。“院长”是学校的法定代表人，全面负责学院的教学、科学研究和其他管理工作，落实学院党委决定的相关事项。高职院校一般将院长办公会的召开作为一项会议制度固化下来，在比较固定的时间召开，坚持院长办公会制度是“院长负责”运行机制的基本形式和最主要的途径。此外，还有教授治学和民主管理。教授治学是指专业教师要参与学院中的教学和学术管理，包括专业建设、教学改革方案的制订及学术成果等方面的管理；民主管理是指高职院校的工会和教职工代表大会有对学院相关事项提出建议和意见的权力，对学院的发展起着重要的作用。

制度的生命力在于执行，不能得到有效执行的制度规定、方案规划，犹如一纸空文，形同虚设。习近平总书记在中央政治局会议上部署八项规定时指出：规定就是规定，不加试行二字，就是要表明一个坚决的态度，表明这个规定是刚性的，其中最重要的是要抓好落实，言必行、行必果。要围绕有力执行的目标，建立有效激励机制。对于有力执行达到执行目标，进行精神、物质等表彰，激励后进；对于规避执行、选择执行、执行效果不佳、完成任务不力的，综合运用纪律、组织、人事等多种惩处手段，给予相应处分，防止出现执行中打折扣、做选择、搞变通的现象，以达到全面提升执行力的目的。

监督监控是保证执行的重要举措。建立健全监督监控机制，以完整的监督体系、科学的监控方法、完善的反馈机制，随时掌握每件工作的开展情况。以动态的跟踪发现问题，以及时指导解决问题，以事后实施情况检查反馈问题，以对渎职或慵懒散现象的惩处，避免增加不认真履行职责的成本，以完整的监控链条，推动执行力的提升。

四、学校团队

美国学者卡曾巴赫和史密斯认为：团队就是由少数有互补技能，愿意为了共同的远景目标、业绩目标和方法而相互承担责任的个体所组成的群体。高职院校就是由许多具有各种专业所长，为了高级技能型人才培养、为了高职教育发展目标，相互作用，相互依赖，各自承担相应责任的个体组合在一起的组织。根据各个个体在组织中的责任不同，高职院校团队可分为行政管理团队、教学团队、科研团队、辅导员团队。

高职院校行政管理团队是指高职院校中进行学校事务管理的所有人员的组合，这种组合对学校各种事务进行决策、计划、组织、领导、控制、协调、监督，以期达成既定的学校目标。高职院校教学团队是在高等职业教育中，根据教学改革和教学任务需要，以提升教学和人才培养质量、促进教师队伍整体素质的提高为根本目标，以推动教学内容、教学方法改革与研究，促进教学研讨和教学经验交流，开发教学资源，推进教学工作的老中青相结合为重点，由教学水平高、专业技能强或学术造诣深的专家教授领衔，由知识与能力互补、分工明确、相互承担责任、彼此团结合作的教师组成的群体。科研团队是在知识和能力上互补的一定数量科研人员，为了实现科研创新目标、承担共同责任而相互协调配合的正式群体。辅导员团队是以增强大学生思想政治教育时效性为目标，以知识互补、资源共用、经验共享、协同合作为基本要求，由在年龄、性别、学历、知识结构、工作经验、优势特长等方面存在差异的专业及年级的辅导员组成的一支正式群体。

团队执行力的大小，取决于执行环境和各个执行者的主观努力。强大的执行团队，要有克服一切困难，将执行进行到底的气魄和决心。团队成员之间互相帮助，互相支持，每个人充分发挥其知识和资源优势，实现优势互补，共同提高，以促进学校战略目标的实现。团队执行意识的培养，既需要各个成员有较高的素养，更需要建立团结、和谐、健康向上的文化氛围，培养一致的价值认同和思想观念，为实现统一目标而共同努力。

五、校园文化

校园文化是校园人（包括办学者和师生员工）在校园这一特定环境中进行管理、施教、学习和娱乐等校园活动过程中所构建的以物质文化为载体、以制度文化为保障、以精神文化为核心的动态发展系统。高职院校校园文化是指在高职院校这一特定场所内，由高职院校校园人在校园活动中所构建的校园文化系统。它具有职业性、社会性、实践性、特色性、融合性等特点。高职院校校园文化建设的主体包括管理者、教师、学生、后勤人员；客体包括校园物质文化、校园制度文化和校园精神文化。

习近平同志指出，要化解人与自然、人与人以及人与社会的各种矛盾，必须依靠文化的熏陶、教化、激励作用，发挥先进文化的凝聚、润滑、整合作用。团队执行力的大小，依赖于每个成员的个人能力。个人努力程度和互相协助的工作态度，依赖于团队的工作环境、工作氛围、管理的科学性、规范性，说到底是依赖于执行文化。优秀的执行文化，会促进执行的速度、质量和在执行过程中纪律的有效遵守，注重执行的效益和效率，保证政策决策、制度规定得以彻底贯彻执行，形成较高的执行力。提高执行力，必须着力培育优秀的执行文化，统一全体成员的价值观念、信念及行为规范，逐渐培养自觉的“良好”的执行习惯，充分调动大家的潜力和创造力，实现执行的高效率、高效能、高质量。

第二章

高职院校领导力与执行力

第一节　高职院校领导力与执行力关系

一、 领导力的理论渊源

美国人穆尔是最早提出领导力这一概念的人，1927 年的一次关于领导学的会议上，他指出“领导力即领导者向被领导者说明其意愿，使后者服从、尊重和忠实于前者，并与之合作的能力”。在此同时，其他定义也被学者们不断地提出，但从整体上来看，“伟人论”是这一时期主要的领导力理论，该理论认为领导力是与生俱来，可以测量和鉴定的，但不可以发展的。20 世纪 30 年代，面对经济危机日益加剧的美国，人们发现即使是伟人也无能为力，于是出现了“小团体理论”来代替“伟人论”，“小团体理论”提出可能民主型领导者更加有效，主张领导力可以得到提升。这些发现是社会心理学家从研究中得出的。二战前后，分析领导者应具有的性格意味着领导学研究的转向，这即是“特质理论”，它强调对领导者品质和独特个性方面进行研究。进入 20 世纪 70 年代，人们逐步深入地研究领导学，领导力已经成为管理学家和组织行为学家研究的一个重要课题，围绕领导行为与领导情景的诸多领导力研究都已展开，“行为中心领导力”“变革型领导力”“领导力引擎”等理论相继出现。

20 世纪 90 年代，科特对领导力理论进行了拓展，主要利用了综合魅力领导理论、愿景领导理论和文化理论，靠的是他在非权力研究方面的理论积淀。由此提出“管理是面向现在的复杂性，领导是面向未来推进变革”。此外，领导力由“了解”（know）“成为”（be）“行动”（do）构成著名的领导力“三要素”论，也是当时美国的军事理论界提出的。其中，“了解”是要掌握一定的科学文化以及领导技能，“成为”是指具有领导者特有的价值观和品格，“行动”是指应该具有三种关键的行为方式：影响、执行和改进。

二、 高职院校领导力相关概念

（一）领导力

在组织活动、领导过程中完成预定目标所应具备的能力和素质是各种组织、单位的领导者的一种影响力即为领导力。它具有以下几个特征：（1）与领导过程密切相关的领导力，领导者的能力素质的总称，在实施领导过程中形成、发展，并服务于领导过程中体现的。（2）影响力是一种领导力的实质，领导者个人的能力，在逻辑上还包含被领导者的能力，从某种意义上讲，领导者的吸引力与被领导者的选择力互动而形成的合力就是领导力。（3）实现组织目标才是领导力的着眼点，如果没有目标和方向，也就无所谓领导。（4）个人的知识、能力、素质等因素与领导者的领导力密切相关，起着至关重要的作用，是领导者个人能力素质在其领导力发挥的过程。

（二）高职院校领导力

在高职院校这一特定组织、机构中，各级组织管理者在实现高职院校活动目标时所具备和展现的素质和能力才是高职院校领导力。党委行政领导力、教师领导力、辅导员领导力以及学生干部领导力等高职院校领导力是根据工作任务性质、对象的不同来划分的。

三、 高职院校领导力的意义

（一）加强高职院校党的执行能力建设的需要

当前和今后一段时期加强党的执政能力建设的任务在党的十六届四中全会中被明确提出，指出“党的执政能力，就是党提出和运用正确的理论、路线、方针、政策和策略，领导制定和实施宪法和法律，采取科学的领导制度和领导方式，动员和组织人民依法管理国家和社会事务、经济和文化事业，有效治党治国治军，建设社会主义现代化国家的本领”。各级领导干部的领导水平和执政水平体现党的执政能力和水平的高低。因此，执政能力建设的加强，提高高职院校各级领导干部的领导力和执行力是根本问题，否则，无法保证高职院校党的先进性，难以提高党的执政能力，无法推进高职院校教育事业的发展。

（二）建设我国高等职业教育的需要

当前，经过多年的快速发展之后，我国经济增速，因原先的数量型增长不可持续，慢慢地降了下来，需要提升质量型增长，将制造业大国变成制造业强国，急需调整经济结构。作为培养高级技能型应用型人才的高等职业教育学校，进行相应调整也是急需的。不断研究新情况、解决新问题是对高职院校各级领导干部的要求。新问题的解决、管理素质和能力的不断提高，对教育的发展也会起到促进作用。

（三）加强高职院校领导干部队伍建设的需要

领导干部能力建设的重要组成部分是领导力与执行力，干部队伍建设是高职院校的关键环节。高职院校各级领导干部的领导水平和执行能力能保证各项政策和措施的顺利推进，是领导力与执行力的直接体现。没有所谓领导者的存在，就没有领导力的表现，没有执行力，好的政策措施就无法实施。因此，只有不断提升领导力与执行力的高职院校领导干部，才能不断适应时代发展的需要，只有在优秀的领导干部的带领下，才能取得高职教育事业的成功。

四、 高职院校领导力与执行力的关系

统一于领导者身上的两种职务行为取向是领导力与执行力，执行力是通过领导力决定的，领导力是靠执行力保障的，二者相互促进、相互推动。保罗·赫塞博士（Dr. Paul Hersey）作为世界组织行为学大师、领导力大师说过："成功企业的经验和研究结论表明：执行力的本质就是领导力。"①

（一）领导力决定执行力

一般来说，领导者通过自身权力范围对人们行为施加的影响是领导力的直接表现，把思路、战略、决策、规划付诸实施的能力就是执行力。首先，从执行力的构成要素看，起着非常重要作用的是领导力。运作流程、技能水平、执行意愿三个方面是构成执行力的主要要素。运作流程主要指管理流程与业务流程；技能水平是指团队成员的执行技能与水平；执行意愿是指团队成员的工作主动性与热情，即团队执行力。领导者的领导力水平与这三个方面都密切相关。制定科学合理的执行流程是领导者需要做的，提高执行者的技能水平要通过组织培训，并通过多种途径激发执行者强烈的执行意愿，因此，由这三个方面因素所构成的执行状况如何，取决于领导者的领导力水平。其次，执行力包括沟通、协调、反馈、责任、决心五个关键

① （美）詹姆斯·库泽斯（James Kouzes）、（美）巴里·波斯的（Barry Posner），领导力[M]. 电子工业出版社，2004.

环节，而这五个环节的水平都取决于领导者的领导力。例如不到位的协调、不健全的反馈机制、不强的责任意识、淡泊的执行意识，从这些方面都会反映出领导力的缺失。最后，执行结果的好坏是由领导力的水平高低决定的。不到位的执行力表现为散漫的作风、不畅的政令、低下的效率、相互推诿、执而不行，过程中的梗阻是在执行过程中造成的，没有科学合理的管理制度、工作方法、激励机制等问题都与这些领导者有直接关系。由此可见，执行力的好坏是由领导力直接决定的。领导干部的领导力起着决定性的作用这点可以从毛泽东说过的“政治路线确定之后，干部就是决定的因素”中体现。

（二）执行力保障领导力

执行力寓于领导力之中，对领导力起着保障作用。首先，领导者的科学决策应当能有效执行，不科学的决策是不考虑执行效果的决策，执行的内外环境、人员的执行能力、动作流程的承载能力、组织机构的运转水平等因素是领导者做出决策时应当考虑到的，这样才能保证执行力的效果和领导力的有效实施。其次，领导者决策的正确与否需要通过执行力的效果来检验。领导者做出一项决策，其是否科学合理、能否对事业发展起到推动作用，执行力的结果是与之密切相连的，验证靠的是执行结果，而不是单独分开决策与执行进行评价和检验。因此，领导力是否有效实施和领导者的权威性大小是由一项决策的执行效果如何来决定的。最后，执行力的水平高低对领导者的领导力起着重要的影响作用。因为决策与执行的合力是领导力的核心，要具备较强的决策力和执行力才是一个成功的领导者，在做出科学合理的决策后，在执行过程中，要随时关注执行的过程，即目标分解是否到位、进度是否通畅、动作流程是否合理、组织结构是否协调，领导者的领导力水平通过这些直接反映出来，并对进一步实施领导力起到影响和保障作用。

第二节　党委（行政）领导力

一、党委（行政）领导力概念界定

党委（行政）领导力是指党委在高职院校中担当最高战略决策团队的角色，为实现学院的发展愿景和办学目标，以特定的领导素质、合理的知识和技能，在履行工作职责的各种领导活动中所应具备的各种能力的有机组合。需要说明的是，这里所说的能力是通过党委集体的领导行为所产生的有效结果来表现的，是一种集体维度的领导力。还应表明领导力不是领导素质与各种能力的简单的总和，而是在领导职能、领导者素质、领导角色等多种因素综合的作用下而产生的，是一个领导资源与具体的群体形势机变的创造性的结合过程。

二、党委（行政）领导力构成要素

党委（行政）领导力主要由基础性要素、条件要素和场域要素三个要素构成。基础性要素是党委（行政）领导力中人的要素，是之所以成为党委（行政）领导班子所具备的基本素质和组成结构。条件要素所包含的职位要素和非职位要素与基础要素是党委（行政）领导力的内在要素，也可以说是前提性要素。场域要素是党委，在参与领导活动中通过实现领导内容而显现出来的领导力。领导过程和领导内容也是在具体的活动领域中体现的。

基础性要素和条件要素只有通过场域要素的作用才能起到综合作用。投射在具体的领导活动中，场域要素也能对党委自身的素质、班子结构、角色转换等前提要素起着某种形塑作用。例如，党委（行政）在教学科研管理中，前提是党委（行政）班子应具有较高的政治和管理的理论及科学水平，教育管理的知识，更要有统领全局的胆识，并且有处理学院重大事务的职位权力，才能发挥相应的业务领导力。

（一）党委（行政）领导力的基础要素

党委（行政）领导力形成的基础性要素，概括地说就是人的要素，由党委（行政）成员的个体领导素质要素和党委（行政）班子的结构组成。

从个体维度来讲，党委（行政）成员的领导素质要素是党委（行政）成员各项综合素质的要素。党委（行政）领导干部的主要职责是制定方针、把握组织发展方向、组织执行及战略规划。因此，党委（行政）领导成员的素质也要与之相匹配。

1. 政治素质

学院党委（行政）成员要坚持正确的政治立场，要符合高等教育规律和高等教育法规的要求，并且依据学院情况，形成各具特色的办学方针。这也是高职院校党委（行政）领导团队的政治责任。政治素质的标准与内容主要体现在以下几个方面：政治知识、政治理论、政治理想与政治信仰、政治态度和政治立场、政治观念与政治意识。

2. 教育科学素质

高职教育有其自身的特点和规律，而在高职院校的治理改革中不断出现新情况、新问题，单凭个人经验和智慧难以支撑。高职院校党委（行政）成员应是教育家，要知晓教育管理的内涵，能够依循高等职业教育的发展规律，掌舵高职教育改革的发展方向，才能办好学校、使学校形成特色。

3. 业务素质

高职院校党委（行政）成员要对本职业务熟练精通，领导者必须有知识，而且要比领导对象拥有更广博的知识。一个优秀的高职院校（行政）党委领导团队应具备所有与其职能相关的知识，但这对领导团队来说是不小的挑战。随着高职院校规模的扩大和多元利益主体的生成，学校与社会关系越来越紧密，高职院校党委（行政）在具有较强的经济、外交、宣传、公关能力的基础上，协调高职院校内外部关系的同时，其管理能力主要表现为决策力和协调力，具体表现为真理性、宽容性、前瞻性和公正性。

4. 学术素质和知识结构

高职院校党委（行政）成员应具有一定的专业技能和学术研究能力，只有具备熟练的专业技能、广博的基础知识、深厚的专业功底，才能引领教学与科研的工作。高职院校领导所需具备的知识分为核心知识和相关知识。核心知识是指与高职院校领导从事的工作联系十分紧密的知识，这些知识是一名高职院校称职的党委（行政）领导所必备的，是最低的知识要求。核心知识包括教育科学知识、战略管理知识、危机处理知识、资源管理知识、管理科学知识和全面预算知识等。相关知识是指与党委（行政）成员分管的工作有关，但关系不如核心知识密切，对高职院校领导的工作有益的知识。相关知识包括专业知识、法律知识、信息技术知识、外语知识等。

从领导集体的维度来讲，党委（行政）班子结构包括年龄结构、性别结构、气质结构、知识结构、专业化水平结构等等。领导团队具有多样化的特点，包括年龄、性别、职业经验、任期、教育水平、专业等多个维度，构成了一个由诸多要素组成的相互作用、相互关联的复合系统，是一个具有特定秩序的功能性结构。团队的成功运行，离不开合理的成员素质结构，是一个动态发展变化的过程，要想有效地运作，对具备不同技能的人进行合理搭配显得非常重要。一个团队需要有三种不同技能类型的成员：其一，若干善于倾听、反馈、解决冲突及拥有处理人际关系技能的成员；其二，具有解决问题和决策技能的成员，这些成员能够发现问题，提出解决问题的建议，并权衡这些建议，然后作出有效的选择；其三，具有技术专长的成员。

（二）党委（行政）领导力的条件要素

条件要素是党委（行政）领导力形成的条件性的要素，它包括党委（行政）的职位要素和非职位要素。职位要素指的是党委（行政）的职责范畴，非职位要素是指党委（行政）应具有正确的职业价值观、共同的愿景和目标以及维持领导团队的基本条件等，有了这些条件要素，才能促使党委（行政）作为一个整体发挥作用。

1. 高职院校党委（行政）的职位性要素

（1）高职院校党委（行政）的职业特征。

按照《中国共产党章程》规定，“党的领导主要是思想、政治和组织领导”，高职院校党委（行政）领导主要是指党和国家赋予高职院校党委（行政）的政治驾驭权和管理决策权，是高职院校党委（行政）为实现党的教育方针，依据一定程序行使权力的动态过程。深入理解高职院校党委（行政）领导的科学内涵是解决党委（行政）领导实践问题的根本。疏理党委（行政）领导的法定地位、治理职能以及对相关政策法规中对党委（行政）领导的论及内容，有助于清晰地认识党委（行政）领导的特殊性和使命所在，这是高职院校党委（行政）领导力的理论渊源和现实表达方式。

（2）高职院校党委（行政）的核心地位。

党委（行政）是高职院校全局工作的领导核心。目前高职院校实行的是党委领导下的校长（院长）负责制。党委领导下院长负责制的实施包含两层意义：一是如何发挥党委的领导职能；二是如何加强党对高职院校的领导。高职院校党委的主要使命是把好学院办学的方向，抓好师生思想政治工作，培养、选拔和管理干部，研究决定学院重大事项。高职院校行政负责执行、实施党委决策。高职院校党委和行政是贯彻落实高职院校管理体制的领导核心。

（3）高职院校党委（行政）的多元化角色。

我国高职院校现行的领导体制是党委领导下的院长负责制，高职院校党委（行政）是以书记和院长为代表的院级管理者群体的中坚力量，需要具备协调多元利益主体矛盾和冲突的能力，在高职院校的治理改革中代表着多元主体的利益。

在国外对高校领导角色的描述中，最具代表性、最广为人知的当属克拉克·科尔在《大学的功用》中对大学校长角色的概括，他认为“领导者、教育家、创新者、教导者、掌权人、信息灵通人士”这些都是多元化巨型高校领导的角色。我国经济社会正面临结构转型的关键时刻，高职院校的发展也面临着发展转型。高职院校党委（行政）的角色已由单一性转变为被多重角色所标签，高职院校党委（行政）领导应是社会主义政治家、教育家，同时也可能担任筹资者、战略家、管理家以及社会活动家的多元角色。

此外，党委（行政）领导班子“学者”的身份也不断被深化，因此党委会（行政）中应有一定比例的党员教授，这样就可以兼顾宏观管理的方向性以及学术权力在重大决策中的参与程度。高职院校的党委书记作为党委班子的“班长”，院长作为行政班子的“班长”，既是政治家，又是教育家，这也是教授治校、专家治校的现实需求。为体现高职院校决策机构的学术性，提高党政（行政）领导班子的学术“含金量”，需要使政治、行政权力和学术权力相得益彰。

高职院校党委（行政）只有做出合理的角色定位，并且具备相应的角色素质和能力，才能够更好地实现其领导效能，引领当代高职院校的可持续发展。

2. 高职院校党委（行政）的非职位性要素

（1）共同的愿景和目标。

愿景是一种意愿的表达，是对未来以及使命达成时的景象的展望。在一个组织中，愿景概括了组织的目标、使命及核心价值。高职院校党委（行政）成员拥有共同愿景和共同目标，这是党委（行政）领导存在的前提。党委（行政）是由领导个体组成，但成员本身不是相互独立的，他们通过共同愿景和目标聚合成一个整体。在共同愿景和目标下，成员相互依赖、将办学理念和心中的愿景用语言表达出来，领导班子成员不断强化和交流，不断向全校师生进行传达。一旦全体师生从内心接受这种愿景，共同的愿景便变成了一股驱动力量，激励大家奋发图强，让愿景变为现实。

一个成功的党委（行政）领导团队，不仅表现在能够拥有共享的愿景，而且还需能够准确、及时地把共同愿景转化为明确且具体的目标。高职院校党委（行政）领导团队在设定目标的同时还可以依据 SMART 原则，即：可测量（measurable）、时限（time bound）、达成共识（agreement）、具体（specific）、实事求是（realistic）。党委（行政）领导团队可以依此制定适合自己学院的发展目标及方向，如干部队伍培养、人才培养目标等。实际上，凸显办学特色也是非常重要的。不要一味追求“高、大、全”，更要坚决杜绝“假、大、空”的目标，否则，其结果很可能导致丢失自身的优势。任何层次的高校都需要独具特色，而关键是要准确定位，精心规划学校未来的发展。

（2）领导团队的构成。

一个领导团队大致包括五个基本要素：团队计划、团队目标、团队文化、团队定位和团队成员，这样才能构成一个团队的整体框架。从这五方面建构党委（行政）领导力体系，既有利于抓住问题的关键，又能提高党委（行政）领导力建设的效率。①团队计划：是关于领导团队应如何分配和行使组织赋予的职责与权限的概念，关系到团队的构成问题，涉及的具体问题包括团队成员的数量、团队领导的设置、职责和职能等。②团队文化：主要体现为和谐的领导文化，强大的凝聚力（也称内聚力），是指一个领导团队之中的成员围绕在团队，尽心于团队的全部力量。③团队目标：团队必须有共享的愿景和明确的目标，这是构成和维持领导团队的基本条件。④团队成员：这是构成团队的最重要因素，任何团队都是由不同的个体组成的，确定团队目标、定位、职权和计划，都是为团队取得成功奠定基础，重要的还是取决于团队成员的表现，领导团队的人才资源如何达到最优配置，以充分发挥党委（行政）领导力的作用。⑤团队定位：即团队在组织中处于什么位置、由谁选择和决定团队的成员、团队最终对谁负责以及团队成员在组织中扮演什么角色，是制订计划还是具体实施等。党委（行政）领导团队的凝聚力包含着多方面的内容，具体来说有：对党委（行政）班子的向心力，班子成员之间的相互作用和相互信任的氛围，班子对其成员的吸引力。应该使成员意识到以团队为单位，个人利益和集体利益不可分割，还要强化班子的奋进精神，提高团队凝聚力。

（3）职业价值观。

高职院校党委（行政）成员的职业道德是高职院校党委（行政）的核心价值观。毫无疑问，高职院校党委（行政）成员在遵循一个教授所应具备的职业道德的同时，高职院校党委（行政）领导团队也是高校的最高决策者。所以高校领导在职业道德上应该遵循法律、法规及职业规范，坚持正确的政治立场，心系高校的发展利益和社会利益，具有高尚的道德素养，等。

（三）党委（行政）领导力的场域要素

场域要素指的是党委（行政）领导力形成的活动、范围、内容和过程，是党委（行政）领导在领导活动过程、领导内容及各方面应具有的能力要素。

1. 高职院校党委（行政）在战略管理中的核心职能

（1）注重决策方式，作出有效的决策：作为学院决策顶层，从学院目标、计划到人事、财务等重大事项和措施都需要提交党委（行政）会讨论决定。可以说，决策是高职院校党委（行政）领导的主要内容，并且主要制定战略决策，包括资源配置、战略重点、战略转移等。

（2）注重战略团队的组建和培养：要保证学院战略管理的效果和质量，领导团队的力量不可忽视，关系到高职院校党委（行政）领导的战略决策，还影响着领导战略决策的顺利实施。为此，必须组建战略团队，这些团队是由各级管理人员组成的各种组织。

（3）凝拣明确的办学理念，制定学院的发展战略：在战略管理层面，高职院校党委（行政）领导团队首要的职责是凝练明确的办学理念（包括高校理念、教育目的理念、教师理念和治校理念等），由于党委（行政）在学院的核心地位，对学院的建设与发展具有巨大的影响和作用。在学院的战略管理中，党委要善于抓住改革的机遇，分析学院所处的具体情境，准确判断学院优势和劣势，明确高校使命，并制定各具特色的战略规划，以起到引领全局的作用。

一是职能战略团队，主要由主管副院长和职能部门骨干组成，在总战略方向的指导下，执行教学、科研、专业建设等各系统的具体战略决策。二是高层战略团队，该团队主要由党委书记、院长、副书记、副院长和部分专家教授组成，具有权威性。其主要职能是对学院战略规划、办学目标和定位及特色理念等重大事件进行定夺，有助于制定战略决策。

2. 高职院校党委（行政）在教研管理中的核心职能

教研管理主要包括学院的科研管理、教学管理和专业建设三大版块。党委（行政）在教研管理中的职能主要包括：（1）争取专业建设资金和教学科研资金来源多元化，寻求办学经费的多渠道，提高经费利用率；（2）健全专业管理模式，党委（行政）领导团队应改变不合理的专业组织模式，加强内部协调和管理；（3）组建一支合理的师资队伍，根据学院的使命和定位不同，组建以学术为基础或以教学为基础的教师队伍；（4）确定专业建设的布局和方向，要充分利用学院资源重点建设，合理布局。此外，还需要敏锐的前瞻力能够使党委站在专业、科研前沿，对科研的发展趋势有一个总体的把握。

3. 高职院校党委（行政）在资源管理中的核心职能

高职院校的资源可以分成人力资源、财务资源和学生资源。

（1）人力资源管理：高职院校党委（行政）对人力资源管理的参与主要是制定人力资源管理规划，决定人力资源的结构、规模，并正确引导教职工完成高校的使命、实现制定的目标而做出贡献。这些主要体现在：人才引进、岗位聘任、职称评审、师资队伍建设以及人事调整等几个方面。在人力资源管理中，党委（行政）必须要充分体现出领导才能，才可以更好地领导和管理师资队伍。

（2）财务管理和基础设施建设：财务管理部门管理着高职院校的所有现金流动。党委（行政）对财务管理的参与主要体现在进行年度财务预算，研究学院重大财经政策、措施和执行等方面的内容。基础设施建设有：教学楼、运动场地、实验仪器和校园网络等的建设。高职院校的发展需要投入大量的资金，必须根据学院资金的实际状况有选择地进行发展。这需要高职院校党委（行政）领导团队具备良好的经济预算能力，合理安排学院的资金、整合资源、突出优势，使高校更好、更快地发展。

（3）学生资源招生就业管理：主要包括与学生及家长的关系管理、学生生源管理、对学生就业的帮助和指导等。高职院校党委（行政）在招生管理中，最重要的职责就是维护学院的形象。这对吸引优秀学生来学院求学、提高生源质量、扩大生源起着很重要的作用。在就业管理中，高职院校党委（行政）领导团队需要制定学生就业的相关政策，并且维持与企业、政府机构及其他社会组织之间的密切联系，拓宽学生的就业渠道等。

高职院校的资源管理需要对各职能部门进行统筹和协调。高职院校党委（行政）领导团队对资源管理起着重要作用：宏观重大政策的制定、协调各资源管理部门的关系和信息沟通等。

4. 高职院校党委（行政）在外部关系处理中的核心职能

高职院校的外部关系处理主要包括学院与社会、学院与政府、学院与其他高校、学院与教育部和教育机构等关系的处理。外部关系是学院重要的社会资源。为学院发展提供一个良好的环境、保持良好的外部关系能拓宽外部对学院的支持。在市场经济体制下，学院处于一个开放的动态环境之中，需要及时处理与外界一系列关系。高职院校党委（行政）领导团队的一个重要活动就是协调与外部的关系。维护学院与社会、教育部、政府及其他高校和教育机构的关系是高职院校党委（行政）的本职工作。基于此，高职院校党委（行政）既要是出色的社会活动家，又要是出色的政治家。

高职院校党委（行政）需要时刻保持与外界的良好互动，尽力为学院创造良好的外部环境，争取更多的办学资源，以维护学院稳定向上的发展。

5. 高职院校党委（行政）的核心职能与领导力的关系

高职院校党委（行政）领导力的发挥会直接影响到高职院校党委（行政）能否胜任其分内职能。而有些领导力是党委（行政）成员个体领导力的考量，与党委（行政）领导者的特定素质息息相关。从高职院校党委（行政）的核心职能出发，抽象出与之相关的核心领导力，如表2-1所示。

表2-1　核心职能对应的核心领导能力

核心领导力	核心职能的内容
战略规划能力	制定学校的目标和使命，制定学校战略以及规划高校愿景的能力
决策能力	进行战略决策，参与并为学校其他重大问题的决策提供支持的能力
分析能力	进行环境和办学理念分析以及为各种决策提供信息支持的能力
政治领导能力	把握社会主义办学方向，统领学校的教师和学生群体
沟通协调能力	协调多元利益主体的各种关系，使工作、任务顺利完成的能力，主要包括交流沟通能力、协调能力和相关关系维护能力
资源管理能力	信息资源管理、人力资源管理和财务资源管理
团队建设能力	战略团队的建设和师资队伍建设的能力
团队创新能力	办学特色、学科建设布局和方向的创新以及重大战略问题上的创新能力
社会活动能录	处理与政府等外部的关系，参加社会活动、讲演以及筹资的能力

续表

核心领导力	核心职能的内容
服务育人能力	为社会和企业培育合适的人才，规划通才教育的能力
经营运作能力	进行计划、组织、领导和控制的能力
前瞻力	用国际化的视野考虑学校的目标、使命，具有高瞻远瞩的发展眼光
驾驭变革能力	应对学校发展环境变化的能力，善于抓住机遇的能力

按照党委（行政）的集体维度来看，分别从领导活动和领导内容进行疏理，领导活动过程方面包括党委（行政）在领导活动中的沟通协调力、应变力、决策力、执行力、激励力及经营力等。按照党委（行政）个体维度来看，个人活动方面包括道德力、智慧力、思想力、学习力、创造力等。

（1）前瞻力是指用国际化的视野考虑学院的目标、使命，具有高瞻远瞩的发展眼光。

（2）团队创新能力：主动性与学习意愿、创新意识、发现问题能力、工作适应能力、解决问题能力。行为：实施创新行动、抓住关键问题、多角度思考问题、乐于合作创新、敢于创新。

（3）战略规划能力是指高职院校党委（行政）基于高校所处的环境，站在学院的全局和长远出发的角度来观察，具体地体现和落实好国家的对外战略和政策，明确学院使命和愿景的能力。

（4）沟通协调能力是指高职院校党委（行政）成员妥善处理好学院内外的各种关系，使其减少摩擦，能够调动团队乃至全校师生齐头并进的组织能力。

（5）经营运作能力是指高职院校党委（行政）按照学院领导工作和任务，进行计划、组织、领导和控制的能力。

（6）决策能力取决于高职院校党委（行政）决策水平的高低，是根据学院的发展目标，针对学院重大的问题进行选择和优化的能力、科学决策的能力。

（7）分析能力是指为了实现高校的目标，完成学院的使命，高职院校党委（行政）通过各种途径为战略决策、统筹规划和监督控制等重要信息支持的能力。主要包括校内外环境分析、政策解读、办学理念和特色的分析，准确判断机遇的内涵和变化以及为各种决策提供及时的信息支持能力。

领导内容方面包括党委（行政）的用人力、用财力、业务领导力（包括教学领导力、科研领导力、思想道德教育领导力等）。

1. 用人力

（1）服务育人能力，是指为完成学院的使命，对服务社会和培养人才的资源和信心支持的能力。主要包括为社会和企业提供合适的人才。

（2）团队建设能力，是指高职院校党委（行政）在战略团队和师资队伍建设的能力。学院组建合理的团队协助其更高效地完成各项工作。师资队伍建设的能力是通过招聘和筛选建立强大的师资队伍，带领教师全体完成学院发展的目标。

2. 用财力

用财力主要概括为资源管理能力，是指对学院资产安全实施保障和合理配置资产利用工作中必备的管理能力，主要包括人力资源管理、资产管理和信息资源管理。

3. 业务领导力

（1）社会活动能力是指高职院校党委（行政）进行社会活动时处理外部关系所具备的能力，如包括代表高职院校党委（行政）处理政府等外部的关系，参加活动的表现力、说服力及筹资的能力等。科研领导力、教学领导力、学科建设领导力等具体到业务层面所应具备的领导能力。

（2）思想道德教育能力是指高职院校党委（行政）能够把握社会主义办学方向，统领学院的教师和学生群体，并且应对于政府、社会的能力。

三、高职院校党委（行政）领导力现存问题

（一）源于高校党委（行政）领导团队组成的问题

党委（行政）领导力形成的基础性要素，通俗讲就是人的要素。由党委（行政）成员的领导素质要素和党委（行政）班子的结构组成。从基础性要素所包含的内容来看，可以归结为高职院校党委（行政）领导团队组成的问题。领导力体系构建见图2-1。

（1）从我国高职院校的实际情况来看，高职院校党委（行政）班子在结构上还存在着不同程度的问题，如各年龄层搭配不佳、专职人员与兼职人员比例失调、专业人才所用非所学等。诸如此类问题都或多或少地影响着学院党委（行政）领导力的发挥。这些问题往往会使得学院党委（行政）在工作中产生认识不统一、配合不到位、步调不一致、关系不协调等问题，可能导致的结果就是各行其是、各自为政，甚至独断专行；缺乏全局观念，工作应付了事；一团和气、回避矛盾，缺乏原则性。

（2）组织结构的匹配欠佳。

党委（行政）成员的综合素质缺失。高职院校党委（行政）成员的个体领导力的欠缺主要表现为领导能力欠缺，领导者自身的知识结构不合理，教育管理理念落后。目前我国高职院校党委书记和院长的素质缺失主要表现在：①学术经历简

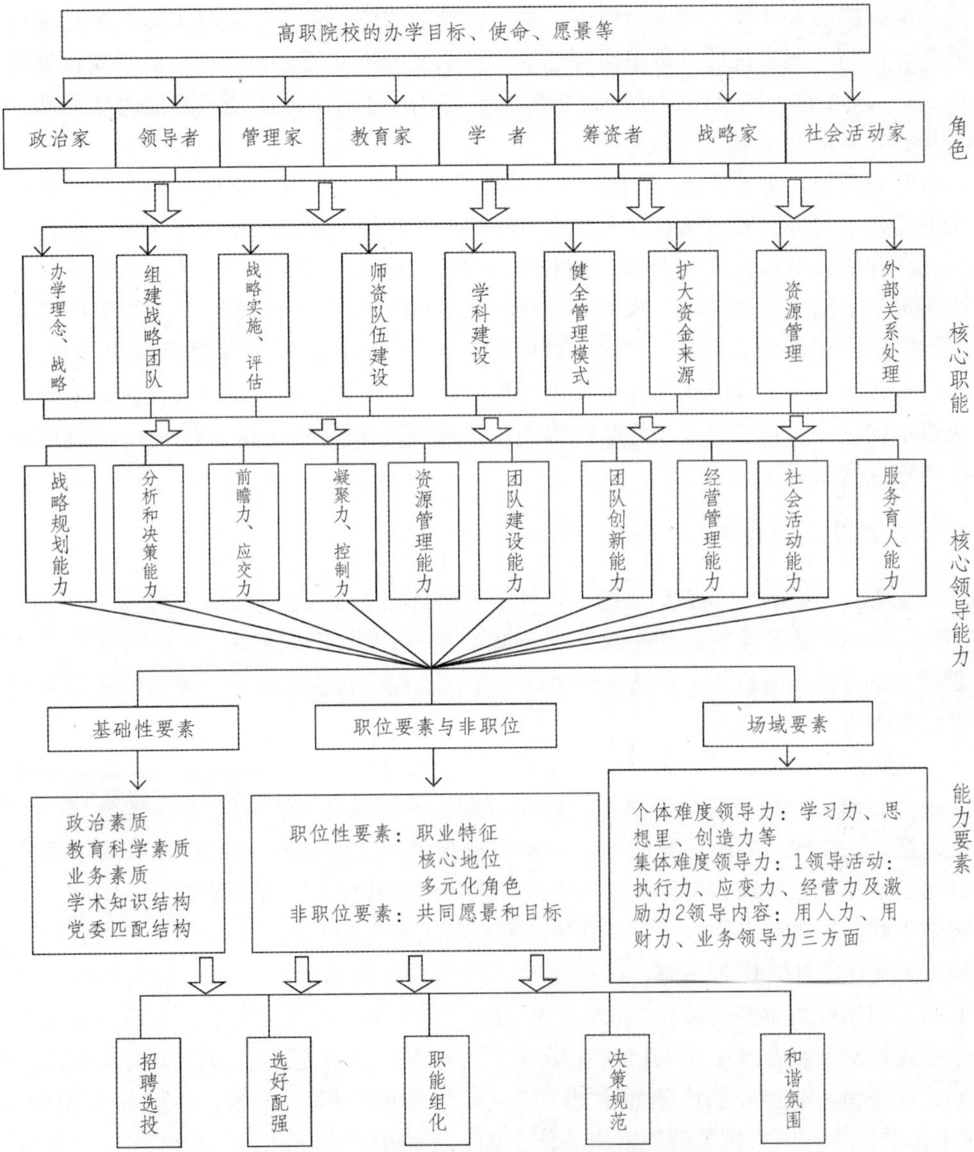

图2－1　高职院校党委领导力体系的构建

单，对大学的学术发展规律把握程度不够。②学科背景单一，缺乏广博的人文知识素养。③工作经历简单，缺少政治家的眼界。④学历层次参差不齐，缺少专精的专业知识。⑤对高等职业教育科学的理论研究不够重视。高职院校党委（行政）领导力就像是一面网，而这面网的弹性和张力主要取决于学院党委（行政）班子集体。张力的支撑全凭每位领导的修养、能力、才华和学识，弹性的幅度是依赖着学院长期积累的人文环境和办学历史。党委领导下的院长负责制是我国高职院校现行的教育体制，随着这种具备中国特色的教育制度的不断健全和完善，高职院校党委（行政）领导班子的整体素质一直都在不断提高，这对于我国高职院校的建设和发展具有非常深刻且远大的意义。

客观地说，由于党委（行政）成员各自的经历、性格、学识、禀赋、处事风格的差异，对待问题时难免会有一些不同的看法。从个性互补的角度来看，这种不同的存在能够增加党委（行政）班子的活力，为党委（行政）班子科学而全面地决策提供基础。与此同时，我们还需认识到，每个党委（行政）成员都不可能是“全才”，他们都各有所长，要么使高职院校党委（行政）班子集体具有个体互补、结构合理的特点，就应让其各显其能、各尽其才，扬长避短。从而实现领导集体的决策最优化，达到集体协作的最佳效能，是每所高职院校党委（行政）都应该考虑的重点问题。

（二）源于高校党委（行政）领导职责的问题

党委（行政）领导力形成的条件性要素可分成非职位要素和职位要素。

这里的职位要素指的就是党委（行政）领导团队职责范畴，是指团队负有的职责和享有的相应权力，包括领导团队的工作范围、自主决策权、领导团队事务与学院组织事务的关系等。

就法规条文来说，高职院校中党政（行政）职责是有明确规定的，高职院校党政（行政）系统都应分工协作，各司其职，共同推进学院的良性持续发展。但是，经过认真比对有关法律法规，不难发现相关条文对党委（行政）职责范围的界定过于笼统，所以容易导致党政决策权限和工作程序上出现不明确、不清晰，实践中不好操作等诸多困难。尤其在决策和执行上存在交叉现象，使得许多高职院校领导者无所适从，困苦不堪。这是党委（行政）领导力作用难以充分发挥的主要原因。例如就党委（行政）“抓好大事”这一点来说，哪些是大事，是不是事关要务都要管？又或者《中华人民共和国高等教育法》中规定的“讨论决策学校的改革、发展和基本管理制度等重大事项”，具体指的是哪些内容，这里并不明确。《中国共产党和国家机关基层组织工作条例》（2010 年修订）第十条规定：“审议确定学校基本管理制度，讨论决定学校改革发展稳定以及教学、科研、行政管理中的重要事项”，而重大事项的具体内容没有明细。因此，需要科学且详尽地界定党委（行政）的具体职责，各司其职，规范运行，落实到位，这才是解决问题和矛盾的根本所在。如果领导者连其职责范围都界定不清的话，其领导力也就成了无源之水，根本无法领导好团队。

（三）源于高职院校党委（行政）领导文化的问题

在非职位要素中，维持高职院校党委（行政）领导团队的基本条件是领导文化。党委（行政）班子的领导文化包含多方面的内容：对党委（行政）班子的向心力，班子对其成员的吸引力，以及班子成员之间的相互作用和相互信任的氛围，等。领导文化除了可以强化班子的奋进精神，提高团队凝聚力外，还可以促使党委（行政）作为一个整体发挥效能。

高职院校党内和谐的领导文化还有待提升。高职院校党委（行政）领导力主要取决于两方面：一是，取决于党委（行政）及全体成员在处理校内事物关系中的能动性，成员自身的价值观、主体意识，即校内的管理文化，它是历史的积淀，更是当下的实践；二是，取决于高职院校党委（行政）领导班子全体成员，来自于他们的领导水平、领导魅力和领导风格、领导威信。和谐的高职院校校内管理文化不仅是集体的写照，也是个人的体现，目前我国部分高职院校校内管理文化不和谐，例如确有极少数领导干部，极少数领导班子存在着不团结、不和谐的现象。有的搞“唯我独尊”“我总正确”，不懂得尊重别人，搞以牙还牙，无情打击；有的高职院校党政主要领导的宏观驾驭能力不强，导致学院战略发展目标的制定出现偏差；有的高职院校领导班子缺乏号召力和凝聚力，从而导致工作效率大打折扣；有的不讲原则，搞一团和气，“顺者不好亦好，逆者好也不好”；又如有的搞家长式专治，独断专行，听到不同意见就火冒三丈。

（四）源于高职院校党委（行政）领导活动的问题

高职院校党委（行政）领导力的场域要素是党委（行政）领导班子在领导活动过程中，领导内容及各方面应具有的能力要素。通过访谈调查发现，党委（行政）的领导活动方面的问题凸显，应从培训和决策两个层面叩问治本思维。

1. 我国高职院校领导培训的不完善

（1）培训内容上，政治和教育改革内容充分，领导和管理内容薄弱。目前我国高职院校党委（行政）领导在政治素质和教育改革方面的培训已比较普及，基本进入了常态化阶段。这方面的培训主要是学习党的基本理论和马克思主义、时事政策等。这是从中国的具体国情出发的，是一种极具中国特色的学习内容。但是这些内容中与党委（行政）领导和管理方面的联系薄弱，很少涉及高校党委（行政）领导力的培训内容。

（2）培训项目上，来自政府部门的多，来自高职院校的少。由于我国高职院校党委（行政）领导具有一定的行政级别，因此，针对我国高职院校党委（行政）领导的人力资源培训项目更多的是由各级政府的教育主管机构承担，各高职院校自发的培训活动占少部分。

（3）培训制度及相关政策不健全。国家对于中小学领导者的培训有明确的条文规定，而对于高职院校领导的任职资格和培训要求，至今没有相关的规定，使得各个高职院校对于领导者的培训参差不齐，缺乏制度性规范。

总而言之，我国高职院校党委（行政）领导的培训在政治素质和教育改革培训方面已经普及，但有关领导和管理技能、职业化等普遍欠缺的内容的培训还不成体系，关于高职院校党委（行政）领导的培训项目较少，没有培训制度的保证，对于培训内容和培训方式还不成熟，目前处于一个探索阶段。

2. 党委（行政）领导集体的决策制度有待规范

由于法律和政策条文对于党委（行政）领导职能的划分不清，极大地影响了党委（行政）决策力的发挥。使得党委（行政）在授权和用权时范围不定，影响着党委（行政）领导工作的开展，在党委（行政）的决策规范上显得尤其明显。党委（行政）的决策力是指党委（行政）集体决策，共同议政决策的能力，这也是党委（行政）引领高职院校发展的核心作用。

目前，党委（行政）决策议事的规则和程序尚存在不明确之处，以至于在有的学校，党委会等同于院长办公会或党政联席会（只是主持人不同），党委包揽一切，以党代政、党政不分，党委会不是议政而是议日常行政事务，或者削弱党委的领导核心作用，将党委会开成思想政治工作会，党委只管思想政治不管实事，这在一定程度上制约了党委领导作用的发挥。从决策机制的角度来分析，现阶段我国高校内部领导体制中决策环节有待规范：（1）党委（行政）决策的职权范围仍界定不清。决策权、执行权、监督权往往集中于一个集体。（2）决策过程缺乏监督和制约机制。（3）党委（行政）会决策核心人员的代表性不够广泛，缺乏懂业务的专家和骨干参与其中。（4）决策前缺乏科学论证，决策的整个过程缺乏民主。

四、高职院校党委（行政）领导力提升策略

（一）高职院校党委（行政）领导力提升理论

提升领导团队成员的领导力是高职院校党委（行政）集体的核心竞争力所在，出色的领导力既是高效能领导团队的集中体现也是高效能团队的必然要求。由此，研究高职院校党委（行政）集体的领导力有三个重要的理论不容忽略。第一，领导科学理论，着重探讨的是领导者领导力的提升；第二，组织行为学理论，基于组织行为学理论渊源、发展与前沿的分析，作为构建起高职院校党委（行政）领导力提升策略的研究框架和研究视角。第三，团队理论，重点论述的是领导团队成员的有效互动。

1. 领导科学理论

西方学术界对于领导问题的探讨最早是从领导特质开始的，领导特质理论研究的目的在于通过对领导者的特性分析，发现领导者与被领导者的不同特征，或是成功领导者的共同特质，从而作为选拔和培养领导者的依据。不难发现，领导特质理论认为领导是天生的。因此，从领导力的角度来分析，早期特质理论的核心并不是领导问题而是领导力问题。

党委（行政）领导者应具备哪些特质才更有助于成功呢？需要进入到高职院校的境域中，从党委（行政）领导的工作特征和角色来定位党委（行政）领导集体的特质。需要说明的是，党委（行政）的集体领导力绝不等同于若干领导特质的累积相加，这在概念界定的时候已经说明，而党委（行政）领导特质是用来解释之所以成为领导者，是为高职院校党委（行政）领导力的提升提供理论依据的将高职院校党委（行政）视为一个领导整体进行研究，实现变革与发展的能力是提升党委（行政）领导力成效的体现。党委（行政）领导力的任务就是在复杂环境变化时，能跨越高职院校治理改革的重重障碍，通过开发未来前景而确定前进的方向，并把这种前景与师生员工进行深入广泛的交流，成为广大师生的共同愿景，并动员和联合师生员工，带领他们努力实现共同的愿景。

2. 团队理论取向

随着社会环境的日益复杂和竞争的不断加剧，越来越多不同类型的组织习惯依赖团队的方式来完成工作任务和应对日常挑战。团队是由两个及以上具有互补性知识与技能的成员组成的，是需要通过互相协作来共同达成目标并共同承担责任的集体。这样的定义虽然适用于领导团队，但由于领导团队是由组织中的领导者组成，因此其对组织发展的作用又高于一般团队。高职院校党委（行政）作为一支领导团队，其实施领导的过程实质上也是一种团队工作方式。如果说领导力理论是从领导者个体的角度研究领导有效性问题的话，那么，团队理论是把领导团队视为不可分割的有机整体。利用团队理论探讨党委领导团队整体动力的形成和构建团队工作模式，目的是增强对高职院校的领导能力，更好地实现高校的目标。

3. 基于组织行为学的视角

组织行为学是研究组织系统内的个体、组织及其关系和群体的行为规律，以提高管理者预见力、引导和控制人的行为的能力，进而提高组织运作效率的科学。简言之，组织行为学探讨的是个体、群体以及结构对组织内部成员行为的影响。

个体领导者领导思维向组织思维转化的过程是组织领导力的实现，即组织领导者对组织未来的命运、使命、内部规章制度等思维在组织内部达成共识的过程。如果关于组织整体的思维只存在于个体领导者的脑子里而无法传递，不能使之在组织内部达成共识，没有进行理念规范化、权威智慧化的过程的话，那么将只是空洞的个人权威，无法实现组织整体实力的提升。领导力是需要学习和培养的，对于高职院校党委（行政）班子的每个成员而言，领导职位是组织赋予的，而提升个体领导力是一个有赖于自身努力的没有止境的过程，个体领导力的强弱直接关系到集体的领导力的大小。而高效能的领导团队则是通过个体的领导力的凝和，为了实现高校的使命、办学目标，在一系列的领导活动中达成共识，继而传递到集体，从而使领导力得以体现。因此，基于组织行为学的视角研究高职院校党委（行政）领导力的提升问题，是有一定的理论依据的。

（二）高职院校党委（行政）领导力提升策略

1. 高职院校党委（行政）团队的合理选配

（1）选拔模式的改革与突破。

随着改革开放的展开和深入，党和政府给予了高职院校更多的自治权，同时，随着国外高校领导团队选拔模式引入中国，对我国高职院校领导团队制度带来了冲击和影响。近几年来，高职院校领导者的公开选拔作为一种新兴模式成为人们关注的焦点，这也是朝着“办人民满意的高职院校”的方向更进了一步。在社会范围内公开选拔高职院校领导干部的模式体现了民主办学的思想，体现了“人才为本”的观念，要坚持灵活、开放式的干部选用理念和机制，重视从基层选拔后备干部，建立年轻干部的选拔与培养机制，吸收富有发展潜力、政治素养高的年轻干部作为基本选拔对象，并且在选拔过程中要渗透科学发展、公开透明、和谐发展的积极理念，建设成为一套适应学校发展需要与形势发展相一致的选拔培养模式。目前，高职院校院长的公开遴选已卓见成效，遴选制度也在不断完善，但党委书记仍沿袭政府直接委任制。

除此之外，学院内部选拔和行政任命相结合的选拔模式也将成为高职院校党委（行政）班子选拔的重要方式。即高职院校党委（行政）成员的人选由院内产生，最后决定权取决于教授或者教职员工的选举票数。这一模式安排满足了高校自治、教授治校的要求。

（2）班子成员资格及职数的确定 。

中央号召干部队伍专业化、年轻化和革命化。在选拔高职院校党委（行政）成员时，不仅要考虑个人修养程度和管理经验背景，在管理方面所取得的业绩，而且还要考虑他们在专业方面的造诣，教育管理知识是否充足等，这样才能预见他们在晋升党委（行政）成员后是否能胜任党委（行政）工作，是否能为学院发展做出贡献。

党委（行政）班子应充分调动业务骨干、能手，吸纳“懂教育、业务精、会管理、作风正”的“实干家”们。使他们积极投身于教学科研事业，为高职院校改革发展出谋划策，不断增强党委（行政）领导团队的内聚力、创造力和战斗力。

在高职院校领导团队的选拔中职数的确定不仅是一个政治问题，也是一个科学管理问题。从政治角度而言，高职院校领导班子职位总数是为了保证对高职院校能够进行有效的领导，保证学院各项工作能够高效有序地开展，避免因为管理工作的疏漏而造成很大的损失。

在我国，高职院校实行的是党委领导下的院长负责制，许多院长还兼副书记职务，同时还有副书记兼副院长的职务。一般而言，党委书记都是由专职人员担任的，副书记有 1－2 位专职人员，书记一般实行的是任命制，主要负责人事工作领导及行政工作的监督保障和政治思想上的领导。

（3）高职院校党委（行政）集体的基本素质的提升。

2013 年 1 月 8 日在北京召开第二十一次全国高校党的建设工作会议的时候，赵乐际提出要培养选拔社会主义政治家、教育家，建设善于办学理念的高素质领导班子。在此，对高校党委（行政）的领导力提出了更高的要求，也强调了党群（行政）领导班子的整体战斗力和生机活力。

就班子成员的素质要求而言，合理的高职院校党委（行政）领导团队必须在提出对党委（行政）成员的基本素质的要求的同时，在高职院校办学自主权不断扩大与高等教育走向大众化的条件下，高职院校党委（行政）领导团队在高校建设和发展实质上是领导团队的素质的竞争，纵观高等教育发展史，世界一流高职院校发展历程都是与众多闪亮的高职院校领导的名字连接在一起。因此，探讨高职院校党委（行政）成员的基本素质要求对于提高党委（行政）领导集体的素质和促进高职院校党委（行政）领导力提升具有重要意义。

（4）党委（行政）组织结构的合理选配。

提升党委（行政）领导团队的领导力需要建立合理的党委（行政）班子结构。关于领导组织结构问题，孙绵涛教授在《教育行政学》一书中提到领导组织结构包括智能结构、专业结构、知识结构、素质结构和年龄结构，这从内容上涵盖了领导组织结构的要素。

对于党委（行政）领导团队的选拔，需要考虑成员之间的配合度，例如正职与副职的合理互补、专业结构、年龄梯次等等。

就班子的性别结构而言，教育部的文件中强调要考虑女性的比例，但是比例多少为合适并未明示。男女比例合适有助于提高整体领导力。性别上的差异对团队成员的和谐相处也有积极的意义。

就班子的年龄结构而言，不同年龄的人在阅历和价值观等方面都有不同，起着不同的作用。党委（行政）领导团队中保持适当的年龄梯度，有利于发挥各自的优势，提高集体的领导力。老中青梯次结构得到大家的认同，但各自的比例为多少合适呢？高职院校党委（行政）领导团队最好有55岁以上的老将压阵，45岁左右的中年担当主力，同时增添40岁左右的壮年作为有生力量。

就班子的专职干部比例而言，教育部的文件也强调了要保持专职干部的比重，通常不低于三分之一。这有利于缓解高职院校日益严重的双肩挑管理干部投入不足的问题。而目前高职院校党委（行政）领导团队中双肩挑管理干部比重较大，应适度提高专职管理干部的比重以保证领导班子的精力投入，进一步提高党委（行政）领导效能。

就班子的能力结构而言，党委（行政）集体领导力的有效发挥，需要具备三种不同能力类型的成员：第一，具有解决问题和做出决策能力的成员，即能够发现问题，提出解决问题的建议，并权衡这些建议，然后做出有效选择的成员。第二，有处理人际关系专长，有沟通与协调能力的成员，因此，领导团队成员在能力上要注意合理搭配。第三，有业务专长的成员。一般来说，党委（行政）领导团队中，应该有善于处理人际关系的协调者，善于教学科研的专业者，善于组织经营的管理者，同时也需要善于打破常规的创新者。

2. 高职院校党委（行政）的职能细化

依据我国高职院校内部管理的现状，为避除党委领导职责不清、责任不明的情况，运用科学原则界定并细化高职院校党委和院长的职、责、权的范围。具体的操作不但需要制定还需要切实地贯彻落实《高等教育法》和《中国共产党和国家机关基层组织的工作条例》有关党委（行政）职权范围的规定，使其在具体领导实践中更有操作性、针对性；同时，在高职院校多元利益主体格局成定势的今天，针对高职院校的改革发展中突遇的新问题、新情况也应制定灵活性的规定。

3. 高职院校党委（行政）领导团队的培训项目设计

在培训内容上，《高等教育法》明确指出高校的三大职能分别是人才培养、科学研究和社会服务。但是高校的使命应该具有特殊性、差别性，设置不同的使命和目标，作为党委（行政）领导团队成员，必须能够懂得高等职业教育的过去和现在，更要能够高屋建瓴，预测高等职业教育的发展。这样才能准确定位所在学校在整个高等职业教育体系的位置，并制定切实可行的任期目标，形成和实践独具特色的办学理念。

面对日益复杂的发展环境，高职院校党委（行政）领导团队的职责逐渐走向多元化，领导团队不能仅仅是教学权威、学术权威，还要懂得如何对学院进行战略规划，如何处理社会关系，如何带领高职院校实现跨越式发展，等等。在培训的内容方面，国内目前比较常见的是关于政治方向、学术管理、教育理念、形势背景等方面的培训，而国外高校领导职业培训的内容则更倾向于领导职业化的内容。在对西方高校领导培训的经验总结的基础上，结合我国的国情和高等教育的现状，以及中国高职院校党委（行政）领导的角色和领导力特征，党委（行政）领导团队的培训内容应包括以下几个方面内容。

（1）领导和管理技能。高职院校党委（行政）领导团队应该具有的领导和管理能力包括战略规划能力、决策能力、分析力、组织协调能力、变革和创新能力、社会活动能力和团队内聚力等等。其中培训党委（行政）领导团队的战略思维是重点，要求其具有政治理论、教育理论和管理理论水平，具有就学校近期、中期和长远发展目标做出宏观的规划，就高职院校发展目标、内部资源利用以及如何积极适应环境等问题进行谋划和决策，并能指导和监督发展战略的实施的能力。

（2）高等职业教育理论、知识和前沿。优秀的高职院校党委（行政）领导团队应该懂得教育的真谛，懂得大学的精神，这样才能形成科学的办学理念。制定长远发展规划的首要问题是对于指导思想和理念的战略思考。

（3）其他内容的培训。高职院校党委（行政）领导团队的培训还应该包括职业道德、人际交往、沟通技巧和演讲的技巧等。作为一个高职院校领导，能否胜任职务不仅取决于其所具备的知识和技能，还取决于职业道德和职业素养，才能保证其教育理念能够服务于国家，服务于社会。

通过建立系统性的党委（行政）班子培训机制，在各个高职院校由专家教授担任培训教师，针对高校党委（行政）成员进行相关理论知识的培训，办成学习年、学习月、学习日的常态模式，首先提高管理水平和办学能力，进而逐步推进高职院校党委（行政）领导的职业化进程，是提升党委领导力的重要途径。

4. 高职院校党委（行政）会议事与决策制度的规范建议

提高高职院校党委（行政）决策的科学化、民主化和法制化，是其应对知识经济挑战的现实需求，是改进领导方法和提升决策力水平的关键环节。将按照合法合理的原则，拟定规范的决策程序，本研究提出以下改进措施，希望对改进和提高高职院校党委（行政）的决策能力有重要作用。

（1）决策人员的确定。根据党委（行政）会召开不同议题，确定选择不同的参与人员，保证党委（行政）决策的科学、民主和有效性。例如研究干部的议题，在党委（行政）会召开时请人事处的业务骨干或负责人参与进来；讨论教学、专业建设的相关议题，请教务处和相关专家参与；再如研究资金筹措的问题、思想政治的问题以及学生住宿问题和学生学风问题等，参加党委（行政）会议决策的人员应是不同的，主要是高职院校的业务骨干和专家学者。他们参与党委（行政）会讨论和决策的全过程，也进行表决，但他们表决的结果只作为党委（行政）会决策的重要参考。可行的理由有三：一是这些参与议题决策讨论的人员，对议题最了解、最熟悉、最内行，并能实事求是地展开最充分的讨论，得出最合理的结果；二是这个参与决策的规模，最具有代表性、最具有战斗力、最有利于提高决策效能；三是这种有非党委（行政）委员参与决策过程的开放式决策模式，最民主，既能够体现委员会的集体决策机制的优越性，又能够保证教师的民主参与管理的权利落到实处。

（2）改革和完善党委（行政）决策前的咨询论证机制。党委（行政）决策前应该有决策建议机构，比如研究教学工作应该发挥学院教学指导委员会的作用，研究科研问题就应该发挥好学位委员会又叫建议咨询机构或者顾问机构的作用，重要的是党委（行政）决策应该充分发挥基层作用，做到问题有出处，决策有依据。

（3）确立议题的提前送达制度。党委（行政）会在召开会议之前要广征多方意见不同的议题，应当拓宽议题的来源和质量。党委（行政）还要建立健全强有力的信息支持系统，成立专门的信息机构，充分发挥网络等多媒体的作用，改革和完善信息收集、加工和整合制度，保证信息的畅通、及时和高效。重大的议题也可招标立项，充分调研。此外，参与决策的人员不同、不同的议题决策的程序不同、不同的议题表决的方式也不同。

（4）决策执行结果检查反馈机构，对学院重大整改方案建立征询意见制，建立在党风、学风以及校园文化建设中邀请特邀监察员等工作制度，广泛征询党外人事的意见和建议，对党委（行政）会的决策起到监督和促进的作用。

（5）建立听证和个别酝酿制度。凡涉及学院改革发展和切身利益主体的重大问题，在决策前都必须按照程序举行听证会，听取师生员工的不同意见，将听证情况作为决策的重要依据。个别酝酿的过程，党委书记或院长是关键，要围绕议题与分管领导、主管部门坦诚交换意见，反复商议可行方案，逐个听取委员意见，积极做好组织协调和启发引导工作，解除思想顾虑，畅所欲言，相互沟通，切实将个别酝酿变成对上级政策的贯彻、对议题的理解的过程，统一思想，并达成初步共识。

5. 营造和谐的领导气氛

高职院校党委（行政）“一班人”形成一个和谐共事的良好氛围，创造一种支持创造、团队建设、参与解决问题，并组织成员的个人发展的组织环境。党委（行政）成员能够触及内在动机力量的强大能源，是保持党委凝聚力、战斗力和创造力的基础。和谐领导文化的营建、维持和完善的过程对高校党委（行政）领导力作用发挥的方向、大小及其过程有着重要的影响。

高职院校党委（行政）要建设成为一支优势互补、人尽其才的领导集体。我国高职院校党委（行政）领导力的管理文化至少应该做到“四和谐”，一是，学院各级领导与广大师生员工之间的和谐，注意贴近师生、了解师生、关心师生并且要体察师生；二是，党委书记和院长之间的和谐，只有党政一把手之间和谐了，其他成员才方便开展自己的工作；三是，党委（行政）班子集体成员之间的和谐，党委（行政）班子的内部团结会直接影响到高校的工作质量；四是，党委（行政）

班子成员与中层干部之间的和谐，上下一心，则必然事半功倍。理解和信任是友谊的沃土，是党委（行政）班子内部形成和谐氛围的催化剂。“一班人”只有相互理解、信任，才能各司其职、形成合力，党委（行政）就有了发展和进步的基础。要做到这一点，关键是每个党委（行政）成员都从自身做起，切实做到严于律己，宽以待人，小事讲风格，大事讲原则；政治上互相信任，不猜疑；工作上互相支持，不拆台；生活上互相关心，不计较小事，不搞无原则的纠纷；达观超脱，多些信任少些误会，多些支持少些埋怨。采取有效的团队策略，打造一个“风正、气顺、心齐、劲足”“务实、为民、清廉、埋头苦干、不懈努力”的和谐领导班子。

6. 创新党委（行政）领导团队的管理机制

进一步完善党委（行政）领导团队的沟通协调机制。团队沟通可能是多维的，可能是正式的，也可能是非正式的。领导工作的主要对象是人，要做人的工作则必须具备协调人际关系的能力。主要依赖于集体智慧的凝聚，善于集中正确意见，在班子的内部做到大事讲原则，小事讲风格，彼此沟通，相互理解，达成共识与合力。

当人们之间具有合作关系、共同愿景时，会促成开放的讨论和互相帮助，而人们的竞争或独立关系会引起闭锁的思维，阻碍沟通。适时的沟通有助于党委成员的集思广益，头脑风暴，能有效提高党委（行政）决策质量和使集体领导力迸发。要加强党委（行政）领导的权力统整，建立内部自我协调机制，主要用来规避应对党政关系摩擦、职责划分不清等问题。为打破职务交叉等问题，可以适当采取党委（行政）领导干部交叉任职，从而有效地提升学院执行力。

第三节　教师领导力

一、教师领导力概述

（一）教师领导力概念

教师领导力是指教师在教育教学活动过程中通过自己及团队的权威促使目标顺利达成的能力。其核心是非等级制的，不是以职位为主体，也不是以权力为本的，而是在共同文化下分布在全体教师身上，并在合作中发生的集体行为所带来的影响，通过教师的人格魅力、专业能力和综合素质的提高而获得专业话语权并起到的榜样示范作用和引领作用，最终指向学校长远发展和进步。

（二）教师领导力特征

1. 教师领导力的主体是教师

教师领导是教师在教育教学活动中指挥、安排、布置相关事宜，推动教育教学活动顺利进行程度，而达到目标的一种教育能力。教师领导，与职位或者指派无关，是教师集体领导，是一种非权力性领导力，也即是一种影响力。它通过分权和合作激发教师的内在潜能，使没有任何行政权力的教师群体成为推动学校进步的关键性的贡献因子，其作用是积极的。

2. 教师领导力的基础是知识

教师领导力是通过教师的专业知识、专业技能来处理学校的一些基本事物，通过发挥教师的专业作用和主人翁意识，从而引领其他教师、学生乃至学校的发展。

3. 教师领导力会通过分布式领导实现

在传统的领导观上来强调自上而下的垂直式的领导，而教师领导则强调这是一种多元互动的领导方式，我们称为分布式领导，它强调的是多元互动性，其领导过程具体体现在教师之间是否通过相互合作，来使自身的专业知识得到一定的提升。

4. 教师领导力的表现是对教育教学活动的领导力

教师的主要活动是教育教学活动，教师在教育教学活动中表现出来的领导力是教学领导力。教师的教育教学活动中包括与学生的思想政治教育、沟通交流、知识传授、技能训练等，教师通过自已或团队的影响和权威，顺利完成教育教学活动，实现教育教学活动目标，即是对教育教学的领导力，也就是教师领导力。

5. 教师领导力的目标是促进学校更好发展

教师领导力主要在于改善学校教与学方面，提高学校效能。教师领导的目的是使学校所有教职员工共同努力、相互协作，构建学校教育的价值意义并使之得到更深刻的认识，进而促进学生学业和学校事务的发展。

二、 高职院校教师领导力现状

（一）教师领导力意识淡薄

教师更多是进行教育教学活动。虽然是学校团队的重要组成部分，但教师往往是接受各级领导的安排、布置，直接面对学生，从事相应的教育教学活动，而教师自身意识里就是学校工作任务的执行者，知识技能的传授者，思想工作的驯化者，是被领导的角色，因此，教师通常是无意识的运用教育教学领导力，在教育教学活动中领导力表现不足。

（二）教师教育教学激励引导不足

对于教师上课教育教学的激励引导，根据调查，有 25% 的学生认为教师在课堂上没有激励引导，40% 的学生认为激励引导一般，仅有 30% 的学生认为教师会激励引导他们的学习。可见，教师在课堂上的激励引导明显不足，影响了师生教育教学合作，教育教学执行力差，不能达到良好的教育教学活动效果。

（三）教师决策力不够

在有关教师决策力的调查中，只有近 40% 的学生认为教师决策力较强，制定严格的教学准则，上课秩序较好；另有 40% 的学生认为教师决策力一般，上课秩序一般；20% 的学生认为教师没有制定严格的上课准则，上课秩序较差，决策力明显不足。

（四）教育教学方式不对

高职院校学生认为有部分老师不顾学生的需求与兴趣爱好，重讲轻导，他们只讲书本知识，只是为了完成教学任务，忽视引导、启发，缺乏意义与价值的理解，讲授的内容不符合自身的学习要求与兴趣。教学活动过程中过于注重教学纪律，忽略学生学习环境的创设或设置。只看重个体学习，忽视团体学习。关注学习积极者，忽略学习消极者。

（五）评价方式不科学

目前高职院校对教育教学活动的评价，对学生发展性评价开展不够，考核性仍然是重视结果轻视过程。教师在对学生进行综合评价时，对学生自身的发展评价不够，重视课程、技能的考核性评价。高职院校技能训练和课程评价主要分两种形式：考试和考查。考试主要以卷面成绩为主，一般占 70%，平时考核占 30%。考查中的一般考核占 70%，最后考核占 30%。从考核设计上，不论是考试还是考查，都是既有过程评价又有结果评价，兼顾了结果和过程，只是所占比例不同。但在实际执行时，却是结果更重。基础课程主要传授理论和基础知识，更加适用于卷面考试；而专业课程主要是专业技能的训练和掌握，平时训练很重要，过程的考核应该占更大比重，适用于考查。但是很多高职院校，为了管理的方便性，操作的“规范性”，没有更多地考虑课程的性质，硬性规定每学期必须有几门考试课，导致某些需要“重过程”的课程，在实际评价时变为“重结果”了。此外，有的教师为了考核的方便，也在最后考核时才加以重视。

三、 高职院校教师领导力提升策略

（一）将教育领导学增加到未来教师训练的课程和资格考试中

根据教师发展理论提升教师领导力，国家的政策上应不断发展教师发展理论，以便提升学科知识能力对策。一方面，让《教育领导学》成为未来教师的主修课程。在当今中国，目前对教育领导学的研究仍然处在一个开始阶段，并没有得到大力发展与大家的重视，温恒福教授在《教育领导学》中提到，“提高教育领导理论的认识水平，加强对教育领导规律的探究，建立科学有效的、有中国特色的教育领导学已经成了刻不容缓的重要任务”。也就是说，在当前的教育中，首先要提高对教育领导的重视，提升教师领导力是重中之重。将《教育领导学》作为各级教师培养和训练的重要课程之一，就能从根本上、源头上提升准教师们的领导力，更好地培养准教师的教育领导能力和学习教育领导相关知识，为将来成为教师做理论铺垫。其次，将教育领导学的内容放入教师资格证、从业证书等的资格考试之中。因为教师资格证是师范毕业生从事教师行业必须具备的资质之一，将教育领导学的考核内容放入到教师资格证的考试之中，师范类学生才能从真正意义上知道教育领导在教学中的重要性，才能有意识地主动提升自身教育教学领导力，提高自己的能力。温恒福教授说，“中国是一个重视领导、重视教育的国家，但是对于教育的领导规律和如何提高教育领导者的领导能力却重视不够”，因此，将教育领导学增加到教师培训课程之中是十分必要的，将教育领导学纳入到资格证的考试之中更是十分必要的。

（二）加强大学生课外学习活动指导，提高教师对学生课外活动领导力

教师在学生课外学习活动中所表现出来的领导力，往往体现在对师生间事物的处理问题，从而对学生产生影响。

第一，老师与学生之间以多种方式进行沟通，以便增进老师与同学之间的相互影响力。要增加大学生的课外学习活动，而且还要调动除辅导员以外的科任教师的参与热情，这样能使老师与学生有更多的交集，更能让学生与老师进行更多的互动，老师可以为学生提供更好的学习活动指导，以便于所学知识与学生的生活实践相连接，让学生真正地体会到学习的重要性，知识的意义与价值，让理论与实践相联系，让学生在实践中学习。

第二，增强学生之间的合作意识，更好地将教师领导力运用到课外进行指导。通过课外学习活动，加强学生之间的互动，能够使其问题得到更好的显现，教师可以进行有效的沟通、交流、激励与引导等，使学生之间能够进行和谐的互动与合作

学习，不但增进了师生间、学生间的友谊，也将教师领导力充分地发挥，以达到影响学生学习、激发学生学习兴趣，完善教学质量的目的。

（三）加强教师领导力的在职培训，提高教师领导力的意识与能力

学者朱旭东指出："教师教育制度的转变包括两个方面：一是教师人才的培养和培训制度，二是教师教育的管理制度。教师人才的培养制度旨在为教师队伍不断输送新教师人才，而教师人才培训制度旨在实现教师的终身教育。"朱旭东认为学校应该加强教师的培训机制，通过在职培训让高职院校教师提高领导意识。通过在职培训这一途径来提高高职院校教师的领导意识，完善高职院校教师教育教学能力。首先，在教学中高职院校教师应发挥自身的影响力来调动学生的学习潜能，再根据学生的特点来制定教学任务；其次，要加强学生与教师间的合作学习与互动能力，教师可以根据课程的内容来进行教学形式的设计，以此增强自身的合作力；最后，高职院校教师在教学中需要不断展现自己的决策能力。

一方面，学校组织教师领导力的在职培训。学校要组织专门的教师领导力的在职学习活动，且这项活动要具有持续性与灵活性，只有这样才能更好地依据教师的提升需要，满足教师的学习。学校可以每个月开展数次学习，可以根据教师的时间进行灵活调整，聘请具有高素质、具有高领导力的专家进行相关知识的讲解，通过小组讨论等形式找到解决途径，小组其他成员从中找到和自身经验相同之处，从而提升自己的能力。另一方面，教师应当自主参加在职培训，提升自身能力。高职院校教师自身可以通过各种渠道来联系培训事宜，还要参加校外的在职学习，提升教师教育教学领导力。为提高教师再学习的热情，有需要的学校要予以部分经费支持等奖励，提高教师提升教育教学领导力的积极性。

（四）把开展教学领导力作为一项任务，并提出明确要求

提升教师领导力，不仅要动员教师从内在改变自己，也要进行硬性的要求，教育教学领导力是一项任务，要不断开展提升教育教学领导力，作为一项考核教师教育教学能力与专业素质的重要内容，还要对教师提出明确的要求。

学校要建立一套完善的教师领导力水平考查的评价体制，设立专门的教师领导力督导小组，在长期的工作中要不定时地对教师教育教学过程进行听课、评价、给予反馈意见，让教师知道自身的教育教学领导力的不足之处，监督小组依据专业的知识给予教师评价。在对教师领导力方面进行明确要求时，还应当要求教师做到：勤观察、懂沟通、善合作、重引导、能决策。第一，勤观察。观察学生学习方面存在哪些需求，观察学生的学习状态是否正常，观察学生一段时间内的学习有没有明显变化，观察学生对所学知识内容的反应，进而来调整自身的教学技能，以适应学

生的需求与学习状态。第二，懂沟通。大部分学生是乐意与学校教师进行沟通的，教师应当主动与学生进行沟通，学生会感到被重视与关注，沟通的同时教师也会了解自身的教学状况，从而在反思中成长。第三，善合作。了解教师与教师、教师与学生、学生与学生之间合作的重要性，加强自身与其他教师的合作，学习其他教师的长处，完善自身教学的不足。第四，重引导。引导是高职院校教师自身领导能力的体现，是教育教学过程中对学生的引导。教师引导学生，能够让在学生获得知识以外时还能获得知识的意义与价值，能够让学生发挥积极的情感作用，对教师提升引导力有促进作用。第五，能决策。决策能力是高职院校教师领导力的重要因素之一，决策能力也是领导能力的重要表现形式。教师在对教学过程中遇到的状况要有一定决策的能力，而不是责任推诿，事不关己高高挂起，要进行决策，保证良好的教学效果，提高教育教学质量。

（五）加强高职院校教师教育教学过程的指导，督促教师加强教育教学组织与领导工作

我们要加强高职院校教师教育教学过程的指导。一方面，加强教育教学组织工作能力，要求高效教育教学。根据调查可知，当今教师授课大部分存在着只顾传授书本上的知识，似乎忘记了教师除了教书还有“育人”的使命，这个育人在这里可以理解为引导人、培育人，具有感情投入的互动与促进学生成长。因此，要改变以往冷冰冰、没有生命的课堂，而要建立一个活生生的课堂，怀特海曾经说过“学生是一个个活生生的、有血有肉的人”，要把学生看作一个有机的个体，学生随着环境和思想动态发生了很多变化，营造一个有组织、有生命、有价值的课堂是高职院校教师教育教学领导力的重要作用。因此要提高课堂的高效能，还要督促教师发挥自身的领导能力，即加强老师与学生、学生与学生之间的沟通、激励、合作以及引导的能力。通过沟通增进师生间的感情与克服学习上的困难，激励学生积极向上，师生合作则创造高效能课堂，引导学生认识知识的意义价值，明白其中的真谛。

（六）鼓励教师提升教育教学领导力，提高专业发展境界

金美福认为：“教师的专业化追求的是教师作为知识人品性的提升和知识的专业水平的提高，教师的专业化是教师作为知识人的角色专业化，而不是其他。”高职院校应该鼓励教师提高教学领导力，进而提高自身专业发展境界。首先，提高教师专业技能，提升自身引导力。提高教师专业技能，灵活运用自身的教学方法，依据教学的内容、学生的兴趣与关注点的转移、学生的接受能力等适时地调整自己的教学方式，这些对提高教育质量有着很重要的影响作用，与此同时，拥有高素质的专业技能后，能够有更多将精力投入的关注学生的发展上去，时时引导学生发展方

向，在专业知识讲授完毕后，对其社会价值及历史意义或者其内涵的外延等进行探讨，对学生的发展有着重大的影响，对其严密的思维形成有着良好的促进作用，同时可以提升自身教育教学领导中的引导力。其次，要加强自身专业发展，做新时代高教育教学领导力教师。现在随着时代的发展，各行各业竞争都在不断加大，都遵循着优胜劣汰的自然法则，教师行业也是如此，因此，要做新时代的高教育教学领导力的教师、具有先进教育观念、高素质的优秀教师，才能在自然法则中占有一席之地。

（七）倡导做“双高型教师”，发挥优秀教师的带头作用

“双高型教师”即高教书能力、高教学领导力。高教书能力主要是在教学方面具有良好的职业道德、而且要具备较高的专业知识、较高的科研能力、独特的教学技巧来满足学生的兴趣需求。高教书能力是高职院校教师职业素养的内在需要，只有教师不断地学习提高自身的专业知识技能，不断创新教学技巧，才能满足当下学生的学习需要，只有这样，自身的专业素养才会得到提高。“双高型教师”的另一方面是具有较高的教学领导力，教学领导力是教师教学过程中的领导能力，传统的教学过程只追求单纯的结果而不关心课堂氛围，不关心学生真正的需求，教师只注重纪律的维护而不关注学生学习氛围，可见教师教学领导能力较差。所以高职院校教师应该发挥优秀教师的带头作用，与教师相互交流，经验共享，总结经验教训，以便带动其他教师学习教学领导力方面的相关知识，影响身边的教师，要从系统的学习中提高自己的教学领导能力，提升自己的教学品质，从而改善课堂教学环境，使学生在轻松的教学环境中成长。高职院校教师在自己反省的同时，更应当多听听学生的心声，与学生进行沟通，组织和学生之间平等的交流，了解学生现在真正的需要，并了解每个人的困难，只有真正了解学生的需要，在设定教学目标时围绕学生需求进行设定，才能带动学生学习积极性，从而促进师生共同成长，高职院校教学质量更能得到提升。综上所述，“双高型教师”是通过高教书能力和高教学领导力完美的结合，发挥优秀教师的带头作用，教师间相互合作，相互沟通，有问题提出来大家一起解决、有经验大家一起分享，只有优秀教师无私地将自身成功经验传给大家，才能带动身边的其他教师成长，同时通过教师对教学领导力知识的系统学习来增强自身领导意识。

（八）开展高职院校教师教学领导力的研究，总结经验，以科研引领发展

依据教师专业发展理论和转化式领导理论，开展高职院校教师教学领导力的研究，总结经验，以科研引领发展的对策。邢红军认为：“不搞科研，忙着捧书本上讲台是上不好课的，因为你没有自己的观点，不会选弃内容……”教师必须搞科研，这是培养教师的根本途径。科研能力的提升既是理论体系的完善也是操作实践

的重要基石。温恒福将教育的领导力分为了七个维度。“七维领导力”即通过提高方向性领导力、道德性领导力、科学性领导力、有效性领导力、艺术性领导力、创新性领导力和可持续性领导力来提高教育领导活动的整体领导力。要号召教师对自身教学经验进行总结，学习开展教师教学领导力的研究，以科研引领发展。首先，开展教师教学领导力的研究，进行经验总结。学校要组织各个院系进行教学领导力的研究，并且发现当前教师教学过程中的优势与不足，教育教学领导力的优势要进行延展，每一个教师依据自身情况进行成功经验的借鉴；关于教师教育教学领导力的劣势，教师要集体进行研究。

（九）引导教师运用先进的领导理论，提高自身领导力

教师要用教育领导、教师专业发展等先进的教育理论来武装自己，以期能够促进学生发展，更能提高自身教学水平，提高教育教学领导力。

第一，运用分布式领导理论武装自己。分布式领导有四个基本点。①领导不仅是主要领导的事，还是大家的事，领导要分布于各个层面。也就是说，分布式领导第一个基本点要求教师要“放权”，放权给课堂，放权给学生，老师和学生共同努力，提升学生的课堂主人翁意识，提高教师自身的领导力。②领导不应该是个体行为，而应该是集体行为。即教师首先要有先进的领导理念，其次，要善于与学生沟通，在教学上具有整体意识。③创建合作性的工作关系和团队精神。合作力是教师领导力的重要组成部分，因此师生之间、老师与老师之间都要具有较好的合作关系，注重团队发展，才能更好地提升教师的教学领导力。④领导者要注意培养领导者。此基本点要求教师有意识地培养学生的领导力，让学生更具有主导性，不仅能够为学生的发展奠定基础，还能对自身领导力提升具有促进作用。

第二，建构式领导是教师必须具备的关键领导理论。建构式领导是理解人、帮助人、影响人、激励人的活动，也就是“人与人之间相互影响的过程”且每个人在这个组织中都是建构的参与者。根据温恒福教授的先进理念与观点，教师应该对学生或同事进行理解、帮助、影响与激励，人与人之间形成正面的、积极的相互影响，学生会促进教师教学领导力提升，教师促进学生健康稳健的发展与成长，而且在这个偌大的学校中，每个学生、教师都是其中的建构者，因此，建构式领导理论对教师提升自身领导力有着重大的影响，与此同时，运用在学校层面效果更佳，更具有指导性。

第三，转化式领导。转化式领导对先进的教师领导理论进行了方向性的把握。转化式领导是“通过改变人们的认识和价值观，对需要层次和道德水平进行调高，进而来改进组织文化，有效推进组织变革和发展的过程”①。

---

① 张明明，高校教师教学领导力提升策略研究[D]．哈尔滨师范大学，2016.

第四节　辅导员领导力

一、辅导员领导力概述

（一）高职院校辅导员领导力

高职院校辅导员领导力就是高职院校辅导员通过自身的教师权力以及所具有的非权力性要素帮助学生在人格、心理、学习等方面树立一种正确的综合性影响力。它包括权力影响力和非权力影响力两种。其中辅导员的权力影响力来源于职位、资历等因素，它的构成可以对学生产生强制性的影响；而辅导员的非权力影响力，来源于辅导员的个人修养、知识、品德等自然影响力，其中“人格魅力”处于核心地位。而辅导员的非权力影响力相比权利影响力对学生来讲要奏效得多，它能够在学生心目中树立极高的地位，从而使学生感到心悦诚服，更好地服从辅导员的管理，配合辅导员开展各项工作。

（二）高职院校辅导员领导力影响要素

1. 成长背景

成长背景是指一个人的基本情况，如年龄、性别、家庭情况、性格、工作等；也指本身所处的社会环境的基本情况，如国家制度和政策、职业特点与社会地位等。辅导员的成长背景与辅导员的领导力水平有直接的联系。具体表现为以下几点。

（1）辅导员的外部制度。自2004年以来，我国对辅导员这一职业的重视程度逐年增加，并相继颁布了一系列相关政策。这其中包括《关于加强高等学校辅导员队伍建设的意见》《关于进一步加强和改进大学生思想政治教育的意见》《普通高等学校辅导员队伍建设规定》等政策，在一定程度上对辅导员进行了角色定位，即教育者、管理者和指导者。但是，由于辅导员扮演的多重角色，也使辅导员的任务更加繁重，如果不能明确区分辅导员的工作内容，将给辅导员带来很大的压力和负担。

（2）辅导员的基本情况。影响辅导员领导力因素有很多，人们往往认为年龄越大、经验越丰富的辅导员领导力水平也相对较高。辅导员性别的特性不同，其领导方式也不同，男性辅导员往往比女性辅导员更加直接。此外，辅导员的性格特点、家庭情况也与辅导员本身的领导力有密不可分的联系。

2. 职业理想

辅导员职业理想的高低决定着辅导员领导力提升的主动性和积极性。其职业理想具体表现为以下几点。

(1) 对未来担任领导职务的期望。主要包含辅导员是否愿意走上领导岗位、想担任何种级别的领导者的期望。辅导员想步入领导岗位的愿望有多大，不仅体现辅导员有无职业理想，还反映其职业理想的长远与否。而担任何种级别的领导则从侧面体现其未来职业理想的高低水平。

(2) 对进入卓越领导者行列的渴望。辅导员的工作要求决定了其职业理想，不仅仅体现在是否“想做领导者”，更体现在“想做什么样的领导者”。从理论上看，辅导员应当加强专业知识学习，担任大学教师。

3. 知识储备

知识储备是指辅导员具有较高的自身修养，决定了其是否能在行政道路中争得一席。因此，辅导员是否想要进入卓越领导者行列，反映了其职业理想是否端正与远大。

领导力的基础，没有大量的知识储备做支撑，辅导员就不能很好地把握领导规律，进而就不能有效地进行领导活动。辅导员知识储备是以思想政治教育学为基础，以领导学知识为内核，以相关学科知识为补充的知识体系。具体表现为以下几点。

(1) 关于思想政治教育的相关知识。思想政治教育知识是知识体系的重要组成部分，辅导员特殊的身份和工作性质与其相关。一方面，是关于国家的政治性知识。主要包括中国的国体、政体、执政理念、发展战略、发展道路等等。另一方面，是关于中国共产党的一系列理论知识。包括党的历史地位、指导路线、指导纲领等。

(2) 关于领导学基本知识。这其中包括领导、领导的权利与制约、领导的决策与战略、领导的体制与改革、领导的关系与角色、领导科学的产生和发展、领导的环境与文化、领导的艺术与方法、领导的思维与创新等等。美国学者伯恩斯曾对领导学进行研究：“领导学可以被设计成我所知的最具跨学科性质的课程。”因此，领导学与大量的学科具有共通性，领导学知识也是任何专业任何背景的人都可以学习的。

(3) 相关学科的基本知识。主要包括教育学、管理学、政治学、心理学等学科的一系列知识。教育学知识包括教育理论、教育功能、教育方法、教育内容、教育规律等等；管理学包括行为科学理论、古典管理理论、现代管理理论等等；政治学包括政治权力与政治关系、政治思想与发展规律、政治现象与政治制度等；心理学包括知觉、认知、情绪、人格、行为和人际关系等。辅导员在掌握专业知识的基础上还要广泛涉猎领导学、教育学、管理学等众多相关学科的理论知识。

4. 领导技能

领导技能的构成要素主要包括决策力、执行力、权威力、社会责任力、组织管理力、影响感召力、沟通力、创新力等等。高职院校辅导员领导技能则主要由社会责任力、决策力、组织管理力、影响感召力、执行力构成。

（1）社会责任力。社会责任力是由党的性质以及辅导员的政治属性所决定的。政治教育者与政治传播者就是辅导员的责任之一。社会责任力要求辅导员具有较高的政治素养和高尚的道德情操，勇于奉献自己、服务社会。

（2）决策力。决策力是领导者必须具备的基本能力，是针对各种问题和突发事件进行快速有效的决策的能力。作为辅导员必须能够根据客观形势的变化迅速准确地做出判断，辅导员决策力的强弱直接反映其领导力水平的高低。

（3）组织管理力。组织管理力是一个人的知识、素质等基础条件的外在综合表现。作为高职院校辅导员，不仅要具备较强的组织管理能力，还要有效组织大学生活动，管理班级与社团，实现学校资源的优化配置。

（4）影响感召力。影响感召力是一种凭借人格和信仰的力量去领导和鼓舞他人的能力。高职院校辅导员的影响感召力是借助自身高尚的道德品质、丰富的专业理论、顽强的意志等影响他人，对他人动之以情的一种非权力性、非强制性的潜在说服力。

（5）执行力。执行力是将决策付诸实施的能力，执行力强弱影响着决策的实施效果。辅导员执行力一方面体现在对上级领导、党组织所作决策的执行情况，另一方面体现对自己所制定决策的实施状况。因此作为高职院校辅导员，既要听从学校及上级领导的指挥、又要具备将自己制定的决策付诸实践的能力，做到言行统一。

二、 高职院校辅导员领导力存在的问题

高职院校辅导员的特殊定位决定了高职院校辅导员的职业具有时间紧、任务重、责任大等特点，所以高职院校辅导员的综合素质水平至关重要，无论是思想政治教育理论水平还是领导力水平，要求都十分严格。当前辅导员的领导力水平仍然不容乐观，具体表现在成长背景、职业理想、知识储备、领导技能四个方面。

（一）成长背景参差不齐

1. 高职院校辅导员的薪资水平不高

据调查，高职院校薪资水平明显不稳定，高职院校辅导员的薪资水平在高职院

校总体薪资中居于中等偏下的水平，这种现象在私立高职院校尤为普遍，如果是专职辅导员，薪资收入基本在平均水平以下，因此留下了辅导员是学校下等公民的印象。这也就导致了这一职业的吸引力降低，影响了辅导员队伍的稳定发展，不利于辅导员综合素质的提高。

2. 高职院校辅导员的相关考核评价机制不够全面

根据有关高职院校辅导员考核评价的调查中，有一半以上的辅导员对现有的考核评价机制不太满意，感到满意的比例不到40%。这说明目前高职院校辅导员的评价和考核机制存在一定的缺陷。

3. 高职院校辅导员的职责定位不够明确

通过对辅导员的调查，66.40%的辅导员认为自身的职业定位比较模糊，分工不够明确。33.60%的辅导员表示分工合理，工作职责明晰。这说明高职院校辅导员的职业定位还不够明确，虽然相关制度已经逐渐得到完善，但在现实工作中，辅导员的“身份”缺乏真正意义上的认定和统一，往往在实际工作中扮演“杂工”的角色。

4. 辅导员的培养工作不够到位

从问卷调查的结果来看，选择“偶尔参加培训”的辅导员占据了很大比例，达到了60%，表示经常有机会参加各种培训的辅导员，只有7.20%，这反映了目前大多数高职院校辅导员的培训机会较少，高职院校培训工作滞后。这不利于辅导员视野的开阔，也阻碍了其工作能力的提高。应当增加辅导员培训机会。

（二）职业理想高低不一

1. 部分高职院校辅导员认可领导力先天论

通过问卷调查我们不难发现，高职院校辅导员在认可领导力先天论问题上出现了分歧。虽然72.80%的辅导员对领导力先天论持否定态度，但仍然有部分辅导员表示说不清这一问题，或者赞同这一说法。如果领导力由先天决定，那么后天的培养则失去了很大意义。这就会导致辅导员选择被动的学习方式，即使对职位的晋升充满兴趣，也不会为之付出努力，在他们的思想中人的天赋占据了主要地位，而不是后天的培养。这对辅导员领导力提升的主动性极为不利。

2. 辅导员的晋升欲望有限

根据问卷数据，大部分辅导员渴望职位的晋升，但理想和现实往往存在着一些落差，有多数辅导员的任职年龄达到了10年以上，却仍然在辅导员的岗位上坚守着，这在一定程度上打击了辅导员的上进心，影响了辅导员的工作热情，也遏制了他们自身的职业理想。

（三）知识储备相对不足

1. 辅导员学科结构不合理，专业性不强

辅导员的学科结构水平在一定程度上影响了辅导员队伍的整体知识层次。在问卷调查中，相关专业毕业的辅导员的比例只有 29.60%，要远远落后于其他专业毕业的辅导员，虽然多学科的加入有利于丰富辅导员的知识队伍，但依然会影响辅导员队伍的专业化进程。而马克思主义相关理论、思想政治教育知识是辅导员工作的必备知识基础，如果对其掌握不足，也不利于对大学生进行相关的教育与指导。

2. 辅导员学习领导力知识的积极性不高

通过问卷调查我们可以看出，大多数辅导员在主动学习领导知识上的积极性不够。根据时间而定是他们最多的选择，但辅导员工作时间紧、工作任务重，根据时间而定，往往就意味着很难抽出时间去学习领导力知识，这就偏离了辅导员的工作要求。当代大学生的求知欲望较为强烈，辅导员被动学习，往往难以满足他们各方面的需求，只有不断提高自己的知识水平，才能对大学生的学习、就业等方面提出建设性的意见。

3. 辅导员的知识结构比较片面

在对辅导员的知识掌握情况进行测试的问卷调查中。题目的难度相对适中，可回答结果不是非常理想：大多数辅导员在思想政治教育题目的回答中准确率较高，但回答其他相关学科的问题时正确率偏低。这说明辅导员掌握知识的广度还有待提高，在要求掌握的管理学、领导学、心理学、社会学等方面的知识上表现欠佳。无法达到辅导员这一职业要求的知识水平，也影响着辅导员工作开展的成效。

4. 辅导员领导力知识的成长空间不足

通过问卷调查不难发现，在完成学校组织活动的前提下，接近五成的辅导员缺乏再组织其他活动的欲望，而领导力的提升是随着不断的实践锻炼而增长的，学校组织的活动和对辅导员的相关培训机会极为有限，如果不主动创造机会磨炼，想要提升领导力水平则显得任重而道远。如果让学生觉得辅导员是只会空喊政治高调的不学无术之人，那么他的影响力也将无从谈起。

（四）领导技能相对欠缺

1. 辅导员领导技能水平总体评价不高

在辅导员对自身领导技能水平进行的评价上我们能够看出，大多数的辅导员都对自身领导技能缺乏足够的自信，仅仅选择了“合格”这一选项。无论是辅导员本身自己的评价，还是来自教育对象学生的客观评价，辅导员领导技能的整体水平都是有所欠缺的，无法满足职业的要求。

2. 辅导员的具体领导技能水平欠缺

通过问卷调查的数据分析，在社会责任力方面，大多数辅导员有较强的社会责任感，能够以身作则，关心学生，热爱工作，但在另外的决策力、执行力、组织管理力和影响感召力方面，辅导员做的则有待提高，尤其在关于决策力的评价上，大多数学生认为辅导员在这一方面的能力尤其的欠缺，需要重点提升。从中我们可以看出，虽然大多数的辅导员具备了一定的领导技能，但在具体领导技能的运用上还存在着很大的不足，需要在今后的工作生活中重点提高。

3. 辅导员的权变能力有待提高

世界上没有一成不变的管理方式，具体情况不同，所对应的管理方式和管理策略也不尽相同。往往越优秀的管理者，就越懂得适时而变，随身边环境的变化而改变。高职院校辅导员往往缺乏一定的权变能力，无法灵活快速地适应周围不断变化着的环境，比如制度的改变、团队的改变、大学生的改变、甚至是工作环境和工作细节的改变。所以作为高职院校辅导员，在工作过程中要学会不断地调整自己，以适当的方法适应外部环境，同时要不断培养提高自身能力。

三、 高职院校辅导员领导力存在问题的成因分析

（一）社会层面

1. 对辅导员领导力培养的重视不足

高职院校辅导员制度是我国高职院校的特色制度之一，相比国外高职院校来说具有自身的独特性和创新性，我国关于辅导员相关的问题研究较早，具体表现在对辅导员职业化的研究和对辅导员相关考核机制的探讨，但关于领导力这一概念的研究相比于国外起步较晚，无论是社会还是高职院校都对领导力的认识不足，缺乏足够的重视程度，这也就导致我国高职院校关于辅导员领导力方面的研究和培养处于落后的阶段。因为多元的价值观弱化了领导力培养的重视度，无论是传统文化的“官本位”思想，还是西方文化的“金钱至上”，都对人的思想价值观念产生强烈的冲击，从而忽视了对领导力的关注，降低了领导力的吸引力。有的依靠人脉关系、溜须拍马走后门便可顺利找到工作，也使人们忽视了自身能力的提高。当然这种风气也会导致一些辅导员在价值判断等方面受到一定的影响，从而产生个人的领导才能不再重要的错误想法，于是便忽视了后天的学习。这对辅导员队伍的建设和自身综合素质的提高影响极大。

2. 对辅导员领导力的投入不足

包括两个方面，一是物质投入的不足，辅导员领导力培养的保障，缺乏相关的资金建设培训机构。近些年来，由于辅导员的培训机会不足，部分高职院校或辅导

员牵头自发组织培训项目，并积极落实相关培训工作，以应对职业发展要求。但高职院校和辅导员自身资金有限，缺乏相关物质上的支持，这在一定程度上受到多方面制约。另外社会对于领导力相关活动的组织较少，缺乏大型的领导力研讨会和一些专门的领导力讲座，导致领导力培养的师资力量和实践平台不足，为辅导员领导力的培养提供的支持极为有限。二是意识投入的不足，缺乏领导力培养的理念。我国关于辅导员领导力的研究本就相对落后，社会对辅导员领导力的培养不够重视，虽然下达了一系列辅导员的相关文件，但却没有把辅导员的素质培养提升到足够的战略高度，缺乏政策与资金上的有力支持。辅导员在完成本职工作的同时也无暇顾及领导力的培养。

（二）高职院校层面

1. 考核机制的不合理影响辅导员领导力提升的热情

高职院校针对辅导员的评价原则上往往注重教学成效和科研骨干，强调了学历和发表论文的数量和质量，不能客观公正地评估辅导员的业绩，也忽视了辅导员综合素质的评价。具体表现在评价手段的单一、评价结果的片面、在评价过程中往往只重数量不重质量、只重结果不重过程、存在着“一刀切”的现象，并且领导的决定大于民主的决策，主观的评价压制客观的看待。这些问题严重影响着辅导员队伍的积极性，导致他们工作热情不高，工作效率低下，对自身职位的晋升感到无望，降低了辅导员提高自身领导力的热情。

2. 教育培训的缺乏影响辅导员领导力的成长空间

高职院校往往只注重辅导员的引进数量和学历，而忽视了对辅导员进行后期思想道德教育和领导力提升的相关培训工作。即使已有培训机构，培训也还是停留在传统的说教上，缺乏对辅导员的思想观点和利益诉求的相关研究和培训，这就造成辅导员的培训内容和实际工作需要的不合拍，出现不适用。具体表现在辅导员刚录取的时候对其进行岗前培训外，大多数都没有制定日后辅导员的相关培训计划。虽然教育部、各省正在加强完善辅导员的相关培养工作，但往往在落实中容易出现偏差，得不到解决，无法保证辅导员领导力成长的空间。

3. 职责与定位的不明确影响辅导员领导力提升的方向

高职院校辅导员既是大学生的教育者，又是大学生的管理者，在高职院校工作中面临双重任务，这无疑增加了他们的工作任务和工作压力。大多数高职院校对辅导员定位不明确，凡是跟学生有关的工作都推到了辅导员的身上，辅导员的工作范围也跟着无限扩大，每天疲于奔命，忙于各种事务上的工作，而忽视了对大学生进行思想政治教育这一主要任务。职责方向的偏离也在一定程度上影响了辅导员自身领导力的培养。

（三）高职院校辅导员自身层面

1. 部分辅导员对自身的领导力期望值偏低

社会责任感和使命感的缺失，约束辅导员领导力提升的主动性。较低的期望值直接决定了其领导力的提升空间大小。造成这种现象的原因有两点：一是对领导力这一能力夸大化。部分辅导员认为领导力往往是领袖才具备的能力，普通人很难掌握，只能敬而远之。二是对自身的潜力认识不够清晰，自身不够自信。辅导员的不自信往往导致其低估自身领导力的发展空间，从而降低对领导力提升的期望值。在工作中也会逐渐形成“不求最好，只求合格”的工作态度，久而久之，这些惰性思想和与世无争的价值观会成为阻挡辅导员前进的脚步，也从源头上掐断了自身领导力提升的可能性。

2. 部分辅导员的现实境遇导致自身领导力培养的忽视

多数辅导员是从校门到校门，没有经历过社会的磨炼，以前生活环境往往会造成辅导员意志力的薄弱和吃苦耐劳精神的缺失。另外受重视程度不够、工资待遇较低、工作责任大且十分辛苦，同时又面临成家立业、赡养父母、抚养子女等现实问题，处于这样的境遇，绝大多数的辅导员都会受到一部分影响，难以全身心地投入到工作中去，更别说对自身领导力的培养了。

四、 高职院校辅导员领导力提升策略

（一）提升高职院校辅导员领导力的外部途径

1. 加强对高职院校辅导员的重视，提高高职院校辅导员的社会地位

（1）明确辅导员的角色职责定位。

辅导员应当努力成为学生的人生导师和健康成长的知心朋友。明确辅导员的角色定位对于解决辅导员职责模糊，防范角色失调具有重要的意义。2006 年，教育部在《普通高等学校辅导员队伍建设规定》第 24 号令中明确指出：辅导员是高等学校教师队伍和管理队伍的重要组成部分，具有教师和干部的双重身份。辅导员是开展大学生思想政治教育的骨干力量，是高职院校学生日常政治教育和管理工作的组织者、实施者和指导者。虽然辅导员肩负着学生管理的职责，但却不是传统的行政干部，虽然兼任教师和干部的双重角色，更应当以学生的思想政治教育工作为中心。面对新时期的工作形势和工作内容，辅导员要灵活切换自身角色，首先要成为大学生世界观、人生观、价值观形成的领路人。其次要完成各项行政管理事务，维护校园正常的学习工作秩序。在学生成长成才的路上为他们服务，包括大学生的心

理辅导、就业辅导，以及落实好国家、学校对特殊学生群体的资助政策。最后要加强自身的科研研究，结合自身工作开展调查研究和课题研究，总结思政工作经验，才能把握大学生的成长规律，实现高职院校辅导员综合素质的提高。

（2）完善高职院校辅导员评价机制，提升高职院校辅导员的工作待遇。

科学、合理的评价考核制度有利于辅导员队伍的建设。对辅导员的评价首先我们应该遵循公平公正的原则，其次按照辅导员工作的真实表现进行民主测评，以便防止领导一头大的情况出现。再次，辅导员的评价和考核应该采用定性和定量相结合的评价原则，由学校的学工部门，根据辅导员的主要工作任务的完成情况来进行审核，还应加大学生民主测评的比重，从教育对象的角度还原辅导员的真实工作情况。然后考核形式要丰富，把日常考核与年终考核相结合，通过问卷调查、随机走访、座谈、网上调研等多种方式完善辅导员工作成效的评价。最后在考核结果上，将辅导员的考核情况与辅导员的薪资待遇、职位晋升相挂钩。对于工作中出现重大失误并造成严重后果的辅导员要进行相应的处分，但也要防止“一刀切”情况的出现，不能否定辅导员的全部工作成果。另外，辅导员的工作待遇也影响着辅导员队伍的发展。因此，我们要采取措施提高辅导员的工作待遇。首先要提高辅导员的物质待遇，比如办公设备的更新和文体活动场所的配备。其次提高辅导员的制度保障，在法律援助、子女就业等方面对辅导员给予一定程度的支持。最重要的是，要设法提高辅导员的工资水平，设立辅导员岗位奖金，由于受到传统体制的制约，现行的分配制度无法快速改变辅导员工资水平不高的现状，所以高职院校应该单独设立辅导员岗位奖金，对于考核评价高，工作业绩优秀的辅导员进行一定物质上的支持。这不仅有利于提高辅导员队伍的积极性，也可以保障辅导员队伍的长治久安。

（3）加强高职院校辅导员队伍的相关培训。

在学习内容上，首先要狠抓专业知识培训。思想政治教育是一门综合性很强的学科，在学习上存在着一定的难度，不仅要掌握马克思主义理论知识，还要学习科学的工作方法。所以，要不断加深对辅导员基础专业知识的学习，开设相关课程，尤其要对非相关专业毕业的辅导员进行专业思想、政治理论方面的指导，保证辅导员“看家本领”的过硬过强。其次，要扩大辅导员知识跨度。通过开设相关课程或者实践培训加强辅导员在管理学、领导学、教育学、社会学等方面知识，提高他们应对各种情况的综合能力，从单一型人才向综合性人才发展。在培训机制上，首先要具有针对性，把对辅导员的培训与对老师的培训相分离，把“新人”的培训与“老人”的培训相区别，把本专业的培训与其他专业的培训相分隔。其次要具有连续性，在辅导员刚入职的时候进行入职培训，在工作岗位上进行在岗培训，在对外互动中进行交流培训，建立多层次、立体化的综合培训机制。帮助辅导员提升综合素质，尽快进入工作角色，最终成为经验丰富，专业娴熟的辅导员。

2. 始终把提升辅导员的思想政治教育水平放在首位

辅导员的主要任务是对学生进行思想政治教育工作，而辅导员思想政治素质和专业素质的水平又直接影响到高职院校辅导员队伍的建设，所以对于辅导员来说，有什么样的思想教育水平，就有多大的工作能力。通过问卷调查，大部分辅导员的思政教育专业化程度偏低，相关专业毕业的辅导员只占了小部分，工作中也很少能学习到与大学生思想政治教育工作相关的专业知识，只能摸着石头过河，不断进行摸索和经验的积累。

我们应该摆正思想政治教育的主体地位。注重培养辅导员对政治大局观的把握和对政治方向的判断，从而使辅导员具有较高的政治觉悟，并能够保持鲜明的政治立场，在工作中不断学习党的基本路线、基本方针政策，牢牢地把社会主义核心价值观扎根心中。以自身思想政治教育水平的提高为基础，能够系统地、专业化地进行思想政治教育的理论教学和行为上的实际指导，帮助大学生树立正确的人生理念和人生追求。在教育的过程中，辅导员尤其要注意教育的方式方法，以育人为己任，尽量减少传统意义上的说教，而要讲学习、讲政治、讲正气、以身作则、乐于奉献，在工作中实现自身价值。

3. 发挥校园文化的自主功能

校园文化是一所学校的灵魂和血脉所在，它总能不经意间影响教职工和学生的人生观、价值观，而这种影响往往是无法通过工作和学习任何课程获得的，所以校园文化氛围对于提高全校师生的人文素养和道德素养具有深远意义。思想政治教育具有广泛性、平常化及生活化的特点，这就决定了其教育主体已经远远超越了专职思想政治教育工作者的范围，高职院校中每一个和辅导员接触的群体都可以通过自身的言行举止、学习和工作态度等对辅导员产生影响。因此，为实现辅导员领导力的提升，良好的校园文化氛围具有重要的意义。

高职院校应该加强辅导员的校本培训，使辅导员对学校和校园文化的认知加深，并定期对辅导员进行考核，大力培养、提高辅导员的领导力。还要在物质文化方面为辅导员提供良好的教育设施，包括整洁的办公室和文体娱乐场所，在精神文化方面创造一个团结友好的辅导员队伍，加深辅导员之间的彼此了解，使辅导员能够感受到集体的温暖，从而树立集体主义观念和团结协作精神。可以说，良好的校风和鼓舞人心的校训，让辅导员形成共同的文化观念、价值观念和生活观念，在这样的环境中不断学习、不断进取，树立正确的工作态度和强烈的社会责任感，使辅导员能够时刻注意自己的行为，并不断进行反思与自我教育，这就是校园文化的自主教育功能。

（二）高职院校辅导员自身领导力的培养

1. 激发高职院校辅导员自身领导力的培养热情

首先，根据唯物主义辩证法，内在原因是事物发展的根据，外因是事物发展的条件，外在原因是通过内因起作用的。要开展辅导员领导力教育，不仅仅通过课程学习和简单的培训就可以达到，关键是需要辅导员有强烈的获取领导力的愿望，这就必须从辅导员的自身出发，充分调动辅导员的主动性，让其自主地去提升自己的领导能力。其次，通过我们的问卷调查不难发现，虽然大多数辅导员认为领导力并不是天生所具备的，可以通过后天学习和实践提升自身能力，但是辅导员的领导理想相对较低也是不争的事实，所以，辅导员领导理想的现状不容乐观。

（1）要促进高职院校辅导员领导意识的觉醒，提高其领导力培育的主动性和自觉性。我们需要不断提高高职院校辅导员自身的道德修养和理论水平，加强对领导力提升必要性的认识，进一步加强辅导员强烈的社会责任感和使命感，让高职院校辅导员认识到提升领导力，既是增强自身综合素质和工作职责的需要，也是担负起中国共产党党员神圣使命的必然要求。

（2）增强高职院校辅导员对领导力可培养性的认识。只有正确把握领导力的可培养性才能转变“领导力是先天性”的观念并提高领导力期望值，进而充分激发高职院校辅导员的内在潜能。为此，高职院校辅导员要不断提高自身领导力的培养热情，立足实际，充分利用学校内外的一切资源，努力提升自身的领导力水平。在工作过程中要注重对自身职业性质的认识，着重培养新时期辅导员的职业价值观和自豪感，全面提升高职院校辅导员的社会责任感和工作激情。辅导员的工作激情是辅导员在工作中不懈进取和持续创新的不竭动力，这源自辅导员对自身职业价值的认识和献身教育事业的豪情。在社会主义市场经济新时期，只有不断加强辅导员对思想政治教育的认识，提高辅导员的综合素质，才能让辅导员在市场经济的浪潮中接受洗礼，源源不断地为社会主义现代化建设输送高标准、高素质人才。

2. 提升高职院校辅导员的领导技能

（1）社会责任力的培养。

对于辅导员而言，社会责任或是要对自己的工作岗位负责，对自己的学生负责。是否具有良好的社会责任感，是评价一个高职院校辅导员是否称职的最基本标准。只有具备良好的社会责任感，培养出的下一代才能把责任扛在肩上。辅导员的社会责任感主要表现在理想的崇高和素质的过硬，特别要以身作则、关心热爱学生，用思想政治教育相关知识点拨误入歧途的学生，保证学生具备良好的思想道德品质，使大学生成为心系国家和社会民族的人。为此，辅导员还要注意自身形象，在工作中注重语言的合理把握和运用，绝不能土话连篇，甚至骂骂咧咧。还要掌握科学的工作技巧，运用不同的方式对学生进行思想政治教育，充分调动学生对知识的兴趣和追求。最主要的还是要关注学生、关爱学生，在潜意识里要有为了学生的一切的想法，踏踏实实地把工作落到实处。

(2) 决策力的培养。

正确的决策来源于正确的判断，高职院校辅导员是高职院校学生思想政治教育、管理工作的组织者、实施者和指导者，需要对各类教学活动和学生日常生活问题做出准确的判断。所以，决策力对于辅导员领导力的提升具有重大的意义。决策力的培养要掌握以下几点。一是要学会抓住重点、善于预测。在面对辅导员具体的工作时，能够未雨绸缪，提前做好心理准备和决策，平时多注意观察周边一切，培养自己远见卓识的洞察力。二是要学会集思广益、礼贤下士。对班干部人员的选拔要严格，组建一支有效的领导团队，群策群力，让所有人都发挥其作用。三是要从容应对、勇于创新。在面对繁杂的工作时先学会稳定心态，以负责的心态面对危机，以正确认识危机为前提，在解决问题的过程中一定要快、准、狠，不拖泥带水，不同的危机应灵活应对，思维创新。因此，辅导员要多注重这一方面的训练，提高自己的判断力和决策力，进而提升自身的领导力水平。

(3) 执行力的培养。

执行力是辅导员领导力培养的着力点，也是衡量辅导员领导力水平高低的重要因素。辅导员执行力的水平直接关系到辅导员工作能力的高低，想完美地做好本职工作就必须把思维付诸行动，而执行力就是解决这一问题的所需能力。要培养执行力需要注意以下几点。第一，遇到问题的时候不能退缩，必须直面问题，同时在解决问题的过程中锻炼自己的思维能力。第二，能够对问题性质做出基本的判断，分清哪些是重点，并积极构思解决方案，或自己解决，或与他人合作解决，并明确哪些问题应最先解决，哪些问题可以先放一放，合理安排时间。只有通过对执行力的反复训练，才能在工作中认真对待每一件事情，形成一丝不苟、独特高效的做事风格。

(4) 组织管理力的培养。

组织管理力是辅导员领导力的重要组成部分，这是由辅导员的职业定位决定的。通过问卷调查我们不难发现，辅导员的主要工作是思想政治教育工作，是对大学生思想教育的一种力量，对于维护学校的稳定发挥着十分重要的作用，日常工作中经常要围绕学校和大学生，开展各项活动和履行对学生的管理制度。所以没有一定的组织管理能力，各项工作将很难开展。在培养组织管理力的过程中要注意以下几点：第一，辅导员在开展各种活动的过程中要培养自己的组织管理能力，学会控制各类活动和事件的方法。第二，要建立科学高效的学生管理系统，把自身的权利合理分配到各班干部的身上，明确各个班委的职责，这样既有利于培养学生的相关能力，又可以减少自己的工作压力，并且有利于班集体的民主决策和民主管理。第三，在管理的过程中要注意沟通方式，掌握沟通技巧，培养自己的亲和力，无论是面对领导还是学生都要不卑不亢，努力学习努力工作。

（5）影响感召力的培养。

领导力的实质是“影响感召力”，它是一个成功领导者内在修养的外在表现。影响感召力也是一种与众不同的气场和气质，这种特殊的气质，会让人不自觉地信任和追随。因此，高职院校辅导员要重视对自身影响感召力的培养。首先，无论做什么事情都要自信，只有保持足够的自信，才能让周围的其他人产生信赖感。其次，必须要有一定的追求目标，一旦有了目标，就要执著地坚持下去，永不放弃。要明白所有的成功都不是一蹴而就的，它需要足够的耐心和勇气。最后，要不断提高自身修养和人格魅力。它是领导力提升的关键所在，这其中包括领导者的气质品质、性格、情感等方面的培养。只有辅导员的人格吸引力和感染力提升了，才能更好地对大学生进行教育和管理。

3. 树立终身学习的观念

古希腊哲学家苏格拉底曾说过：“世上只有一样东西是珍宝，那就是知识；世上只有一样东西是罪恶，那就是无知。”所以树立终身学习的理念，是辅导员领导力提升的后续保证。只有具备了良好的综合素质才能当好学生健康成长的指导者和引路人。为此，一是要养成主动学习的习惯，一提到学习就要如饥似渴，真正把学习当成自己的事情，在学习的过程中不论遇到多大困难，也要用百折不挠的勇气去克服它。二是要养成不断探索的习惯，对于任何新生事物要保持开放的姿态，注重工作生活中的细节，培养自己的兴趣爱好。三是要有自我更新的习惯。不断对自己掌握的知识进行推敲、发展，培养自己敢于质疑的精神，并虚心听取他人的意见，取长补短，自我更新。四是要有学以致用的习惯。实践出真理，要把书本上的知识运用到现实生活中。南宋诗人陆游在一首教子诗中曾经说过：“纸上得来终觉浅，绝知此事要躬行”，也强调了学以致用的必要性。所以，辅导员要树立终身学习的观念，在熟练掌握思想政治教育相关知识的前提下，利用一切可以利用的时间进修领导学、管理学、心理学、教育学等课程，并注重思考与创新，努力做到教育管理工作的艺术化、生活化。

第五节　学生干部领导力

一、学生干部领导力概述

（一）概念界定

1. 高职院校学生干部

高职院校学生干部是指在高职院校的各级学生组织中行使一定的服务职能、承担一定岗位的管理职责、担任一定教育管理任务并履行一定工作义务的学生，是学生中的佼佼者，对提升全体学生综合素质有特殊的作用。

2. 高职院校学生干部领导力

高职院校学生干部具备了领导者的责任意识、奉献精神、荣誉感和一定的知识储备，具备了领导力的客观要素，学生干部的领导活动在本质上是一个影响他人的过程，是通过对被领导者的影响，塑造人、改造人的过程。因此，学生干部领导力不是基于学生干部职位的权力，而是一种基于学生干部职务的价值追求（组织愿景和目标）；是通过发挥学生干部自身的个人天赋、知识智慧、人格魅力等综合能力，率领、引导、激励普通学生，在组织行为中克服阻力、提高效率、实现组织愿景与目标的过程。

（二）主要特征

1. 高职院校学生干部的职能特征

高职院校学生干部领导力具有领导力理论的普遍特征，但其领导职能在学生群体中又存在一定的特殊性。随着高职院校内涵建设的不断推进，高职院校学生干部在思想政治教育、校风学风建设、校园文化活动组织、学校事务管理等方面表现出基础性、独立性、表率性、复杂性等特点，这些特点促使学生干部领导力形成了相对的独特性，也影响着学生干部领导力的要素构成。

（1）基础性。

高职院校学生干部是处在学生组织最基层的管理者，涵盖了学生组织的方方面面，渗透在学生生活、学习、工作的每一个环节；他们具有较高的威信，对广大学生具有直接的号召力；能够配合老师组织实施学校各项教育管理工作。在思想政治教育和校园活动中，能够带动学生形成一股勤奋学习、健康文明、积极进取的力量；能够及时了解学生的思想动态、掌握学生的生活规律、发现苗头性问题，及时制定科学的教育和管理措施。所以说，高职院校学生干部具有“双重”角色，具有基础性地位，是高职院校正常教育教学活动开展的重要保障力量。

（2）独立性。

高职院校学生干部开展的各项工作，虽然离不开教师的指导，但是他们不再完全依赖于教师，而是更多地立足于学生的立场，通过自身的修养和人格魅力，带动广大学生成为价值观的忠实追随者，形成崇尚学术、勤奋学习、团结同学、乐于助人的生活态度，引领广大学生树立正确的人生观和价值观。同时，学生干部在生理和心理上已经趋于成熟，能够理智地运用思维和知识储备，把更加科学有效的工作方法运用到领导岗位和领导行为中，独立自主地完成各项活动的筹备、策划、组织、宣传、教育等工作。

（3）表率性。

高职院校学生干部在学生中具有高度的表率性，一方面，学生干部是通过一定的选拔程序产生的，他们往往是思想先进、成绩优秀、品质突出、仪表举止文明的学生，他们具有较高的威信，是学生们学习的榜样；另一方面，学生干部在工作中得到成长锻炼，通过学生干部职务凝聚大批学生，把自己的价值观和目标渗透到组织成员中，团结和带领学生形成积极向上的群体风气，从而使学校向更好的方向发展。因此，学生干部的表率性在学生队伍中表现得尤为重要和突出。

（4）复杂性。

高职院校学生干部领导职务的复杂性，一方面表现在领导行为的义务服务，另一方面表现在工作形式的联系性、工作方法的实践性、工作对象的复杂性等方面。由于学生年龄、生活背景、地域背景、知识层次、爱好观点等等的不同，学生思想动态和愿望要求存在多样性差异，学生干部不仅要研究服务对象的特点，而且要着力修正个性与共性的差异，处理好高职院校、管理者、学生、学生干部、社会等诸多矛盾因素，促进学校教学秩序的正常运行。因此，学生干部要通过不断地学习先进的管理理念和方法，克服各种因素的影响，圆满完成各项任务。

2. 高职院校学生干部领导力的主要特征

（1）服务型特征。

从领导者的角度出发，学生干部领导力是学生干部自身的一种素质，它不通过权力强化，而以影响圈来扩大对他人的影响，并引领他们实现共同目标，是一种服务型领导力。学生干部的个人品德、个人素质、个人能力、服务学生的能力越强大，其影响强度越大，其领导力也越大，实现个人和团队目标的能力就更大。

（2）愿景型特征。

从学生干部领导活动产生的“力效”角度出发，学生干部领导力是一种愿景型领导力。学生干部在基本素质方面都是能力很强的学生，但能力只能服人，却不能凝聚人，在领导活动中，学生干部通过及时发现自身的优势和不足，澄清价值，并确定适合自己的发展方向和目标，制定与之相应的个人发展规划，通过在日常学习和生活中的愿景，激励自己和他人的行为，形成独特的领导方式、观念、人格和个人魅力。

（3）合作型特征。

学生干部领导力不仅指向人，而且指向事。在学生组织中学生干部的职责一是积极影响其他学生，二是引领学生组织变革，学生干部在日常学习、生活和管理过程中，逐步形成了运用团队的力量来完成各项工作任务的能力。因此，学生干部领导力是学生干部运用团队力量完成学习、工作任务的综合素质。

（三）衡量高职院校学生干部领导力的主要指标

通过文献检索，以及对学生干部的访谈，发现有十九项综合素质会对学生干部的领导力形成影响，分别是：学习能力、分析能力、洞察力、口头表达能力、书面表达能力、理解能力、沟通能力、人际交往能力、应变能力、适应能力、心理调适能力、压力管理能力、抗挫折能力、处世能力、自我反省能力、组织能力、团队协作能力、时间管理能力、创新能力（共十九项）。这些综合素质的形成又受到了其深层次的二十项个性因素影响，包括：上进心、自信心、同情心、自尊、忍耐力、意志力、行动力、自制力、自律性、敢为性、乐群性、支配性、独立性、世故性、务实性、条理性、变通性、变革性、宽容性、情绪稳定性。从以上研究成果可以看出，对高职院校学生干部领导力的个体定性评价重点在于对其所在的职务上的精神状态和业绩水平的一个综合反映。需要考虑的要素有：思想政治素质，包括政治理论学习、贯彻执行政策、政治道德品质等；组织领导能力，包括科学决策的能力、组织协调能力、实际解决问题的能力、改革创新的能力等；工作业绩，包括工作任务难度、工作质量、工作实效性等；工作作风，包括是否自律、是否坚持和落实各项政策及任务等。同时，学生干部领导力的状态也与其所承载的任务相协调，从而需要充分考虑学生干部的团体协作能力。由此，评价学生干部领导力的指标可以归纳为以下四组。

（1）学生干部的思维和自我能力，包括：洞察力、分析能力、理解能力、创新能力、学习能力、自我发展能力、自我反省能力和自信心。

（2）学生干部的执行能力，包括：毅力、行动力、务实性和上进心。

（3）学生干部的社交能力，包括：人际交往能力和适应能力。

（4）学生干部的团队行为，包括：团队协作能力、责任心和沟通能力。

二、学生干部领导力现状

（一）建立了一套职能完善的学生干部组织系统

学生干部组织系统是开展学生教育管理工作的组织保证，组织系统设计是否合理、组织机构是否健全以及职能是否完善，是直接关系到学生工作成败的关键。多年来，在学生干部队伍建设方面已经形成了一套职能完善并随着形势变化而不断强化的学生干部组织系统。

这一组织系统一般由学生党支部—党小组、校（院）学生会—院（系）学生分会—班委会—学习小组、校（院）团委—院（系）分团委—班团支部—团小组以及校（院）社团—各学生社团组织等四条线组成，需要指出的是，第四条线（简称社团线）在部分高职院校中被划归校（院）团委管辖，因此在部分高职院校中，实际上只有三条线。这一序列的特点是：首先，与前一个序列在党团学方面相对应；其次，着力点都作用在学生基层；第三，在职责上既有分工，又有职能交叉，形成了一个多层次的立体交叉网络。为了适应高等职业教育改革与发展的需要，强化对学生的教育管理，全国高职院校正在落实把“支部建在班上”的指示精神，在低年级建立党小组，在高年级建立学生党支部，充分发挥学生党员的先锋模范作用和党支部的战斗堡垒作用；另外，部分高职院校在实践中探索宿舍管理新模式，打破院（系）专业格局，设立楼长—层长—室长，归口学工部，这些探索都产生了积极的效果。

（二）建立了一系列学生干部培养制度

学生干部的教育管理是学生干部队伍建设的重要内容，各高职院校主要通过制度建设来规范学生干部的分工和干部的具体工作以实现对学生干部的教育管理。因此，这一制度建设的内容主要着力于两个方面：一是管理制度。管理制度保证学生干部的工作可以按照组织系统的设计来进行，它体现了分工合作的原则。目前的学生干部管理制度主要包括建立学生干部的档案制度、培训制度、述职制度、民主评议制度、考核制度以及晋升制度等等。二是工作制度。学生干部的工作制度是用来规范学生干部工作程序的，主要包括定期的调查制度、民主决策制度、定期的例会制度、定期沟通制度、工作汇报制度、财产和财务管理制度等，也包括借鉴学生干部管理制度中适合学生干部上下级管理的一些制度，如档案制度、考核制度等等。学生干部的教育管理和工作制度保障了学生干部根据主管部门的部署按照学生工作程序的要求结合实际、创造性地开展工作。

（三）培养了一大批优秀的、具备较强领导力的学生干部

高职院校学生干部队伍是一个优秀而庞大的群体，他们在高职院校学生中占有相当的比例，具有思想进步、积极进取、乐于助人、善于交往、谦虚好学、成绩优良、号召力强、有一定的管理经验等良好素质。正是由于具有这些特质，因此他们在进入社会以后能够很快适应社会发展，善于捕捉各种发展机会，迅速确立自身的发展方向，并注意合理配置各种社会资源朝着既定目标努力奋斗，也容易取得成绩。目前，全国各行各业受过高等教育的管理者队伍、业务骨干队伍以及自主创业者队伍中，大多数都曾经是大学期间的学生干部，他们是社会主义建设者的中坚力量和社会主义大厦的重要基石。

三、高职院校学生干部领导力存在的问题

（一）学生干部领导力培养的外部环境不完备

学生干部队伍建设作为学生工作的基础性系统工程，需要有良好的外部环境支持。首先是各级领导特别是校（院）、院（系）党政领导的重视，这是搞好学生干部队伍建设的先决条件；其次是营造一个学生干部队伍成长的良好氛围，这是搞好学生干部队伍建设的客观环境；第三是干部队伍建设相应的硬件、软件投入，这是搞好学生干部队伍建设的保障条件。但是从目前的情况来看，上述三个方面在实践中都还有诸多不尽如人意的地方。

1. 领导重视不到位

具体表现为四种倾向：一是领导班子对加强学生干部队伍建设未达成共识，表现出分管领导较重视而非分管领导不够重视；二是对专职学生工作干部队伍建设较重视，对学生干部队伍建设不够重视；三是口头上重视而行动上却不够重视；四是有时候重视，有时候不够重视。

2. 氛围营造不到位

主要表现在四个方面：一是把学生干部队伍建设看做是为少数同学服务，舆论导向出现偏差；二是把学生干部队伍建设看作只是相关领导和专职学生工作干部的责任，未形成齐抓共管的局面；三是学生干部的创先争优活动注重评选奖励优秀学生干部，忽视对优秀学生干部先进事迹的宣传和先进经验的推广，榜样激励作用发挥得不够充分，比、学、赶、帮、超力争上游的氛围未能很好地形成；四是没有充分发挥团校和党校以及互联网在学生干部队伍建设中的阵地作用，尤其是没有充分利用互联网这个新阵地来营造好的建设学生干部队伍的氛围。

3. 投入不到位

主要表现为三点：一是学生干部队伍建设的人员配置不到位，在部分学校、部分学生系统甚至还缺乏学生干部队伍建设的意识；二是资金投入不到位，硬件投入严重不足，相应的设备设施比较欠缺；三是人力财力投入缺乏计划性，凭领导主观意志行事，没有制度保障。

（二）学生干部综合素质尚有待提高

学生干部队伍建设的主体首先是指教师特别是专职学生工作干部，其次是各级学生组织的主要学生干部（他们既是学生干部队伍建设的对象，同时相对于普通学生又是学生干部队伍建设的主体），学生干部队伍建设主要的和具体的工作都必须由他们去落实。因此学生干部队伍建设主体的素质高低是事关学生干部队伍建设成败的关键。目前，高职院校学生干部队伍建设主体特别是主要的学生干部的素质还不能适应高职院校学生干部队伍建设的需要，急待提高。这种不适应具体表现在两方面。

1. 思想素质不适应

一方面不少学生干部队伍建设的主体对学生干部队伍建设的重要性缺乏深刻的认识，对学生干部队伍建设的责任感比较差，“等”和“靠”的思想比较严重，对怎样建设学生干部队伍没有全面的认识或认识模糊，有的人特别是主要学生干部甚至还没有学生干部队伍建设的自觉意识。另一方面在学生干部队伍建设的具体工作中表现为“三重三轻”：一是重具体的学生工作的完成而轻队伍建设；二是重干部的使用而轻干部的培养；三是重干部的工作表现而轻干部的思想品德表现。例如，有的主要学生干部发现下属干部在思想上、作风上出现了一些明显的问题，也不认真给予帮助，要么视而不见，要么轻描淡写甚至包庇袒护，要么采取头痛医头、脚痛医脚的态度，这样做显然不利于学生干部队伍建设。

尤其是在当下多元社会文化冲击着校园文化，社会化程度越来越高的学生干部，在社会不良风气的影响下，一些学生干部表现出思想浮躁，急功近利，缺乏耐心。一些学生干部抱怨总是做一些小事情，大事做不了，小事不想做。学生干部队伍梯队建设要求学生干部从最基础的干事做起，在逐步发展、成熟过程中向部长、主席等位置努力，虽然我们可以不拘一格地选拔和使用人才，但是否能适应工作的需要是要时间保证的。但由于一些学生干部缺乏耐心，使得学生干部培养出现了断层现象。

2. 能力素质不适应

对于专职学生干部来说，虽然基本能力素质已经具备，但是在学生干部队伍建设工作的系统性和规划性方面的能力还比较欠缺，在具体落实上所下的工夫不够。

对于主要的学生干部来说，大多数只知道做好自己的分内工作，而对于整个队伍建设则无从下手，他们缺乏总体把握学生干部队伍建设的统筹能力，尤其是在实际工作中的带动能力、协调能力、创新能力需要加强。

（三）学生干部领导力培养缺乏制度保障

高职院校招生规模年年扩大，在学生校人数与日俱增。为了保证校园稳定，活跃校园文化，实现“三自”方针，学生干部的种类也是水涨船高，新的部门如雨后春笋，应运而生，如自管会、学生社团联合会和形形色色的社团等。各级机构越设越多，不管是否真有必要，每个部门都要从上到下层层设立。如学生会分为校学生会、院系学生会、年级学生分会等，以往的学生会主席现在也改成了学生会主席团。除各层级学生领导干部之外，还有很多基层干事，他们加入组织存在一定的理想化色彩，想通过学生工作锻炼自己、培养能力，但在相关制度缺乏的情况下，出现了事务繁琐，工作零散空洞，使得能力锻炼无从谈起，陷入自我价值感缺失的困境。组织机构日益繁多，人员过剩，事权分散，人浮于事，出现众人拾柴火焰低的怪现象。这种现象在目前高职院校学生组织中比较普遍。

1. 缺乏合力

学生干部队伍人员的增多，增加了学生干部相互交往的难度。既要和同学搞好关系，又要赢得老师的信任，更要与社会人群交流沟通。很多学生干部忙于完成工作任务而忽视了人际交往的技巧，使学生干部被孤立起来。学生干部队伍的庞大，也加剧了学生干部之间合作的难度，甚至出现“单干”“对着干”的现象，致使学生干部之间缺乏合力。

2. 缺乏活力

学生干部人数增多，事情琐碎，一些学生干部平时也就是打扫卫生、接电话和整理文件，加之绩效考核缺乏科学性与客观性，奖惩机制缺乏全面性与公平性等等问题，与当初进入学生干部队伍想在大型活动中展示自己组织才能的雄心壮志相比，很容易使学生干部在就职一段时间后因看不到发展前途而失去信心，无力承载工作责任，变得迷茫、无所适从。教师管得过细、过多、过死，会使学生干部成为照本宣科的“机器”，使他们原本的锻炼的希望落空，自我创造的成就感没有找到，却产生了很强的失落感，导致学生干部队伍缺乏活力。

3. 缺乏能力

一方面，学生干部队伍人数需求增多，生源整体质量的下降，选择学生干部的标准也相应下降，导致学生干部队伍整体能力的缺失。优秀的学生干部应该具备全方位的个人素质，不仅学习成绩好，还要人缘好、分析能力强、办事效率高、在同学中有威信，有工作魄力。而现实中，极少有学生干部能具备这样的素质，工作要求超出了他们个人资源的限度，各种状况频繁出现，对组织控制不力、无法充分调动部门人员的能动性、决策草率、缺乏深度等。另一方面，学生干部接受的“命令型”的工作方式，在执行工作过程中缺乏思考，言听计从，逐渐使学生干部丧失决策能力，导致学生干部队伍缺乏能力。

（四）学生干部领导力培养的科学性规范性不强

由于各高职院校对学生干部队伍建设缺乏深入系统的研究，学生干部队伍建设处于局部浅表的初探阶段，尚未步入科学化规范化的轨道，具体工作的各个环节都不同程度地存在着一些问题，主要表现在以下几个方面。

1. 选拔缺乏规范性和民主性

选拔学生干部是学生干部队伍建设的基础，能否把合适的学生选拔到合适的干部岗位上不仅对学生工作有重要意义，而且关系到学生本人的健康成长。学生干部的选拔过程应该是引导大学生树立德才兼备人才观的过程，应该是对大学生进行民主集中制教育的过程，应该是引导大学生勇于竞争的过程。但是，在现实的学生干部选拔中却出现背离规范的两种倾向：一是选人标准上重能力素质而忽视思想素质，这会导致学生重才轻德；二是选拔程序上重集中轻民主，具体地说，就是重少数主要干部和老师的个人意志，忽视多数学生的意见。选拔学生干部如果缺乏必要的民主制度和民主程序，不能做到公平公开，就会打击大学生竞选的积极性，还会造成了学生干部的工作只对上级负责而不对广大学生负责的不良后果，甚至会导致腐败现象的产生。

2. 培养缺乏规划性和系统性

要搞好学生干部队伍的建设，就得按照学生干部应知应会的知识和能力以及应具备的素质，根据不同层次学生干部的特点，有计划有步骤地进行系统的培养。目前，各高职院校虽然采取多种方式对学生干部进行过培训，但缺乏规划性和系统性。具体表现为：一是高职院校各级学生组织及其直接管理部门很少有学生干部培养规划，一般是喜欢使用干部，不喜欢培养干部，喜欢使用具有显性能力的学生，不喜欢培养有潜在能力的学生；二是基本上不重视梯队培养，各级学生干部的选拔也没有梯队锻炼的要求，往往出现班、系（学院）、校三级学生干部各自为政，存在着重上层（干部）轻基层（干部）、重主（要）干（部）轻次（要）干（部）的倾向。越接近于校系领导、越是处于主要领导岗位的学生干部越容易受到重视；而越是基层、越是处于次要地位的学生干部越容易被忽视，因此他们的积极性容易被挫伤；三是对学生干部着眼未来进行系统的培养较少，而着眼当前的零星式的培养较多，学生干部工作所需理论素养的培养较少，而岗位做事能力培养较多。这样的培养方式实际上是一种短效培养方式，不具有长效功能，不利于学生干部适应未来的工作。

3. 考核与激励缺乏科学性

考核和激励是学生干部队伍建设中两个重要环节，能否科学地考核和激励学生干部是能否对学生干部进行正确导向的大问题，它直接关系到学生干部能否健康成长和全面发展。目前，考核激励工作缺乏科学性主要表现在三方面。一是考核指标不够全面，考核工作绩效多，考核学习和思想表现少，这容易导致学生干部的角色误区，角色误区主要表现为：不分主次，学（习）工（作）倒置；上推下卸；不拘小节，不干实事，不讲宗旨，图名好利；不公执纪，亲宽疏严；不敢负责，虚报浮夸；不讲原则，随波逐流；不讲团结，拉帮结派；引歪导邪。同时，片面的考核也不利于学生干部的成长。二是考评表彰优秀学生干部时间的间隔过长，有的学校以学年为单位，这样算总账式的考评不利于及时肯定学生干部的成绩，也不利于学生干部及时改正自己的不足，不利于学生干部扬长避短不断进步，而且对他们工作积极性的发挥有影响。三是评选表彰方式存在重结果轻过程的倾向。评选时往往注重产生一个表彰名单，而忽视评选过程中学生互相帮助互相激励的作用。表彰时往往注重荣誉证书和奖品奖金的发放，而忽视对优秀学生干部先进事迹的深度宣传，这样不利于榜样作用的发挥。

高职院校学生干部队伍建设存在的上述问题，不是相互孤立的，而是相互联系的。其中外部条件的不完备是制约学生干部队伍建设的关键因素，而学生干部队伍建设的主体素质的不适应是影响到学生干部队伍建设的重要因素，学生干部队伍建设科学性规范性不强是上述两个因素导致的必然结果。这些问题的存在不仅不利于学生干部队伍整体的建设，而且还会对学生干部自身的健康成长产生十分不利的影响。据调查，目前在部分高职院校学生干部中出现了因为缺课和专业学习不努力而造成的差成绩和成绩差的“两差”现象，正是学生干部队伍建设中存在的问题的直接或间接的反映。

四、 高职院校学生干部领导力提升策略

培养训练是学生干部成长的有效手段。从成长轨迹看，青年学生即未来的青年领袖很少有自发成长起来的，他们都受过各种形式的培养和训练。培养“领袖”不是一个新课题，早在春秋时期，孔子就以“六艺”为内容对青年人进行领袖教育。柏拉图在《理想国》一书中也建构了领袖培养的理想蓝图。这些先哲们的领袖培养理论主要在于训练政治精英，以建立一个理想的政治国度。当今社会是一个

重视对话和协作的时代，而不是一个靠命令征服他人的时代。因此，培养青年领袖的重点不在于领导人的角色或领导人与被领导者的关系，而是在于“伙伴之间的互动过程”，将“领导”看成一个过程，没有“领导人”与“追随者”的严格区分，而只有追求共同目标的合伙人，使青年领袖能够更加融洽地接纳他人，并促进成员之间的相互协作。因此，在学生干部领导力的培养中，要加强思想训练，建立制度性的培训项目，发挥学生的主体性和潜能，加强高职院校学生社团建设和加强学生干部的自我学习，自我管理等能力。

（一）加强思想政治教育，树立典范

培养学生干部领导力，首先要帮助他们树立敬业精神和全心全意为人民服务的思想，树立四个意识：一是公仆意识；二是民主意识；三是创新意识；四是全局意识。首先是公仆意识。学生干部是学生选举挑选出来的，代表广大学生利益来参与院、系、班的学生管理，其权力来自于广大的学生，因此必须全心全意为同学服务，好的领导者必须是好的服务者。如果没有为学生服务的思想，没有公仆意识，就不可能做好领导工作。只有自始至终把全心全意为同学服务的认识融化在自己的行动之中，用自己的模范行动来体现热心为同学服务的思想，才能得到同学的拥戴和信任。其次是民主意识。随着改革开放的深入，市场经济的发展，以及社会主义民主政治建设的加强，大学生的自我意识、民主意识、平等意识不断增强，学生干部要想做好工作，就必须关心同学，尊重同学，平易近人，尊重并广泛听取同学意见，鼓励同学讨论并决定有关活动的方针，制定达到目标的步骤，充分调动广大同学履行自己的民主权利的主动性和自觉性。这样，学生干部们就会主动、积极地工作，工作效率就会高，不仅能顺利完成学校各项任务，而且还建立了良好的人际关系。三是开拓意识。注重调查研究，积极主动地为同学办实事。我们正处于改革开放的时代，新的事物、新的思想层出不穷，作为大学学生干部更应跟上时代的发展步伐，以高度的主人翁意识和历史责任感，开拓性地开展工作。因此要一切从实际出发，深入、全面地掌握同学的思想脉搏，及时听取他们的意见，及时反映他们的思想、学习和生活等方面的实际情况，努力解决他们的一些实际问题。四是全局意识。学生干部是全校院、系、班级等的学生代表，是联系校、院、系和同学之间的桥梁和纽带。因此，学生干部在工作中必须树立全局观念，精心协调与学校、院、系等有关部门的联系，在维护学校整体利益的前提下，发挥桥梁和纽带的作用，主动听取广大同学的呼声，了解他们对学校工作的意见和要求。对广大同学急待解决的问题，要尽量帮助解决或积极向上级有关部门和老师反映，并及时了解学校、院、系领导、老师和各个部门的要求，围绕校、院、系的中心任务开展工作。

（二）健全培养机制，加强教育培训

高职院校学生工作部门一定要抛弃对学生干部“重使用，轻培养”的旧观念，要建立、健全培养制度机制，坚持在使用中培养，在培养中提高和使用。

第一，是加强对学生干部的规范和领导，对学生干部的责任、义务和权利做出明确规定，使学生干部在工作中有章可循。建立健全学生干部考核、激励和淘汰机制，充分发挥学生干部工作的主动性、积极性，杜绝“只要其名、不谋其事”的现象。我国历史上曾有这样的案例，比如，为了琢磨人才，使人才健康成长，曾国藩注重通过奖惩进行“严绳”。他在复许仙屏编修的信中讲到：“人才何常？褒之则若甘雨之兴苗，贬之则若严霜之调物……‘米汤若醍醐灌顶，高帽若神仙之冠鳌’，昔胡文忠每以此法诱掖将才。今阁下以此法诱掖诸生，何患人才不勃然兴起?”但在二者之中，曾国藩更重视用“宏奖以育才”。他认为，人才靠奖励而出，即使中等之才，如奖励得法，亦可望成大器；若一味贬斥，则往往停滞于庸碌不能自拔。保举是幕僚们最看重的奖励，因此，他尽可能多地为幕僚提供保举的机会，大大激发了他们的学习积极性。

第二，健全学生干部管理制度。“没有规矩不成方圆”。建立一套科学的、有效的管理制度，不但可以作为学生干部工作奖惩的依据，而且还能让他们以此为标尺，不断规范自己的日常行为活动，从而使整个学生工作组织形成一种高效务实、开拓进取的良好形象和氛围。这种制度的建立要在广大学生干部中充分酝酿，让学生干部自己参与到条例的制定中来，经大多数人认可后方可实施，而不是辅导员老师一个人或几个人说了算。老师只要把握大方向，制定指导思想就够了。同时这个制度要定出奖励和惩罚的具体条件，让大家一目了然，增强可操作性。无论什么条件都必须紧紧围绕是否有利于学生工作、是否有利于学生成长这个重心，不可偏离。总体上的工作指导思想要由辅导员老师会同学生干部共同制定，在具体落实上由学生干部根据制定的总体目标自由发挥。在这个过程中要防止两个极端：一是辅导员老师事必躬亲，影响学生干部积极性和自主性的发挥；二是辅导员老师做甩手大掌柜，什么事都不过问。对待这个问题就像放风筝一样，线抓得过紧，风筝飞不高，过松会失去控制，只有掌握合适的尺度，才能把风筝放得最高。建立科学的学生干部管理体系、学生管理规章制度和竞争激励机制，并做好学生干部素质综合测评和学生干部教育管理工作考评制度，在学生干部管理中引入激励、竞争等机制，使学生干部教育管理工作和学生干部素质培养逐步由过程管理到过程与目标管理相结合，充分调动学生干部的积极性和创造性，促进学生工作的开展。

第三，建立科学合理的学生干部考核制度，采用“流动考核、末位淘汰再培

养”等措施。每学期对学生干部进行一次考核，考核内容为德、能、勤、绩（包括工作业绩和学习成绩）四个方面，考核情况载入档案。学生干部考核中未达到良好以上的成绩，原则上一年以内不作为“评优”对象；学生干部考核为“不称职”的应免职；在任职内因违反校纪校规受到学校纪律处分者，应免去其学生干部职务。通过严格的考核制度来规范学生干部管理，采用“末位淘汰再培养”等措施，形成良性竞争机制，确保上岗学生干部和离开岗位的学生干部都能够心服口服。

（三）加强领导力培训宣传工作计划

学生干部领导力培训工作是一项系统工程，每一个环节都需要认真仔细地思考，因为这是关系到未来社会建设者和接班人的重要工作，所以要加强培训教育工作，提高学生干部的领导力培养水平。

第一，高职院校可以设立制度培训项目，加强培养的持续性。即学校在校内设立专门的项目，开展制度化的领导力教育，如加州拉文大学的“领导力教育与开发项目”、南伊利诺斯大学的“领导力开发项目”、鲍尔州立大学的“卓越领导项目”、罗特格斯大学美国妇女和政治中心的“全国妇女领导力教育项目”等。这些项目的开展在一定程度上大大地提高了学生干部的领导力，增强了培训的可持续性，在一定程度上保证了领导力的培训效果。

第二，抓好对学生干部的教育培训工作，制定好培训目标和培训规划，根据形势变化确定培训内容，在培训方式上不断加以创新。除在日常工作中坚持教育和指导外，应利用寒、暑假组织学生干部培训班，邀请思想政治教育专家、学生工作管理者、已走上工作岗位的优秀学生干部做专题讲座，使学生干部们有机会认真学习和思考工作方式、方法，提高思想素质，理顺工作思路，使他们在学习中成长，在成长中进步，实现从实践上升到理论，理论指导实践的二次飞跃。

第三，构建信息平台，促进文化交流。由于办学历史、办学风格不同，各高职院校学生的水平和层次也不同，高职院校间存在文化差异。因此，高职院校在重视校内学生干部团体间交流的同时，还应充分利用网络工具、交通工具，积极构建信息平台，扩大学生干部的交流范围，鼓励学生干部走出校园，与其他高职院校的优秀学生干部相互交流、学习，使他们能不断吸收、借鉴先进的运作模式和管理思想，树立新的理念，开拓新的工作方法。

第四，正确使用、注重效率。对学生干部坚持“在使用中培养，在培养中提高”的原则，信任学生干部，恰当使用学生干部，鼓励学生干部积极发挥主观能动性，努力做好工作。在明确各级学生干部职责的基础上，让学生干部在学生的

“自我教育、自我管理、自我服务”中发挥主导作用。要重视学生干部梯队建设，实行干部轮换制，坚持“以老带新，以新促老”，注意发挥“老干部”的骨干作用，确保学生会工作的连续性和相对稳定性，充分发挥学生干部的传、帮、带作用，同时，要树立典范、表彰先进，突出学生干部队伍的重要作用。俗话说“屋内有君子，屋外君子至”，榜样的作用是无穷的，校、院（系）要高度重视，充分建立平台，积极宣传先进，对学生干部起到潜移默化的激励作用。共同关注并创造良好环境、树立全局意识。对学生干部的使用要站在一定高度上去看，德育教育是一个漫长的工作，不是某个阶段能解决的，也不是个别德育工作者的事情；同样在学生队伍建设中，也应全员参与，共同关注。

第五，要实行有效的系列活动，推进学生干部领导力培养活动的开展，如每学期开学初举办学生干部培训班，并将其常规化；还要通过领导、老师、不同年级、不同专业学生干部的各层次经验交流等形式提高学生干部的业务水平；实施以会代训制度、工作汇报制度，做到每次大型活动前有论证和实施计划（细节），活动后有总结；建立谈话机制 ，形成了院领导、团委书记、辅导员、学生干部以及学生之间定期或不定期面对面沟通和交流的平台。通过这一系列措施，不仅能纠正学生干部工作中的不足，避免由于失察而造成的工作上的被动，端正工作动机，克服功利思想，强化全心全意为广大同学服务的意识，并使其认识到学生干部的言行举止对广大学生产生的影响和作用，领会学生干部职责的内涵，还能提高他们的决策、指挥、预见、协调、应变和执行能力，也能极大地增强他们的使命感和荣誉感。

（四）营造有利于学生干部领导力培养的氛围

良好的氛围是事物快速成长的基础和养分。要想有效培养高职院校学生干部的领导力，就要在高职院校中营造有利的氛围，起到潜移默化的促进作用。所以举办学生干部培训班，举办学生干部工作经验交流活动等都是高职院校学生干部领导力提升的主要方式。

首先，举办学生干部培训班。学生干部虽然是经过严格选拔产生的，但由于社会阅历浅，工作经验缺乏，因此，可以通过举办培训班对其进行系统指导、帮助、培养，进行工作方法、实践管理与组织策划能力等理论、业务方面的培训，使其提高认识，提高自身素质，掌握一定的领导方法和艺术。

其次，举办学生干部工作经验交流活动。定期召开工作经验交流活动，开展学生干部之间的相互交流，相互探讨，相互促进，共同进步。另外，还可以组织学生干部到兄弟学校考察、交流学习，学生可以从中扩大视野，获得交流，并促进其开拓创新。

最后，建立例会制度。研讨工作、布置任务、交流思想、反馈信息、并做好会议记录。工作例会由学生干部组织，请指导老师具体指导。通过例会制度达到提高工作水平的目的．尽量做到“会前会、会后会”，加强各组织之间的沟通交流。

实质上，学生干部领导力的培养方法是多种多样的，包括专题讲座、工作坊、小组研讨、角色扮演、情景模拟、团队训练、多媒体演示、服务学习、指导等，不同学校基于不同的培养目标和培养内容来选择适当的方法。综合许多研究结果可以发现，成功运用多种培养方法的关键要素还包括：建立青年与成人、教师的合作支持关系；赋予青年人决策的机会并为其决策后果担责；为青年学生提供在社区、企业等校外情境下服务与实践的机会，把青年学生的公民参与和学习活动结合起来；基于量化工具和专家指导，帮助青年对已有的个人经历、知识与技能进行反思；讲述有效的领导行为特征和开展基于个性化评估的小组讨论；建立积极的道德价值观；参与非学科学习的活动；运用电影、电视和其他公众娱乐媒体手段。

（五）充分发挥学生干部的主体性和潜能

学生干部要充分发挥自身的主体性和潜能，首先要在观念上克服思维定势的束缚，掌握科学思维方式，增强创新意识。思维的定势会严重束缚人的创造性思维。学生工作繁杂琐碎，学生干部既不能循规蹈矩，也不能简单参照上届学生干部的工作模式应付工作，应该克服思维定势的束缚，重视科学思维方式的训练和培养，在繁杂的工作中，提高自身的创新精神和实践能力。

在能力培养方面，以品学兼优为目标，构建符合自身发展需要的知识结构。学生干部除了掌握扎实的专业知识外，还必须建立完成学业、适应学生工作以及长远发展的知识结构，要以自己的专业知识为“中心”，努力拓宽自身的知识面。此外，学生干部还要读一些思想修养、管理学、心理学、公共关系学以及知识经济等方面的书籍，夯实理论基础，在干中学，在学中干，逐步提升适应工作的能力。

在个人品德方面，要有满腔的热情，无私奉献的精神，自我克制的坚强意志和百折不挠的心理承受能力。要让学生干部通过工作实践努力做到：工作扎实认真，苦能吃，闲话能听，遇事沉着，要勤动脑、动手、动腿，虚心求教，不耻下问。对于那些自我感觉良好，不适应工作的学生干部，老师更要严格要求，及时批评，同时也要正确引导，给予关心和爱护。

（六）学生干部要加强自我学习，自我管理的能力

首先大学生要有提升自己领导能力的意识，在平时的学习生活中要友善待人，注重培养自己的语言表达能力、洞察力，做事要有恒心、行动要果断，要时刻表现

出自信，并能够激励大家，以此完善自己的个性特质和人格魅力，方便建立良好的人际关系网络，养成理性思维习惯。其次，应积极配合学校领导能力素质教育，逐步提高自己的领导技能。在进行本专业基础课程学习的同时，也要加强领导能力专业课程的学习，以丰富自己领导技能的基本知识。要积极参加校内、校外的各种勤工助学和志愿活动，积极参加各种学术会议和各种公共讲座，以增加自己的见识，让自己快速融入社会、适应社会，提高自己人际交往能力和处理突发事件的能力。通过丰富领导经历来提高自身的能力。再次，大学生应为自己的未来做好规划，培养自己的整体观和全局观。著名教育家苏霍姆林斯基说："追求理想是一个人进行自我教育的最初动力，而没有自我教育就不能想象会有完美的精神生活。我认为，教会学生自己教育自己，这是一种最高级的教育技巧和艺术。"由此可见，加强自我教育是学生干部转变观念的重要途径，因此要重视通过常规化的沟通来培养学生干部的集体意识，通过沟通营造良好的环境，以促进学生干部进行自我教育，引导学生干部循序渐进地成长。最后，学生干部要加强自我修养。自我修养是学生干部成长的重要保证。学生干部所具有的超常的人格魅力、高尚的品质和社会公认的价值观念来自于自我修养。自我修养就是在道德的形成过程中，不断地自我学习、自我解剖、自我调控、自我完善、自我发展。自我修养是青年领袖成长的重要保证，一个人如果在自我修养上不能取得进步，那么他永远也无法成为青年领袖。人生最难的事情是认识自己、把握自己、挑战自己，所谓"自胜者强"，只有能够战胜自己的人，才是真正的强者。

第三章

高职院校组织结构与执行力

第一节　高职院校组织结构与执行力关系

一、相关概念界定

（一）组织结构概念

什么是组织结构？国内外的众多学者都对此做过论述。明茨伯格认为组织结构可以定义为劳动被划分成为任务以及任务之间获得协调方式的总和。斯蒂芬·罗宾斯（Stephen. Robbins）认为组织结构是规定任务如何分配、谁向谁报告、正式的协调机制和相互关系的模式①。卡斯特和罗森茨韦克则认为组织结构是组织的主要构成部分或分系统和带有某种持久性关系的形式②。正式的组织结构常常被人们确定为正式关系与职责的形式，组织图加职位说明或职位指南向组织各个部门或个人分派任务和各种活动的方式差异化，协调各个分离的活动和任务的方式，一体化组织中权力地位和等级关系职权系统指导组织中人们的活动和关系，经过计划正式的政策、程序和控制方法（行政管理系统）。可见学者们对组织结构的看法并不一致。一般说来组织结构是指组织内部各组成要素及相互联系的方式或框架。本文认为组织结构是组织内部的各个组成部分以及部分之间所确立的关系形式。

总的来说，组织结构就是指组织成员为实现组织目标，在管理工作中进行分工协作，在职务范围、责任、权力方面所形成的结构体系。这一结构体系包括以下几个方面。

（1）纵向层次结构，即各管理层次的构成和管理幅度的体现。管理层次，是指因管理幅度的限制而形成的组织纵向结构的等级层次，通常可分为：高层，负责制定总目标及方针政策，也称为战略层；中层，负责制定具体计划，执行上级政策，也称为业务层；基层，实施上级所安排的具体计划或工作，也称作业层。

---

① 官照川，澳大利亚高校内部组织结构研究[D]．苏州大学，2007.

② 罗宾斯，管理学[M]．中国人民大学出版社，1996.

（2）横向部门结构，即各管理部门的构成。由于组织日益庞大，管理工作日趋复杂，组织结构必须分设部门，将复杂的工作分门别类归到一定的部门，才能适应内外环境的变化。通常部门结构可以按在管理过程中的功能分为：决策机构、执行机构、参谋机构与监督机构。划分部门的方式还有：按职能划分、按程序划分、按地区或按产品划分等。

（3）职能、职权结构，即各层次、各部门在完成组织目标所需的各项业务工作、比例和关系以及在权力和责任方面的分工及相互关系。通常按照这种关系，组织结构可以分为职能制、集权制、分权制、委员会制等形式。

衡量一个组织结构的合理性，主要看它是否适应组织的内、外部环境，是否有利于协调人际关系，是否充分调动组织成员的积极性、主动性和创造性，是否有利于提高工作绩效和社会效益。组织结构是影响组织效能的重要因素。组织结构理论就是研究对于工作任务如何进行分工、分组和协调合作等问题的理论。曾经获得诺贝尔奖的美国经济学家西蒙说过，有效开发社会资源的首要条件就是确定有效的组织结构。

（二）高职院校组织结构概念

高职院校组织作为社会组织中的一种，具有与其他组织结构相似的特性。如都是在组织目标的指引下，为了实现目标，在分工协作的基础上建立起来的某种责权关系。因此，它的结构体系也包括部门结构、层次结构、职能、职权结构。但高职院校组织不同于其他的社会组织，它是一个科研或职业教育组织，也就是说这种组织既具有行政组织的性质，又具有科研或职业教育组织的特殊性。吴志功在其《现代大学组织结构设计》一书中对大学组织结构是这样定义的，大学组织结构就是“大学组织内部的结构要素在外部环境诸要素的作用下组成的具有一定关系的组织形式”，这种形式“是人为选择、细心安排处理的结果，是按照外部因素和组织结构的必然关系来选择和安排的”。

二、 高职院校组织结构的类型

高职院校组织结构根据学校的规模、层次、科类等特点各有不同，基本的形式有以下几种。

（一）直线型组织结构

直线型组织结构是一种由上级首长直接对下级下达命令的组织形式。在这种形式的结构中各个层级的一切指挥和管理职能，基本上都由校长自己执行，只有个别的职能人员协助校长工作，不设职能机构。其优点是形式简单，命令统一，指挥及时，责任与权限分明。缺点是要求领导通晓学校的一切工作，亲自处理许多的业务。

（二）职能型组织结构

规模较大的学校，由于管理事务复杂，校长一人难以管理和应付，需要在校长之下设立各种职能机构，校长将具体专业性的指挥权委托给这些职能机构。因为这些职能机构有指挥权，所以我们把这样的组织结构称为职能型的组织结构。其优点是可以分担校长的指挥工作，缺点是容易形成多头领导，命令不统一，互相协调发生困难。

（三）直线－职能型组织结构

这种结构是将组织内各层次的管理机构和人员分为两类：一类是直线指挥机构和人员，他们对下级进行指挥，下达命令，并负有全部责任；另一类是职能机构和职能管理人员，他们是直线指挥机构和指挥人员的参谋机构和助手，只对下级机构和人员的工作提出建议，进行业务指导，没有决策权，也不能对下级机构和人员下达命令、进行指挥。这种结构，既能使领导者集中权力，又能发挥职能机构专业管理的作用，但其缺点是各职能机构之间分工往往界限不清，有些重大的综合性的管理任务也难以由一个职能机构去负责，容易造成不能协调配合、推诿扯皮、效率不高的现象。

（四）事业部型组织结构

事业部型组织结构首创于 20 世纪 20 年代的美国通用汽车公司，是指在总部的领导下设置多个事业部门，各事业部门有各自独立的产品和市场，实行独立核算。各事业部内部有自主经营管理权。运用到大学中，也叫学院制组织结构，就是在高职院校之下设立二级学院（或系部），二级学院之下再设教研室，二级学院（或系部）在高职院校内享有较大的自主权。这是一种分权的组织结构形式，有利于调动各二级学院（或系部）的积极性和创造性。但其缺点是造成机构重叠，部门分割，人力和物力资源的浪费。

（五）矩阵型组织结构

矩阵型组织结构是按照项目或服务等划分的部门和按照职能划分的部门结合起来组成的一个矩阵。组织为了完成某项工作，设项目组，项目组设负责人，受组织的最高负责人领导，而项目组的成员由各个不同的专业职能部门抽调的成员组成，这些成员既对项目组负责，又接受原来部门的领导。这种结构的优点在于能最大限度地利用有限的人力资源；可以发挥高等学校多学科、综合性的优势；符合市场经济的若干原则，与现代社会相适应等。但其缺点是由于领导关系的双重性，往往会造成效率不高、发生矛盾等，需要校长经常协调。

三、高职院校组织结构的特性

许多西方教育组织理论学者认为：大学组织的特性符合科恩、马奇和奥尔森的关于一般教育组织“有组织的无序状态”和韦克的“松散结合系统”理论。美国著名教育学家伯顿·克拉克认为，大学本质上是一个围绕学科和行政单位组织的矩阵型组织。他把大学组织的特点归纳为：“知识是科研系统中人们赖以开展工作的基本材料；教学和研究是制作和操作这种材料的基本活动；这些任务分成许多相互紧密联系但却独立自主的专业；这种任务的划分促使一种平坦、联系松散的工作单位机构的形成；这种机构促使控制权分散；最后，目的必然是模糊的……”美国的鲍得·里奇教授则在对美国高等教育组织及管理进行长期研究的基础上，认为学院和大学是一种独特的专业组织，其独特之处表现为：“具有模糊与纷争的母校技术；高度的专业化和‘相互割裂’的专业人员队伍；对外部环境越来越脆弱。”

我国学者也从不同角度提出了自己的看法。眭依凡认为，大学是实施高等教育的社会组织。大学作为一种现代组织，除具有一般组织所共有的特征外，还具有区别于其他组织十分突出的特性，即复杂性、多样性、统一性、开放性、矛盾性五大特征。迟景明从大学组织的基本特征、双重属性、要素特征、结构特征、文化特征、动力特征等角度分析概括了现代大学的组织特性。宣勇在《大学组织结构研究》一书中把大学组织结构的特性概括为六个方面：教育性、科研性、民主性、开放性、松散性和矛盾性。针对于高职院校，其组织结构应还具有职业（技能）性。

（一）教育性

高职院校是实施高等职业技能教育的机构，教育性是高职院校组织的与生俱来的根本特性。纽曼在《大学的理想》一书中认为大学是一个传授普遍性知识的场所，而所有知识构成一个整体，自由的知识或哲理是大学的教育目的，大学的职能是教学。二十世纪西班牙著名的思想家奥尔特加. 加塞特在其《大学的使命》一书中认为，大学首先应该把普通人培养成有“文化修养”的人，使他们处于时代标准所要求的高度，肯定了大学教育性。高职院校作为培养技能型人才的大学，其也是传播知识的场所，也应该把普通人培养成有“文化修养”的人，因此高职院校也是有教育性。

（二）职业（技能）性

高职教育是我国高等教育的重要组成部分，承担着为我国经济社会的发展输送高级技能型人才和应用型人才的重要任务。在我国的高职教育规模跨越式发展的过程中，政府提出了高职教育人才培养模式适时转型的一系列指导思想，确立了高职教育要培养高级应用型人才的教学目标，这一高职院校的人才培养目标，使高职教育既注重基础性理论知识的传授，又比以往更侧重实践知识的要求，强化学生的实际工作能力，为社会培养实用型人才。因此，职业（技能）性是高职院校组织结构显著的特征。

（三）科研性

大学的科研性是在漫长的发展过程中被人们所认同的。德国著名教育家洪堡认为："高等学校的一个独有的特征是，他们把科学和学问设想为处理最无穷无尽的任务—它们从事一个不停的探究过程。""大学应视科学为一尚未完全解答的问题，因而始终处于探索之中"。高职院校作为高等教育的重要组成部分，科学研究是高职院校老师提升能力的一种方式。

（四）民主性

高职院校组织的民主性首先是由高职院校的教育性决定的。高职院校教育的文化、技术传授只有弘扬民主意识，才能为社会输送具有民主自觉的先进成员，推动社会进步。高职院校组织的民主性也是由高职院校的科研性所决定的，高职院校的科研特性体现在对高深学问、高精尖技术的追求上，科研民主与科研自由是高深学问、高精尖技术探求的基本要求，也是高职院校组织存在的价值前提。

（五）开放性

高职院校的功能有三点：传授知识和技能、研究科学、服务社会。在服务社会这一点中，就体现了开放性这一特点。事实上，高职院校如果封闭自己，就会消息闭塞、资源有限、闭门造车，不能与社会融合，就不利于自身的发展。高职院校在开放中，其结构变得更加完善，功能更加放大，职能更加丰富，整体发展也更加合理有效。高职院校组织的开放性，是高职院校理性和必需的一种选择。

（六）松散性

这一特性是得到包括伯顿·克拉克，明茨伯格等著名学者的肯定的。高职院校组织结构是单位与技能相结合的技术传授和科研组织，技术和知识具有高度的专门化、密集性、广博性、不确定性以及自主性的特征。因此高职院校组织也具有组织目标不明确，组织技术不清楚，参与者流动性大的松散性特征。

（七）矛盾性

高职院校组织的矛盾性表现在高职教育中教师与学生之间的关系，科研权力和行政权力之间的对立与冲突及高职院校职能中教学与科研之间的矛盾与冲突。这些矛盾处理不好，将会出现相互制约、停滞不前的局面，影响学校的发展。

四、 高职院校组织结构与执行力的关系

高职院校组织结构为执行力提供了组织保障。高职院校组织结构是高职院校组织成员为实现学校组织目标，在管理工作中进行分工协作，在职务范围、责任、权力方面所形成的结构体系。我国高职院校组织结构大致分为三个层次：学院层次、系（二级学院）层次以及教研室层次。学院属于最高层次，进行高职院校战略规划、宏观决策。院（校）党委负责宣传和执行党的方针、政策，讨论和决定学校发展中的重大问题并执行监督，院（校）行政负责贯彻执行院党委决定，安排布置系（二级学院）具体落实。系（二级学院）居于中间层次，接受上级党委（行政）的决定，具体负责上级领导安排布置的工作任务，将任务分解到教研室，督促和协助教研室一起完成上级交予的任务。教研室是高职院校组织结构的最低层次，负责组织人员具体完成系（二级学院）以及学院布置的工作任务。可见，高职院校组织结构对于谁做规划、决策，谁负责落实、执行，谁进行纪检、监督，具有明确的分工，同时各部门、各层次间互相协作，共同促进决策措施的执行实施，因此，高职院校组织结构为高职院校执行力提供了组织保证，有力的、上下和谐顺畅的组织结构是强执行力的体现，相反则是弱执行力的表现。

第二节 我国高职院校组织结构的现状

从1980年初建立职业大学到现今，我国高职教育已经走过了30多年的发展历程。1996年，全国人大通过并颁布了《中华人民共和国职业教育法》，从法律上确定了高职教育在我国教育体系中的地位，由此也拉开了高职教育发展的序幕；而1999年全国教育工作会议的召开，中央提出“大力发展高等职业教育”的工作要求，使我国高职教育进入了蓬勃发展的历史新阶段。

我国高职举办形式主要有三种：普通本科院校建置二级职业技术学院、普通专

科学校改制、重点中等专业学校升格。由于高职教育是我国高等教育的组成部分，因此，各高职院校参照了本科院校进行组织结构的设计。目前主要是如下三个层面的组织机制：学院、系（二级学院）、教研室。

一、 学院层次

我国高职院校学院层次的组织机制主要由三个部分组成，包括院（校）党委机构、院（校）教学科研行政机构、院（校）民主管理机构。三类机构性质不同，地位、职能不同，在高职院校管理中发挥的作用也不一样，其中，院（校）党委和院（校）行政发挥着主导作用，科研、民主管理机构处于从属地位。

我国高职院校实行党委领导下的院长负责制，院（校）党委统一领导学校工作。院（校）党委的主要职责是宣传和执行党的有关路线、方针、政策，讨论和决定学校改革与发展以及教学、科研等工作中的重大问题，负责有关干部的选拔、教育、培养、考核与监督，领导有关的民主管理机构等等。从领导体制和院（校）党委的职责可以看出，院（校）党委对学校实施政治领导；作为学校工作的统一领导机构，院（校）党委还对学校科研事务实施有力的领导和监督保证。

院（校）教学科研行政机构是以院（校）长为首的科研行政班子，是包括院（校）长、副院（校）长和各有关职能处室等组成的管理体系。我国高职院校实行院（校）级集权管理，所以，院（校）级行政机构承担着繁重的教学和科研管理职责，院（校）长担负着领导高职院校常规管理的责任，而且肩负有领导学校各种重要科研活动，如大的教学改革、对外交流、组织科研会议、学校师资队伍建设等方面的任务。尽管院（校）长在教学、科研管理上承担了如此繁重的责任，但是院（校）长所行使的职权却主要是执行性权力，院（校）长所拥有的决策权有限。从领导关系看，院（校）长在校内接受党委领导，执行党委的决议；在院（校）外接受政府及其主管部门的集体领导，执行政府及其主管部门的有关规章和指示。

高职院校民主管理机构主要有学校教职工代表大会、科研委员会、教师职务（称）评审委员会、学位评定委员会等。这些机构的共同特点就是在党委或行政领导下行使民主参与权力，民主参与管理学校事务。

二、 系（二级学院）层次

我国高职院校是按不同学科、专业性质分别设置的科研和行政组织机构。系（二级学院）不仅集中了一个或几个学科或专业的教师，而且拥有固定班级的学生。与本学科、本专业相关的教学、科研和直接为社会服务的活动主要在系（二级学院）进行，由系（二级学院）教师承担。各系（二级学院）之间的横向联系不多，主要表现为相互开设选修课程和少量的科研合作。所以，高职院校是由一个个不同的系（二级学院）联合起来的统一体。系（二级学院）是我国高职院校内部管理体制的中间层次，其组织机制也主要由三部分组成的，包括系（二级学院）党总支、系（二级学院）行政机构和系（二级学院）民主管理机构。党总支是高职院校的基层政治核心，全面负责系（二级学院）的政治工作，也具有科研管理监督和决策的重要职能。系（二级学院）行政机构由系（二级学院）主任（二级学院院长）、副主任（二级学院院长）及有关办公室等组成。主任（二级学院院长）直接领导和组织系（二级学院）的教学、科研及其他方面的行政工作。由于系（二级学院）党总支在科研管理上并不直接行使指挥权，因此，主任（二级学院院长）是系（二级学院）科研管理的关键人物。在民主管理方面，同学校层次一样，设立相应的教职工民主参与管理机构。

三、 教研室层次

教研室是按专业或课程设置的教学组织，相同专业或讲授相同、相近课程的教师集中于同一教研室。教研室是高职院校内部科研、行政管理的基层机构，承担了大量相关的科研以及人事、后勤管理任务。教研室党支部除对本室进行政治领导外，还对教研室工作提出意见和建议，支持教研室主任的工作，参与讨论决定教研室的重要问题。教研室主任管理本教研室的各项事务。教研室实际上成为了“样样要管”的基层组织机构，但是教研室并不拥有相应的决策权力。

第三节 我国高职院校组织结构的问题

虽然我国高职教育发展已经历了30多年，但直到上世纪90年末才获得了快速发展。由于我国的高职院校要么由专科学校改制而来，要么是中等职业技术学校或中等专业学校升格而来，抑或是大专与中专、中专与中专合并组建而来。在组织结构设计、组织管理上存在一些问题，影响了高职院校的执行力。

一、 工作重心偏移

高职院校内部组织管理主要包括教学管理、行政管理、科研管理。

教学管理是行政主体依据教育教学规律以及教育目标，对教师、学生以及教学涉及的所有过程和环节进行的指导和管理，是高职院校组织结构管理的核心，包括教师管理、学生管理、教学计划管理、教学目标管理、教学过程管理、教学质量管理、教学档案管理、教学工具管理等。行政管理主要指管理主体依靠上级赋予的职权，运用有效的管理方法对学校工作进行计划、组织、协调和控制，是为教学管理和科研管理服务的。科研管理指高职院校依据教学和科研发展的规律及知识的权威性，依据教授学者对高职院校内部科研性工作进行管理的活动，这是高职院校的组织结构的补充。

我国高职院校劳动分工后的重心偏移主要体现在：高职院校行政化现象严重。

高职院校是教育教学和科研机构，知识和职业技能是高职院校成员开展工作的基本材料，科研系统是高职院校职业技能提升的核心和内在逻辑要求，教育教学和科研始终是高职院校甚至是一般高校发展的基石，高职院校所有管理的重心和核心应该在教学管理、科研管理上。而在我国，由于过去实行计划经济体制，我国大中专院校在很长时间内形成了以党政管理为主导的运行模式，高职院校仍像机关一样以行政管理模式为主导建立组织结构，学院工作的重心实际上是行政系统，行政系统干预和左右教学系统、科研系统的工作，使教学科研人员在管理中的作用被行政人员取代，不能发挥其应有的作用，造成了教学、科研行为的行政化。教学、科研行为的行政化对教学、科研系统的发展具有很大的制约性，主要体现在以下两个方面。

一方面表现在行政权力不仅集中于高层的战略制定层，中层执行层的职能部门，而且一直延伸至最基层的教学、科研组织中，最基层的教学、科研组织行政化的现象也十分普遍和严重，这与高职院校基层教学、科研组织的自身特性相背离。基层教学、科研组织的人员要求独立自主地工作和不受监督的自由，组织内的专业人员的价值观与官僚主义存在着矛盾，专业人员只认同同行的判断，而抵制非同行的管理者的评价。同时，基层教学、科研组织具有结构松散性，只承认教学、科研权力的单一控制，这都与行政系统的科层性相抵触。

另一方面，行政系统和教学、科研系统的信息传递方式存在明显的差别，科层管理以纵向信息传递为主，而教学、科研系统的管理信息交流是横向的。

教学、科研系统的行政化导致行政管理与教学、科研系统的沟通不畅，从而影响执行力的效果。

二、 单位划分不合理

我国高职院校一般参照本科院校，按各种分门别类的学科来设置教学和科研单位，这有利于促进专业的集中与细化，培养更为实用的各类技能型人才。但有些高职院校由于各种原因，相近的专业分布出现错配，不利于资源的集中调配和使用。如财务管理与会计专业，无论是学科设置还是专业内容，两个专业都比较接近，但在有的高职院校中，这两个专业分属两个院系，师资力量则分别配置。由于都有相应师资力量的配置，两个院系都不可能有充足的师资，导致教学安排紧张。又如，有的高职院校既有师范专业又有非师范专业，两者的教学模式、实验实训条件相差很大，但在某些高职院校，在进行院系的专业设置时，每个院系都有一定的师范专业，又有一定的非师范专业，同院系的师资则在师范与非师范专业间调整，影响了学生培养的专业性。专业发展战略不清晰，布局不合理，专业组织结构不适应专业建设的需要，影响执行力，导致效率低下，资源浪费，不能适应经济社会发展的现实需要。

三、 层级结构欠科学

层级结构的适当与否，会影响到权力的纵向分配是否合理及信息传递的方式是否快捷高效。层级结构与管理的幅度密切相关。管理幅度越大，层级结构越少，各层的权力职责越清晰明显，信息的传递也更高效，如果层次过多，则信息传递的速度和效率就会受到影响。

当前我国高职院校的层级结构不够科学，给高职院校组织管理及自身发展带来诸多不利的影响，使执行力大打折扣。第一，层次过多影响了信息传递的效率。过多层次，就需要更多的管理人员，会导致信息传递的缓慢、滞后和失真。第二，层次过多，说明管理幅度过小，当今的时代是综合的时代，对于高职院校来说，不利于专业的交叉渗透，不利于培养综合型的技能人才，与当前进行的改革相背离，不符合时代的要求。第三，层次过多，会影响各层的权力责任的明确。例如目前我国一些采用“院——二级学院——系”三级结构的学校，其中间层次的二级学院也只是虚设，并未真正发挥作用。

四、 权力分配不合理

责权分配与层级结构密切相连。责权分配是组织结构的核心要素。我国高职院校组织结构虽经多次调整，但仍存在着责权分配不当、权责不清的问题。从权力的纵向分配来看，许多管理职能，如决策权、人事权、专业设置权、经费分配权等仍掌握在学校一级手中，职能部门权力过大、系（二级学院）权力不足，与其承担的任务和责任不相称，管理的重心尚未下移到系（二级学院）。学校统得过多过死，而其政策又无法适应和涵盖所有专业，而对专业发展最有发言权的系（二级学院）的积极性难以发挥出来。面对高度集权的管理体制，系（二级学院）只能成为学校命令的执行者，而无法依据自身的特点和优势进行专业建设和科研研究，其个性和特色受到遏制，因此高职院校职责权处于相对分离的状况，学校一统到底的格局并未打破。从权力的横向分配来说，权力过于向行政集中，制约了教学和科研权力的发挥。教学和科研人员的权力不足，直接影响到他们积极性的发挥，影响到教学、科研和社会服务职能的发挥，这是影响高职院校执行力的严重障碍。

一些高职院校的高层决策权的建设还不够科学。当今决策的多元化成为一种改革趋势，许多国家高职院校的决策权不断分散，成员更加多元化。而我国在这方面的建设还存在不足。从张德祥教授的一项科研成员担任行政职务和科研机构（委员会）成员的情况的统计，如表 3 - 1 所示，我们可以看到，各种委员会的构成中，具有教授和副教授职称的占有相当比例，但许多人都是以处长和系主任等行政人员的身份参加，无行政职务的教授和副教授所占的比例很少：从整体上看，科研人员对于校级干部的任免、学校年度工作计划的制定、招生情况等事项的参与度较低。高职院校的决策权被行政人员所控制，决策组织的成员单一，忽视了教学人员、科研开发人员及社会力量的参与。决策委员会成员的单一性不利于专业建设，缺乏广泛的代表性，不利于决策水平的提高和决策的科学性。从科研人员参与学校决策的方式的调查统计来看，科研人员特别是教授、副教授对教学计划、系（二级学院）专业建设、教师的考核、专业设置等学校重大事项决策的程度比较高，但参与者的参与形式主要是座谈会，而通过参加校（院）教学科研委员会进行决策的很少。这表明科研人员在学校重大决策中的实际作用很低，因为座谈会只是征求意见性质的，意见可能被采纳，也可能不被采纳，教学、科研人员参与决策并无保障。

表 3 - 1　学术人员参与学校重大事项决策的情况统计

职责 / 比例 / 选项	教授 103/451 22.84%		副教授 271 人/451 60.09%		讲师 61 人/451 13.53%		助教 16 人/451 3.55%	
专业设置与调查	50	48.54%	116	42.62%	11	18.03%	3	18.75%
教改方案制定与修改	51	49.51%	132	48.71%	15	24.59%	3	18.75%
教学计划的制定与修改	66	64.08%	158	58.30%	14	22.95%	4	25.00%
校系学科建设的规划	65	63.10%	130	47.97%	16	26.23%	1	6.25%

续表

比例 职责 / 选项	教授 103/451 22.84%		副教授 271人/451 60.09%		讲师 61人/451 13.53%		助教 16人/451 3.55%	
科学研究的计划与政策制定	41	39.80%	79	29.15%	7	11.48%	1	6.25%
招生计划的制定与修改	18	17.48%	35	12.92%	4	6.56%	1	6.25%

五、协调机制不健全

当前我国的高职院校，规模少则一两千人，多者一万多人，承担着教学、科研和社会服务多种职能，劳动分工较为精细，校内单位划分的方式标准较多，单位也很多，因此高职院校是一个较为复杂的组织。要使这样一个复杂的组织高效、灵活、有序、健康地运行，必须健全其协调机制。当前我国高职院校，一般都有比较健全的规章制度，管理也相对严格，但是比较僵化，部门各自为政，相互协调少，协调机制不健全，在需要部门间相互协调时，执行力大大减弱。

六、与外界交流不畅

高职院校要想培养适应社会主义市场经济需要的技能型人才，其人才培养就不能闭门造车，需要打开校门，与政府、企业、行业协会深度融合，共同培养高素质技能人才。高职院校的管理就不仅限于内部事务、资源的统筹与管理，而是要更多地与政府、行业、企业和社会各界加强沟通和联系，寻求各方的支持，为学校自身的发展营造良好的外部环境，促进职业技能人才的培养。而目前我国高职院校在这一方面做得不够，与外界交流的意识不强，直接影响到人才培养的质量。

第四节 高职院校组织结构提升思路

一、明确界定职责权能关系

在制度上明确界定校、系（二级学院）、教研室之间的职责权能关系。

校一级是高职院校内部教学、科研管理的宏观层次，在与高职院校各方面的教学、科研活动的联系上距离最远，因此学校是行政中心，主要负责学校行政，如任命一般人员、制定学校总的科研政策，提出学校预算并监督实施，领导制订、修订学校的发展规划，主持重大设备购置，等等，并在制定有关教师和行政职责以及工作标准等方面发挥协调和推动作用。

系（二级学院）是高职院校内部科研管理结构的中观层次，发挥着承上启下的作用。系（二级学院）对自己部门的情况有更多的了解，应该获得最大程度的自主权。一个好的高职院校组织机构，需要有效的执行力，把人、财、物及业务权下放给系（二级学院），进行新的扁平式的、网络式的管理。校领导要真正做到简政放权，确实把该下放的权力下放到系（二级学院），充分调动系（二级学院）的积极性和主动性。系（二级学院）的教学、科研管理权能范围可以包括三个部分：一是学生管理；二是在系部内和系部之间协调教学、科研等活动；三是与教研室共同负责教师管理。

教研室是根据一定的专业建立的基层教学、科研机构，也是高职院校内部科研管理的基层机构。教研室是高职院校科研活动的基础。教学、科研等活动主要由汇聚在各教研室的教师所承担。因此，教研室应当在教学、科研管理方面拥有充分的自主权，教学、科研等活动主要由教研室这一级来决定。教研室还应与系部相配合，抓好师资队伍建设。

二、分类规划高职院校组织结构

目前我国的高职院校主要有两类：教学研究型高职院校、教学型高职院校。其组织结构设计略有不同。

教学研究型高职院校以技能传授与社会发展为取向，既强调教学的重要性，又注重科学研究，但由于其专业发展水平参差不齐，教师科研素质偏低，整体科研实力不均衡、不强，缺乏高水平的学术带头人，因此教学研究型高职院校的管理重心应居中，即在系部这个层次，其组织结构类型应为扁平化的事业部制结构。

教学型高职院校以知识技能传授与学生发展为取向，其组织特征是学校主导型，管理垂直化，其管理重心应上收，在学校这一级，其组织结构类型为刚性化的科层结构。

三、改善运行环节

在具体的运行管理上，我们要改善内部教学科研管理组织结构，扩大中、下层教学科研自主权。我国高职院校内部教学科研管理组织结构主要存在的问题是校级集权管理严重，中、下层缺乏科研上的自主权。目前，我国部分高职院校正在进行的扩大系部办学自主权，是一种比较好的改善组织结构、提升执行力的举措。

进行扩大系部办学自主权的改革，要注意以下三点：（1）系部是高职院校内部一个从事管理、教学和科研的实体性机构；（2）有专职人员和可以支配的资源，是学校管理工作的主体；（3）直接参与培养人才和（或）开展科学研究和（或）提供社会服务。扩大系部办学自主权，关键之处就在于，必须突破校级集权管理模式，从改革校级集权管理，扩大中、下层教学、科研自主权，完善校内教学、科研管理层次结构关系出发，根据学校专业发展的实际及其要求，设置系部，重组学校内部教学、科研管理层次结构，系统设计校、系（二级学院）、教研室三层次之间的职责权利配置，建立起适应高职院校教学、科研发展要求的校、系（二级学院）、教研室三级职责权能相匹配的教学、科研管理结构。扩大系部办学自主权不仅仅是一种口号，一种管理制度、管理方式，更重要的是，它体现了一种新的高职院校教学、科研管理思想，反映了高职院校教学、科研管理变革的新需要，适应了高职院校教学、科研发展的新要求。

另外，要重视教师在学校决策和管理中的作用，扩大教学、科研权力。重视教师的作用，重视教学、科研权力，有利于高职院校决策管理的科学化和民主化，也有利于打破长期以来我国高职院校内部行政力量过于强大、不利于高职院校发展的现状，大大增强学校在决策上的科学性、合理性、准确性。

总之，我国在高职院校组织管理的改革上，还应该多探寻一些新的方法和途径，找出一条符合各高职院校发展组织管理机制，提高我国高职院校的执行力。

第四章

高职院校运行机制与执行力

第一节　高职院校运行机制与执行力关系

一、 机制

机制的定义为“泛指一个工作系统的组织或者部分之间相互作用的方式和过程”。机制这一术语最早用于机械学，现在被广泛应用于社会科学领域，泛指系统中很多因素之间的内在联系及其运行方式。

在实际运用中，很多人容易将体制和机制二者混为一谈，体制可简单理解成是“制度”和“体系”的统一体，而机制主要指构成系统内部各要素之间相互制约、相互影响的关系，体制可以说是一种静态模式，而机制则是动态模式，体制的健全是机制的顺畅运转的保障，体制的变动必然会影响机制的运行。

二、 运行机制

结合前面机制的定义，运行机制定义为：构成组织系统的各要素之间相互制约、相互影响的关系及其运行方式。具体可有如下理解。

（1）运行机制是动态意义和静态意义上的统一结合体，既可以理解为组织系统的一种运行方式，也是组织系统内部的体系。

（2）运行机制是指影响组织运行的内部和外部的多种构成要素之间相互作用和联系的关系及运转方式。

（3）运行机制是运行系统内外诸要素相互联结、作用、制约关系的综合。

三、 高职院校运行机制

运行机制是一种关系，一种系统相互作用的关系，可分为内外两个部分，对外指的是外部社会与组织之间的关系，对内主要指组织内部系统之间的关系。结合高职院校这一特定组织，高职院校运行机制可以理解为：高职院校外部和内部周而复始地运转着的工作系统中部分或组织之间相互作用的方法和过程。

四、权力制约

权力制约，可以简单地理解为权力的约束和制衡。权力的特征表现为：制约性、扩张性和等级性等，正是因为权力的上述三点特征，使权力能够为权力主体所利用，谁拥有了权力，谁就能使其成为谋求利益的工具，所以，必须对权力进行有效的制约，以防止权力的滥用带来的不良后果。在西方政治史上权力制约一直是一个重要的议题，权力制约理论曾是西方资产阶级打败封建专制的强大武器，并成为他们构建资产阶级政权的理论依据。“它虽然是资产阶级民主制度的一种形式，但是却反映了国家权力运行的某些普遍规律和社会发展的历史轨迹。”① 虽然权力制约理论在我国是一个舶来品，但是在建设中国政治文明的今天，权力制约理论也给我们带来了不少启发。

张晓冬在他的博士论文中指出“权力制约机制的基本要素是权力主体、权力关系（结构）、权力价值观，大学治理结构是大学内部权力关系的制度化设计，权力制约机制是处理制度化权力关系的具体手段与措施之一”。② 《高教法》以及《中国共产党普通高等学校基层组织工作条例》对高校内部的权力关系和运行机制都作了规定，在我国高校内部，主要的权力主体有：中国共产党普通高等学校基层委员会（党委会）；学术委员会；校长办公会以及教职工代表大会，高校内部的权力制约也主要是指以上四个权力主体之间的权力制衡与约束。

五、高职院校运行机制与执行力的关系

高职院校运行机制是高职院校执行力的润滑剂。高职院校运行机制是高职院校内部与外部周而复始地运转着的工作系统中部分或组织之间相互作用的过程和方式。作用的过程和方式是否顺畅，直接影响着高职院校的执行效力。党委决策、行政执行、教授治学、民主管理是目前高职院校运行机制的十六字诀。具体是指高职院校党委负责学校发展战略及重大问题的决策活动，学院行政则负责对党委的决策进行落实执行，学校专任教师则进行教学和科研工作，学校的管理则采用全体教职工参与的民主管理方式。学院各级各司其职、分工协作、责权明晰，共同推动学院的发展。

---

① 王杰，高校党委领导下校长负责制的运行机制现状、问题与对策[D]. 陕西师范大学，2015.
② 张晓冬，高等学校内部权力制的机制研究[D]. 华中科技大学，2013.

第二节 高职院校运行机制的现状

一、 高职院校党委和行政的基本情况

(一) 党委和行政班子的构成

我国高职院校党委班子与行政班子既有相同部分，又有不同之处。高职院校的党委委员少则5人，多则10余人，一般由院党委书记、院长、党委副书记、纪委书记、副院长、部分处级干部如宣传部部长、组织部部长、财务处处长等组成。

行政班子主要是以核心的院长、副院长和部分处级干部构成的集体，一般高职院校有1位院长、4位副院长，其中，一般有1位非党员副院长（非党委委员），除非党员副院长不是党委委员外，其余行政班子成员都是党委委员。

(二) 党委会和校长办公会的构成

高职院校党委会和院长办公会的人员构成及关系，一般是如图4-1的情况，

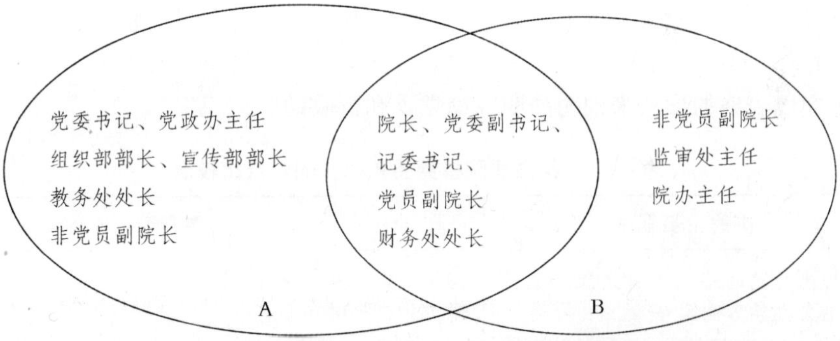

图4-1 某高职院校党委会成员和院长办公会成员构成维恩图

（注：A代表党委会；B代表院长办公会，下划线字体代表列席会议人员，否则为出席会议人员）

通过图4-1可以看出，参加党委会的成员除了所有党委委员外，还有非党委委员的副校长列席会议；参加校长办公会的成员为：校长、副校长、党委副书记、纪委书记、总会计师、党政办主任和监察室主任等，后两者为列席会议人员。

高职院校的党委会和院长办公会均有列席人员参加，可以简单地理解为列席就是有会议的参与权，但没有表决权，在会议上可以和出席人员一样发表意见，但意

见的权重次于出席会议的人员，非党员副校长列席党委会，党政办主任和监察室主任列席校长办公会，以上几位列席会议的人员对会议中的决策过程起到了监督的作用。

此外，纪委书记是党委委员，出席党委会议，履行相应的职责，十八大以来，中国共产党对纪委书记的职责进行了进一步补充和调整，《中共中央关于全面深化改革若干重大问题的决定》（下简称《决定》）中对纪委在党风廉政建设方面的职责作了新规定，《决定》提出要“落实党风廉政建设责任制，党委负主体责任，纪委负监督责任，制定实施切实可行的责任追究制度”。中国纪检监察学院科研部副主任胡杨认为：“纪委的监督责任主要包括监督地位、监督方式、监督职责等。”

从监督地位来看，纪委拥有党内监督专业机关的地位；从监督责任来看，纪委承担着对领导干部和领导机关履行职责和行使权力的监督责任；从监督方式来看，纪委拥有对违反纪律行为进行执纪问责的权力。高职院校都在积极地贯彻中央决定，充实调整了纪委职责，加大了对学校重点领域、重点对象、关键环节的预防监督力度，纪委书记出席党委会，监督会议的决策程序，正是履行其监督职责的表现。

（三）党委和行政的职责分工

党委和院长的职权在高职院校的章程中，一般做了明确划分，使得高职院校的党委领导班子与行政领导班子对自己的职责更加清晰，有利于高职院校领导体制的运行。

下面以表格的形式来说明高职院校党委和行政的职责规定。

表4-1　某高职院校党委和校长的职责比较表

党委的主要职责	校长主要职责
宣传和执行党的路线方针政策，坚持社会主义办学方向	组织拟定学校发展计划，制定具体规章制度和年度工作计划并组织实施
审议确定学校的章程、基本管理制度，讨论决定改革发展稳定以及教学、科研、行政管理中的重大事项	组织开展教学活动、科学研究、思想品德教育和国际合作与交流，拟定学科建设方案并组织实施
讨论决定学校内部组织机构的设置及其负责人的人选，按照干部管理权限，负责干部的选拔、教育、培养、考核和监督工作	组织拟定校内行政组织机构的设置方案，根据有关规定和程序，推荐副校长候选人，任免校内行政组织机构负责人

续表

党委的主要职责	校长主要职责
加强党组织的思想建设、组织建设、作风建设、反腐倡廉建设和制度建设，落实党建工作责任制	负责教职工的聘任与管理工作，对学生进行学籍管理并实施奖励或者处分
组织党员学习党的路线方针政策和决议，学习党的基本知识，学习科学、文化、法律和业务知识	组织拟定和执行年度经费预算方案，保护和管理学校资产，筹措办学经费，维护学校合法权益
（资料来源：《某高职院校章程》）	

（四）党委书记和院长各自的分管机构

党委机构一般有：党政办、组织部、党校、宣传部、统战部、纪委、学生工作部、武装部、团委、工会、离退办等群众、青年组织。

行政机构一般有：院办、教务处、发展规划处、计划财务处、监察室、审计处、人事处、学生处、科研处、国际合作与交流处、保卫处、国有资产管理处、后勤基建管理处、招生就业处和各个教学单位。

由于一般的高职院校规模所限，很多部门综合在一起办公，比如很多高职院校将组织部和人事处合并为组织人事部（处）、宣传部和统战部合并为宣传统战部、国有资产管理处和计划财务处合为国资财务处、监察室和审计处合并为监审处等。

二、党委领导的内涵与运行机制

（一）内涵

高职院校实行党委领导下的院长负责制，党委按照中国共产党章程和有关规定统一领导。

表4-2　某高职院校“党委领导”的内涵

政治领导	坚持党委中心组学习制度，认真贯彻党历次会议以及习近平总书记系列讲话精神，不断提高学校领导班子思想政治素质，对学校改革发展等重大问题做出符合学校实际的具体决策
思想领导	始终坚定不渝地用马列主义、毛泽东思想、邓小平理论和“三个代表”重要思想武装人、培养人，统一领导学校的思想政治工作，坚持把德育放在首位，深入开展“中国梦”、社会主义核心价值观教育，自觉践行社会主义核心价值观，做好带头作用

组织领导	努力培养具备全球化视野、跨文化沟通能力与国际竞争力的国际化人才，选拔德才兼备、群众公认的优秀干部，继续实施处级干部培训班和干部远程教育培训项目，不断创新干部培训模式，扩大不同层次干部交流规模，实行处级领导班子任期项目责任是和领导干部问责制，做好后备干部的选拔培养

党对高职院校的政治领导、思想领导和组织领导是党委领导的内涵主要体现。

（二）运行机制

高职院校的“党委领导”一般是集体领导与分工负责相结合，所谓集体领导是指党委集体讨论关系到学校改革发展与稳定的重大事项，最后的决策也由党委集体做出；分工负责是指党委成员要认真领会集体决策的精神，根据分工切实履行自己的职责，做好决策的执行工作。

党委的工作坚持“集体领导、民主集中、个别酝酿、会议决定”的十六字原则，“集体领导”是其中的精髓，也是最高原则，关系到学校改革发展和稳定的重大事项均由党委会集体做决定；“民主集中”是集体领导的根本保证和实践过程，集体领导与民主集中是相辅相成、内在统一的；“个别酝酿”是集体领导的重要方法和必要过程，在对待一些重要事项时，坚持充分酝酿，防止决策的失误；“会议决定”是最终决策的实现方式，集体领导主要是以党委会的形式来做决策的。

党委会依据需要召开，会议一般由党委书记主持，党委会主要研究党的建设、干部配备、教育教学改革等重要问题，并对学校建设中的重大问题进行决策。党委会的议题一般由书记、副书记或党政办公室提出，由主持人审定。有些党的政策落实或党内人员的调动问题是不需要征求群众意见的，但是有的重大事项，比如涉及教职工或学生个人利益的事件，党委一般需要首先听取群众意见，对于一些专业性较强的事项，学校应该请专家做评估论证并将此作为领导集体做决策的依据。

由于党委会一般讨论对学校影响比较大的事项，且规定对会议内容保密，所以党委会的决策过程必须严格按照会议规则执行：确定议题之后，由党政办协调会议时间，确定会议地点，通知相关人员参会，党政办做好相应会议保障，对有涉及本人或亲属利害关系可能影响最后公正决议的事项，参与决策的相关人员回避参与会议。半数以上委员到场后才能召开党委会，干部任免等事项的会议需有三分之二以上委员到场后才能召开，所有出席和列席会议的人员都可在会上围绕着会议主题发表意见，经过充分讨论之后，采取口头表决、举手表决或者不记名投票的方式表决，对于有重大意见分歧的事项要暂缓决策，会后要及时作出调查，避免拖延太久。

会议决定一般以纪要的形式由党政办的工作人员记录并保存，并下发给相关职能部门或有关领导。

高职院校章程一般规定，学院党委贯彻民主集中制原则，实行集体领导，民主决策，根据会议内容与需要，可以召集相关人员参加会议，参加会议的相关人员由党委书记审定。以上会议除了坚持民主集中制原则之外，还坚持保密性原则，所有参会人员不得随意泄露会议争论的问题以及需要保密的事宜。

三、院长负责的内涵与运行机制

（一）内涵

“院长”是学校的法定代表人，全面负责学院的教学、科学研究和其他管理工作，落实学院党委决定的相关事项。校长是高职院校的最高行政首长，是学院的法定代表人，接受院党委的领导，主要负责学院的专业建设、师资队伍建设、教学工作等具体工作；“负责”是指双向的负责，对内院长对党委负责，对全体学院学生及教职工负责；对外，院长对政府及社会负责，除此之外，院长积极调动副院长和各部门的行政负责人，分工负责学院事务。

高职院校院长负责的学院事务主要有下几个方面。

专业建设：做好专业师资、教材、课程等方面的相关工作，不断加强重点和特色专业以及专业平台建设。

教学工作：保证教学在学院工作中的中心地位不动摇，加强教学研究，深化教学改革，不断探索人才培养的新模式和新途径；完善教学管理制度，提高教学管理水平；加强教风、学风建设，完善教学质量监控和评估体系，保证教学质量的不断提高。

师资队伍建设：牢固树立“人才兴校、人才强校”的观念，建设一支高素质的师资队伍，不断完善特聘教授、讲座教授、行业专家岗位的聘任制度，培养优秀青年学术带头人与拥有国内国际领先水平的专业带头人，实施高层次人才引进项目；做好青年骨干教师的培养计划。

国际交流与合作：扩大国际合作和交流范围，深化合作和交流项目；适度扩大国家公派留学以及校际交流项目的学生规模；加强引智工作，增聘教师和高水平的外籍专家，逐年增加聘请境外客座教授、讲座教授以及高水平外籍专家和教师的数量，合理利用外籍教师的优质资源。

（二）运行机制

高职院校一般将院长办公会的召开作为一项会议制度固化下来，在比较固定的时间召开，“院长负责”运行机制的基本形式和最主要的途径是坚持院长办公会制度。

院长办公会以院长、副院长为主体，一般由院长主持，除了要讨论如何贯彻党委会的决定外，院长办公会还要接受系（二级学院）上报的相关议题。系（二级学院）一般实行党政联席会议制度，各个系（二级学院）的党委书记和系主任（二级学院院长）在遇见彼此都认为需要召开党政联席会议讨论才能决定的问题时，就会召开党政联席会，讨论如何解决这一问题，需要学院做出决定的，则上报到分管这一事务的院领导，院领导审阅后交到院办公室汇总，最后由主持人审定或召开院长办公会审定。参会人员都要积极发表自己的意见，围绕会议主题展开讨论，最后主持人总结大家的观点，结合各方面意见做出最后的会议决定。会议讨论后作出决定，以会议纪要或其他形式通报给相关单位。

四、教授治学的内涵与运行机制

（一）内涵

教授治学主要是指专业教师要参与学院中的教学和学术管理，包括专业建设、教学改革方案的制订及学术成果等方面的管理。

高职院校的很多校领导都有副教授或教授的职称，他们有些也是学术委员会的委员，学术委员会的决定对学院党政领导有着促进、智囊和制约作用，可防止领导出现决策失误和过度集权的情况，防止行政权力泛化。

（二）运行机制

高职院校的教授治学主要通过学术委员会发挥作用，高职院校一般在学院学术委员会章程中，对委员会委员的选定、权利、职责与义务等方面做出了具体的规定。

学术委员会每学期至少召开一次全体会议，实行例会制，如果学术委员会主任或者院长提议，可以召开临时学术委员会全体会议，学术委员会委员全体会议有三分之二以上的委员出席时才能举行；会议的议题主要讨论与学院专业建设、科研认定、职称评定等方面的学术事宜，议题在会议召开之前一般由办公室将其通知给参会委员；学术委员会的决策一般采取无记名投票方式决定，也可以根据讨论事宜的特殊性采取实名投票方式作出决策，在遇见特殊情况时，也采取少数服从多数的原则。

学术委员会的决策一般会做出为期 3 ~ 5 天的公示，教职工如果对决策结果有意见，可以通过相应的渠道反映给相关部门，当一个决策结果有三分之一以上的委员都认为有异议时，一般会召开学术委员会全体会议来复议这一决策，但复议的结果就是最终结果，不能再更改。学院学术委员会每年都需要提交年度报告，对学院的专业建设、人才培养和职称评定等方面的事宜做出客观的评价，并提出建议与意见，同时对学术委员会自身的工作做总结。

五、 民主管理的内涵与运行机制

（一）内涵

国家和教育部门强调：教职工代表大会是教职工依法参与学校民主管理与监督的基本形式。高职院校的工会与教职工代表大会有对学院相关事项提出意见与建议的权力，对学院的发展起着重要的作用。

（二）运行机制

实行教职工代表大会制度是坚持民主管理的一大重要形式。

高职院校制定的《教职工代表大会工作细则》《教职工代表大会暨工会会员代表选举办法》《二级单位教职工代表大会暂行办法》，规定了教代会的组织原则、职权、教代会代表的权利和义务等，并且规定教代会在党委的领导下工作，支持院长依法独立行使职权，院长也应该尊重和支持教代会行使的民主监督和民主管理的权利，每年向教代会汇报工作，执行教代会所做出的有关决议和决定，落实教代会的提案并接受教代会的监督。

教代会推选产生主席团，会议由主席团主持，主席团成员由代表中的党政领导或工会负责人等代表组成，一般每年召开一次全体代表会议，会议要有三分之二以上代表出席时才能召开，教代会的议题围绕学院的工作和教职工关心的问题，由党政领导协商后，经过教代会主席团审议后提请大会通过。

第三节　高职院校运行机制的问题

高职院校虽然在“有条不紊”地运转，学院各级领导也在努力工作，促使学院更好更快地发展，但很多对于学院发展有利的决策措施、战略目标，执行起来进度很慢，效率很低，这表明了学院运行机制仍然存在很多问题，影响了执行效力。

一、 党委与行政部门职责不明晰

虽然大多的高职院校通过制定相对完善的制度规则来保障党委领导下的院长负责制的运行：党委负责决定重大事项，行政负责实施党委的决定。但仔细观察就会发现，大多的高职院校党委与行政部门的职责仍有不太明确的地方，这就容易导致权力的“越位”“错位”及“缺位”。

某高职院校一位处级干部在与作者对话的过程中指出：“党委和行政在实施的过程中，确实有一些交叉的地方。虽然大家的目的都是一样的，要把学院建设地更好，但是有些问题的权责还是没有真正规定清楚，这不可避免地导致大家都知道学院有些事情有问题，但由于责任主体不明确，致使不能很好地解决问题。制度机制等方面还需要不断地在实践中慢慢完善。”

表4-3和4-4中的数据也能说明这一点。

表4-3　某高职院校教职工认为党委和校长的职责是否有交叉

选项	A. 有	B. 没有	C. 不清楚
频次	57	6	18
百分比	70.37%	7.41%	22.22%

注：①表中数据来源于2017年1月在某高职院校进行的调查；②本节其他数据亦来源于此。

表4-4　某高职院校学生认为党委和校长的职责是否有交叉

选项	A. 有	B. 没有	C. 不清楚
频次	10	0	40
百分比	20.00%	0.00%	80.00%

以上数据表明，在对“党委与行政的职责是否有交叉”这一问题的回答中，共有18位教职工不清楚院长和党委之间的权力是否有交叉，而有57位都认为权力是有交叉的，占了样本人数的70.37%。可见，即使该高职院校的章程和议事规则都对院长和党委的权力做了规定，权力交叉的情况仍然存在。该高职院校章程中对院长的职责规定和约束中有一条指出：“组织开展教学活动、科学研究、思想品德教育和国际合作与交流。”党委的职责中也有一条指出：“讨论决定学校改革发展及教学、科研、行政管理中的重大事项。”

诚然，这都是院长和党委必须负责的项目之一，但是两者都对学院中的教学科研负责，那么哪一些该院长具体负责，哪一些又该党委负责呢？所以在具体执行的过程中难免会遇到问题，有可能是党委包办一切，院长不能行使自己的职权，还有可能是党委领导力弱，院长包办一切，更有可能是二者互相推诿或各执己见，这都会导致整个领导体制运行不顺畅，影响执行效力，给学院的科学发展拖后腿。

问题的产生，主要由以下一些原因造成。

（1）学院党委和行政班子没有真正领会“党委领导”与“院长负责”的内涵。

有学者认为："从二者的地位上来看，党委处于领导地位，院长处于被领导地位，二者的关系是领导与被领导的关系，这也是最本质的关系，任何时间都不能违背。①"党委作为学院的政治核心、领导核心，统一领导学院包括教学、科研等事务在内的全部工作，学院的院长作为党委委员，必须毫无疑问地服从党委的集体领导，也必须在党委的监督下独立负责地履行职权；从二者所具有的功能上来看，"党委领导"与"院长负责"是决策权和实施权的关系，党委对学院的重大问题做出决策之后，党委负责组织实施有关于党建和思想政治建设方面的事务，院长负责贯彻落实有关于科研、教学以及其他行政方面的决定。学院党委必须支持院长独立自主地行使职权，给予院长一些独立完成行政事务的权力，既不要过多干涉，也不可不闻不问，相信党委班子和行政班子确实能把握好自己的定位之后，职责不清晰的问题就已经解决一大半了。

（2）学院的制度建设仍不到位。虽然高职院校一般为保障学院机制的有效运行，制定了各种相关制度，但从实践中来看，仍有些制度建设还需进一步细化和完善，包括院长和党委的职责分工、会议议事规则等，有些看起来合理，但执行起来却缺少可行性，制定的实施细则既要严密、清晰，又要具有一定的宽度，便于灵活操作，当然最重要的是要有相应的职责权利机制，才能提高决策的执行力。

二、运行效率不高

党委处在总揽全局、协调各方的领导地位，行政主要是接受党委的领导，首先向党委负责，在党委做出决议后，剩下的基本交由行政处理，所以行政执行的效率对整个领导体制的运行效率有着非常大的影响。

从表4－5和4－6中教职工对学院整体领导体制运行状况的评价可以看出教职工对学院整体领导体制运行状况了解的情况，有三分之二的教职工了解，但是认为运行效率比较高的比例为三分之一，说明教职工对学院整体领导体制运行状况不满意，该高职院校领导体制运行效率还有待提高。

表4－5　教职工对党委领导下的院长负责制的运行状况的评价

选项	A. 好	B. 一般	C. 不好	D. 不清楚
频次	18	36	6	21
百分比	22.22%	44.44%	7.41%	25.93%

① 王杰，高职党委领导下校长负责制运行机制现状、问题与对策[D]，陕西师范大学，2015.

表 4-6 教职工对党委领导下的院长负责制的运行效率的看法

选项	A. 高	B. 比较高	C. 不高	D. 不清楚
频次	0	27	30	24
百分比	0.00%	33.33%	37.04%	29.63%

三、 行政执行效果不好

行政主要是向党委负责，执行党委的决定，行政执行的效果如何，会对整个学院的发展产生至关重要的影响。

由于教职工一般跟行政部门发生关系，所以对这道行政执行效果是否打折扣的问题，教职工更有发言权，表 4-7 的调查数据显示有近 60% 的教职工认为行政在执行党委决策时会打折扣，认为不会打折扣的教职工只有 18%，说明高职院校行政执行力还有待提高。

表 4-7 教职工对行政执行打折扣的看法

选项	A. 不会	B. 会	C. 不清楚
频次	15	48	18
百分比	18.52%	59.26%	22.22%

四、 决策程序不够民主

在“与个人利益相关的事项学院是否会征求教职工意见”的问题中，表 4-8 的结果中，认为会征求意见的仅占 25.93%，认为基本不会征求意见的占 70.37%，认为从来不会征求意见的占 3.7%，不满意率达到 74.07%，说明高职院校决策程序的民主性还存在一定的问题。

表 4-8 教职工认为与个人利益相关的事项学校是否会征求教职工意见

选项	A. 会征求	B. 基本不会	C. 从来不会
频次	21	57	3
百分比	25.93%	70.37%	3.70%

第四节　高职院校运行机制改善策略

一、 借鉴美国董事会制度的成功之处

美国高校董事会制度产生于殖民地时期的私立大学，经过300多年的发展，现在的美国高校董事会制度有着完备的法律法规作保障，体制已经相当成熟，对美国高等教育事业的发展发挥着巨大的作用。我国高校的领导体制经过了60多年的艰辛探索，最终确定下来的党委领导下的校（院）长负责制是具有中国特色的，是符合我国国情的，也使我国高等教育事业取得了巨大的成就，但总体来说，与发达国家的差距还比较大，美国高校董事会制度之于我国党委领导下的校（院）长负责制的可借鉴之处主要体现在以下两个方面。

（一）制定操作性较强的规章制度，保障职责划分具体明晰

美国高校董事会成员的权力被限定在法律、章程以及传统的框架内，董事会、董事会主席和成员、校长以及学校各部门的权力十分确定和清晰，规定他们权力的不仅仅是美国相关的法律法规，还有各个高校的章程，并且这些规定非常细致和具体，操作性很强，没有模糊性的词语，所以各个机构和成员都非常清晰地知道自己的权力边界，不会出现“过界”的现象。

美国的董事会职责主要有：确定大学的办学目标、任务和办学性质，规划大学的发展，考核任命校长，协助校长开展工作，并对校长的工作进行监督和评价，保障学校管理的有效性，沟通学校与社会的关系，裁决校内申诉等。实际上美国高校主要强调董事会的两种权力，一是对校长的任命、管理和监督，二是保障学校财政健康，董事会只负责学校宏观层面的管理，如果越界到学校内部的具体事务，董事会就会受到舆论的谴责。

校长是美国高校的行政负责人，在学校的管理和运行中起着重要的作用，拥有对学校大部分事务的管理权。校长对董事会负责，董事会对校长的工作进行评价和监督。校长的主要职责有：任命学校组织机构的负责人，管理学校课程计划的执行，筹措学校办学经费并规划资金运作，制定学校发展规划并组织实施，协调学校内部各部门的关系，并负责学生事务等，为了校长更好地发挥职权，美国一般在校长以下设置学术水平高、教学经验丰富的副校长、院长和主任等管理人员，他们能够完成校长给予的更为细致具体的工作，帮助整个学校系统良好运转。

美国大学的主要学术事务由教授和副教授组成的大学教授评议会处理，同时，

教授评议会在教授的评定审查中也起着至关重要的作用，并且也是校长的咨询机构。

如此看来，美国的董事会、校长和教授评议会等都有着十分细致的职责分工，且在实施的过程中不会出现“说一套做一套”的情况，正是由于法律、章程以及传统治理框架的规范作用，使得美国董事会制度的运行有着很强的确定性，各部门各司其职，也正是由于此原因，董事会本身可以抽离学校的繁杂事务，只做好自己该做的，其余事务自会有相应部门处理，一定程度上也减轻了董事会的负担。

（二）倾听利益相关者的意见，扩大学校管理参与权

美国的董事会制度通常也被称为外行董事会制度（lay governing board），所谓“外行”主要指的是董事会的成员大多数都是校外人员，有政府官员，也有社会各行各业的精英，正是因为这种“外行性”，使得美国的高校能够既不受政府的控制，也不被校内人员的利益所支配。

美国董事会成员的各种组合方式给我国高职院校一个启示，那就是在制定与学院发展相关的重大决策时，也应该征集多方面的建议和意见。比如制定学院的“五年计划”时，要充分征求教职工、行业、企业等社会机构和人士的建议和意见。

除此之外，社会参与高校治理也是如今我国高职院校治理的一大热点问题，高职院校可本着制度创新和实事求是的原则，探索不断加强与社会联系的管理体制与工作机制，使高职院校走在改革的前沿，不断提升学院的竞争力与影响力。

二、行之有效地实施分工负责

党委和院长行之有效的分工合作是党委领导下的院长负责制顺畅运行的基本保障。高职院校院长和党委职责分工不够清晰，导致一部分院长和党委的工作有交叉，极易导致权力的“缺位”“越位”和“错位”，而要解决这一问题，首先需要建立和谐的党政领导班子。党委书记和院长作为学院的主要领导，必须要相互沟通，团结一致，虽然在实际访谈过程中，问及学院领导班子之间的关系时，大多数被访谈者都表示关系和谐，没有互相拆台的现象，整体氛围也比较民主，但在实际情况中党委书记和院长两条心，各自为政的现象在一些高职院校中其实或多或少地存在。其次，细化党委和行政之间的分工。虽然很多高职院校在这方面做了很多制度建设上的工作，比如某某高职院校章程、某某高职院校委员会议事制度、某某高职院校院长办公会议事制度等，都对党委与行政的分工做了说明，但二者仍有交叉、重叠，极易导致“缺位”“越位”和“错位”的出现。同时还需要不断总结

实际情况，分工细化，避免权力的“缺位”“越位”和“错位”产生。

三、努力提高决策程序的民主性

实行党委领导下的院长负责制，不断加强当对高职学校的领导作用，并不意味着党委书记一人独揽大权；要充分发挥院长在行政管理中的作用，也并不意味着院长一人说了算，党委领导指的是党的基层组织的集体领导。高职院校的教职工中，人才济济，学生素质水平整体偏高，所以为师生员工参与学院管理创建了渠道，对高职院校来说是十分有利的。要充分发挥教师代表大会以及工会的作用，切实解决好教职工面临的问题，倾听教职工对学院发展所提出的建议和意见，积极调动他们在学院管理中的作用；在日常对涉及关系教职工利益的重大事项进行决定时，必须充分征求教职工的意见，保证他们的参与权和知情权，此外，坚持党务政务公开制度，加强信息的透明度，这本身也是激发高职院校教职工参与学院管理的一个方法；在学院教学科研工作中，要充分相信学院的教师能力，尤其是重视以教授为代表的学术委员会，给予他们参与学术管理的权力，提高教职工在学院的主人翁意识。

除此之外，还要大大加强党内监督机制。高职院校纪委的监督作用有待进一步加强，所以高职院校还需要探索出纪委监督的有效形式和创新方法，这样才能使纪委不形同虚设，才能真正发挥党内的监督作用。另外，开展干部自查与互查，定期开展批评和自我批评，并且加强干部培训，提高干部思想认识水平，自觉接受监督，也是坚持民主集中制的具体措施。监督机制的健全，能够杜绝腐败，化解领导班子独断专行，使学院的决策更加合理，使学院领导体制能够顺畅运行，学院也能够得到更好的发展。

四、与时俱进地完善制度建设

推行依法治校的一个具体措施是制度建设，由于各个高职院校面临的具体情况是不断变化的，制度也需要不断地完善。高职院校虽然有许多会议议事制度是以前就确定下来的，随着工作中不断面临新的情况，高职院校也根据实际情况做了一些调整，这是与时俱进的一种表现。但是，仅仅制定制度本身是不够的，要完善制度建设还需要确保制度能够得到贯彻落实，这就需要建立相应的监督制度和责任追究制度，这是使制度不会落得一纸空文的重要保障，也是制度建设本身的一个重要环节。

从对某高职院校的问卷数据统计来看，有相当一部分教职工认为行政执行党委决策的时候打了折扣，这不仅仅是因为人的问题，监督制度不完善也是一个重要的原因，制度是一种规范，是规则，具有民主性、合法性和可操作性，监督制度同样如此，如果高职院校能够将监督制度贯彻落实到实处，则会大大减少“打折扣”的问题。此外，制定《党委领导下的院长负责制实施细则》也是一项具体措施，能够健全学院制度建设，如果细则的制定符合学院实际情况，且操作性很强的话，就能在很大程度上解决党委和行政职责不清晰的问题。

最后，一味地禁锢于现有的制度也是不行的，必须根据新情况、新问题，对已经制定好的制度不断地修改，对改革时机成熟的领域要大胆地进行改革，以改革创新的精神推进制度建设。

五、 实事求是加大宣传力度

针对“您是不是党员”和“知道不知道党委领导下的院长负责制这一体制”的问题，回收的130份教职工问卷中，49份问卷在回答后一问题时选了不知道，占了样本总数的37.69%，且在这49份回答不知道这一领导体制的问卷中有19份是共产党员教职工问卷，也就是说，不知道这一体制的党员教职工的数量占样本的14.62%，见表4-9。虽然这个比例不是很大，但也足以证明，该高职院校许多党员教职工仍然不知道中国共产党在高校的基层组织就是学校的党委会，统一领导学校工作。

表4-9 教职工和学生中不知道党委领导下的院长负责制的问卷调查

	教职工	党员教职工	学生
数量	49	19	250
样本总数	130	130	300
比例	37.69%	14.62%	83.33%

以上情况虽然不是其高职院校领导体制运行当中的问题，但也不能说这样一种情况对该学院推行这一体制没有影响，应该引起该学院的重视。

政府一直以来都在强调学院领导班子要不断加深对党委领导下的院长负责制的理解和认识，但是在一些高职院校师生员工当中，知道和了解得不多，应该加强对这一体制的宣传力度，实行党委领导下的院长负责制有利于加强高职院校党的思想政治建设，有利于加强马列主义、毛泽东思想、邓小平理论和“三个代表”重要思想在高职院校的指导地位和社会主义办学方向，更有利于我国高等职业教育事业的发展。

所谓思想是行动的先导，只有思想上先重视起来，后续的行动才会跟得上。所以高职院校可以通过开展党员学习班等形式，首先加强全院党员对这一体制的理解与认识，尤其是对教职工当中的党员进行教育培训工作，在党员中做足工作之后就可充分发挥党员的先锋模范作用，进而使全院师生员工都认识到坚持党委领导下的院长负责制对学院发展的好处，这与每一个高职院校成员都息息相关。提高全体成员的认识水平，就会减少学院推行这一体制的阻力，进而提高学院党委领导下的院长负责制的运行效率。

第五章

高职院校学校团队与执行力

第一节　高职院校学校团队与执行力关系

一、相关概念界定

（一）团队

在企业管理中团队是一个重要概念，兴起于美国，到现在已经被各国各行业普遍接受和应用。不同的学者对于团队的定义有着不同的认识。

“二人或二人以上有意识地协调活动或合力的体系”被美国学者巴纳德定义为团队。英国著名组织文化与社会心理学家尼克·伊斯在其《协作制胜——成功的团队管理》一书中将团队定义为“一群人以任务为中心，互相合作，每个人都把个人的智慧、力量和能力贡献给自己正在从事的工作”。团队被称为组织中的一分子，其显著特征是团结、合作，有共同目标，以任务为导向。德鲁克伊认为，一些互补并为负有共同责任的统一目标和标准而奉献的少数人员的集合被称为团队。团队的核心是共同奉献，成功的团队将他们的共同的目标变为具体的工作要求，整体目标和具体目标有联系。① 乔恩·大曾巴赫在其著作《团队的智慈》中所给的概念为“有少数具有互补技能、愿意为了共同的目的、业绩目标和方法而相互承担责任的人们组成的群体被称为团队”②。这个定义比较具有代表性，这也是目前大多数人认同的定义。此外，还有学者认为，在心理上相互认同，在行为上相互促进和相互作用，在利益上相互关联和互为依存，为了共同的目标而结合在一起，具有共同归属感和完整的组织结构的群体也被称为团队，团队不仅强调个人的工作成果，更强调团队的整体业绩。

（二）学校团队

结合学者对团队的定义，作者认为，具有各种专业技能，理想抱负，为了国家

---

① 赵刚，学校团队学习研究[D]．首都师范大学，2005.
② 孟繁华，教学管理决策研究——教育决策机制的系统研究，北京：教育科学出版社，2001.

的发展团结在一起，互相承担责任，既各司其职，又团结协作，共同促进教育事业发展的教职员工所组成的群体可称为学校团队。培养学生、为了国家更好的未来的共同愿景是学校团队的目标。根据学校层次不同可分为学前学校团队、小学学校团队、中学学校团队、大学学校团队等。

（三）高职院校学校团队

从事高等职业教育的学校团队，是指从事高等职业技术教育，具有相应专业知识、技能，培养国家高级职业技能应用型人才的个体组成的群体，这也是团队的一种。高职院校学校团队，从事的教育层次属于高等职业技术教育。为国家培养高级技能型人才，促进我国经济结构的转型，是高职院校学校团队的目标。高职院校学校团队根据作用不同，可分为行政管理团队、科研团队、教学团队、辅导员团队等。学校事务的管理以及学校重大事项的决策、布置和实施是行政管理团队的主要责任；学校专业知识的教学、专业技能的主要由训练教学团队负责；科学研究工作主要由科研团队负责；学生的政治思想工作主要由辅导员团队负责。

二、 高职院校学校团队与执行力的关系

高职院校执行力的主体是高职院校学校团队，高职院校执行力的高低通过学校团队体现。根据第一章第一节的定义，执行力是衡量执行者能力大小、执行效果好坏、执行水平高低的一个标准。执行力是执行者贯彻战略意图，完成预定目标的操作能力，是把组织战略、规划转化成为效益、成果的行为，包含完成任务的技能、完成任务的意愿、完成任务的效果和程度。执行力的大小还表现在执行的强度、力度和速度等方面。不管是执行者能力大小、执行效果好坏、执行水平高低，还是贯彻战略意图，完成预定目标的操作能力，把组织战略、规划转化成为效益、成果的行为，这一切都离不开执行主体——人，高职院校执行力则离不开高职院校的人，而许多具有共同愿景、具备相应专业知识和技能的高职院校的个体组成的了学校团队，因此，高职院校执行力需要通过高职院校学校团队来体现，高职院校的主体、高职院校执行力的主体是高职院校学校团队。

第二节　高职院校行政管理团队

一、行政管理团队相关概念

（一）相关概念

1. 行政

行政有两种定义：一是指执掌国家政权，管理国家事务；二是指机关、企业、团体等内部的管理工作。综合来讲，就是指一定的组织，在其活动过程中所进行的，各种组织、控制、协调、监督等活动的总称。

2. 管理

管理是指由计划、组织、指挥、协调及控制等职能为要素组成的活动过程，是指在特定的环境条件下，以人为中心通过计划、组织、指挥、协调、控制及创新等手段，对组织所拥有的人力、物力、财力、信息等资源进行有效的决策、计划、组织、领导、控制，以期高效地达到既定组织目标的过程。

3. 行政管理

行政管理是社会系统的一个重要分系统，是运用国家权力对社会事务进行管理的一种活动。也可以泛指一切企业、事业单位的行政事务管理工作。

行政管理定义有广义和狭义之分。广义的行政管理，是指一切社会组织、团体对有关事务的治理、管理和执行的社会活动。同时也指国家政治目标的执行，包括立法、行政、司法等。狭义的行政管理，单指国家行政机关对社会公共事务的管理，又称为公共行政。

4. 高职院校行政管理团队

高职院校行政管理团队是指高职院校中进行学校事务管理的所有人员的组合，这种组合对学校各种事务进行决策、计划、组织、领导、控制、协调、监督，以期达成既定的学校目标。它不是构成人员个体的简单汇集，而是所有构成成员的有机整合，以期达到 1 +1 >2 的效果。

（二）高职院校行政管理团队的构成要素

高职院校行政管理团队有五个重要的构成要素，目标、人、定位、权限、计划，总结为 5P。

1. 目标（Purpose）

高职院校行政管理团队应该有一个既定的目标，作为团队成员行为的导航，知道要向何处去，才能够知道要怎么去，这个团队才能够实现自身的价值，换言之，团队要有目标，才会有未来价值。

团队的目标必须跟组织的目标一致，并且可以把大目标分成小目标并具体分到各个团队成员的身上，大家合力实现这个共同的目标。同时，目标还应该有效地向大众传播，让团队内外的成员都知道这些目标，有时甚至可以把目标贴在团队成员的办公桌上、会议室里，以此时刻激励、提醒所有的人为这个目标去工作。

2. 人（People）

人是构成高职院校行政管理团队最核心的力量，2 个及以上的人就可以构成团队。目标需要通过人员来具体实现，所以人员的选择是高职院校行政管理团队中非常重要的一个部分。

在一个团队中可能需要有人提建议，有人做决策，有人实施，有人协调，不同的人一起工作，还需要有人来监督团队工作的进展、评价团队最终的贡献。在人员选择方面要考虑人员的能力如何，技能是否互补，人员的经验如何。而不同的人结合成一个团队，可以扬长避短，更大可能地发挥作用，并且通过分工来进一步完成团队的目标。

3. 定位（Place）

高职院校行政管理团队的定位包含以下两层意思。

高职院校行政管理团队的定位，是指团队在学院中处于什么位置，由谁选择和决定团队的成员，团队最终应对谁负责，团队采取什么方式激励下属；个体的定位，是指作为成员在团队中扮演什么角色，是制订计划还是具体实施或评估。

4. 权限（Power）

高职院校行政管理团队权限即领导人的权力大小，跟学校的发展阶段相关。一般来说，学校存在的时间越久、发展得越成熟，领导者所拥有的权力就越小，而在学校团队发展的初期阶段领导权是相对比较集中的。

5. 计划（Plan）

计划有以下两层面的含义。

（1）提前按计划进行可以保证高职院校行政管理团队的进度。只有在按计划的操作下，高职院校行政管理团队才会一步一步地贴近目标，从而最终实现目标。

（2）目标的最终实现，需要一系列具体的行动方案，而提前的计划，可以理解成目标的具体工作的指导程序。

二、高职院校行政管理团队建设的必要性

（一）行为效应对高职院校行政管理团队建设的启示

“瞎子背瘸子”的故事众所周知，瞎子和瘸子便能构成一个团队，并且是一个优势互补的效能团队。去西天取经的唐僧、孙悟空、沙和尚、猪八戒师徒四人也是一个团队，他们每个人在漫长的取经路上缺一不可。事实上，团队中的每个成员可能都是普通人，然而由普通人组成的团队之所以能胜出，其原因主要是组成团队的方式把每个人的力量整合起来，使得每一个人既能充分发挥长处，又能克服短处，并且每个人的长处不是简单地捆绑在一起，而是将长处聚合成了巨大的团队战斗力。下面是几个动物界的行为效应，它们给高职院校行政管理团队建设带来了很大启示。

1. 大雁效应

大雁在飞行时总是排成一个大大的人字形，“人”字的顶端有一只大雁领飞，所有的大雁都在不断地鸣叫鼓励。当领飞的大雁疲劳时，另一只大雁会来替它领飞，如此周而复始。它们并不需要什么人在背后发号施令，工作的内容完全出自自己的意志。在大雁的团队里，每一位成员都知道掌控达成目标的过程，彼此尊重，不扯后腿，互相鼓励，彼此协作，共同完成集体的任务。

启示：建立明确共同的目标，可以使成员清晰地看到任务，产生动力；可以使成员产生积极的心态，提高热情，产生自信心、勇气和胆量；可以使成员能最大限度地集中精力，最大限度地发挥潜能，达到自我完善；可以使成员心中充满奋斗的理想，真正感受到生命价值和职业价值的统一。

在高职院校行政管理团队中，不同角色的成员由于地位和看问题角度的不同，对目标的期望值会有很大的区别，这不足为奇。部门领导应捕捉成员间不同的心态，理解成员的需求，帮助他们树立共同的奋斗目标，让每个成员都朝共同的目标前进，让部门产生强大的凝聚力。

2. 松鼠效应

松鼠在冬天即将来临的时候，总会不断地将松子运到可靠的地方埋起来，以备冬天食用。它们知道，不努力工作，不把食物储藏起来，它们就会在冬天死去。而另一方面，也正因为它们的储藏，使得松子保存到了适合播种的季节，松子落到地上生根发芽，又会长成茂密的松林。

启示：理解工作的重要性和工作的价值，让自己的生命、生存的世界变得更加美丽，这就是松鼠的工作精神。作为部门领导，必须让每个成员都能强烈地感受到自己是雄伟城墙中的一块砖，是不可缺少的一分子，没有哪一种力量会比团队所爆

发的力量更强大，而要产生这种力量，就需要团队中的每个成员不断地学习，努力提高自己，每个成员都需要以松鼠的精神来努力工作，只有组织每个成员都努力提升，才能提高整个组织的素质与水平，才能提高整个组织的竞争力。

3. 螃蟹效应

用篓子钓螃蟹时会有一种奇怪的现象，篓子中放了一群螃蟹，即便不盖上盖子，螃蟹也是爬不出去的，因为只要有一只想往上爬，其他螃蟹便会纷纷攀附在它的身上，把它“拉”下来，最后没有一只能够出去。

启示：在一个组织里也常有少数成员，嫉妒别人的成就与杰出表现，天天想尽办法破坏与打压，如果不予去除，久而久之，部门内部就只剩下一群互相牵制、毫无生产力的“螃蟹”。可见，一个充满信任和尊重，令人愉快的工作氛围是高效率工作的一个很重要的影响因素。一旦和谐共处、尊重个性、彼此宽容、彼此信任、遵守信诺、同舟共济的团队合作精神形成，不管遇到什么困难，都能克服。

因此，讲究目标、讲究配合、讲究效率的高职院校行政管理团队，在实施管理的过程中，也应充分了解“大雁效应”“松鼠效应”和“螃蟹效应”，构建一支团结、进取、和谐、高效的管理队伍。

（二）高职院校行政管理团队必须进行组织变革

现代组织最重要的任务是对待和适应变化，在当前社会环境急剧变化，教育内部压力逐渐增大的情况下，高职院校行政职能部门面临着教育系统内外环境变化所带来的不确定性及复杂性的挑战。做好高职院校行政职能部门工作涉及两个方面：其一是部门的组织和运作，这要解决如何协调众多管理部门、管理人员的关系，如何使管理人员充分发挥作用，如何对教育资源进行合理配置等，使职能部门及整个学校有效地运转；其二是管理队伍的素质，这主要指管理人员的教育管理思想、管理方法、专业技术水平及其相互之间的配合程度等。在复杂多变的环境中，面对经济社会发展要求，特别是外部市场的挑战，高职院校行政管理职能部门的关键是要对管理机制进行创新，开展组织变革，否则其管理工作将变得迟缓而笨拙，管理效率将日益低下，教育资源将更加浪费。

那么，组织变革如何发生？卡曾巴赫和史密斯认为，组织面临主要变革时，团队才是至关重要的。如果团队成员缺少对变革的认识，那么在组织的不同层次中安排传递“变革是必要的，这里就有一种实施办法”的消息时，将不会带来任何变化。试图通过简单地做个人工作来改变组织的做法，是不会有效的，因为个人相对于给予相同信息的群体来说缺乏影响力。卡曾巴赫和史密斯相信，基于团队的组织和基于传统等级权力制度下的组织面对同样的挑战相比，会做出更佳的反应，团队对于组织变革中宗旨的形成是重要的，对于推广变革和执行变革也同样的重要。由于人们积极地参与团队，由于团队结构允许他们对工作的进展发表真正的看法，他们更有可能对工作的提高提出建议。同样，他们也能够仔细地倾听别人的建议。

团队建设，是指在对组织现有的人、财、物、信息等各种资源及其组合进行全方位评估的基础上，以组织需求和愿景为导向，以团队理论为指导，对组织的各个要素进行优化，以最高的效能实现组织目标的一种活动。团队建设的目的，正是为了打破传统的严格等级制的组织模式和个人决策式的管理方式，最大限度地发挥管理人员、员工的智慧和潜能，进行集成式的民主管理与民主决策，提高组织的运行效率，进而提高组织的持续竞争能力，并创造组织持续发展的环境。团队建设的价值追求主要包括合作性、民主性、科学性、创新性等，这些恰恰与高职院校行政职能部门改进管理方法、创新管理手段、提高管理效能为目标的组织变革要求相符合。

1. 合作性

现代组织讲究综合竞争力，一个涣散的组织不但很难形成合力，更会由于内部矛盾而浪费有限的资源。合作性，是团队管理的首要价值追求。它将员工的个人利益与团队利益紧密结合，谋求员工为团队的共同目标努力奋斗，使团队力量大于个人力量之总和。团队能把互补的经验和技能带到一起，这些技能和经验超过了团队中个人的技能和经验总和，能应付多方面的挑战。在团队中，个人能得到别人的帮助、支持和具体指导，不仅能弥补企业整体的不足，还能增强士气和自信心，协助个人以达到企业目标。另外，团队还能够对个人提供精神上和物质上的援助与关心体贴，协助个人解决困难。因此，这种合作性带来的效果是双重的，既减少了冲突的可能，创造了愉快的工作氛围，又增强了团队的凝聚力和战斗力。

2. 民主性

每个组织都要做决策，由于员工的思维出发点、思维方式和目的均不一致，故常常有不同的意见存在，决策也就相当困难。团队管理强调协同合作精神，在形成明确的目标和方法的过程中，通过各种方式集思广益，充分调动每位管理人员，建立立即解决问题和提出倡议的交流方式，甚至让员工积极参与管理和决策，体现了民主性。同时，在民主管理中，团队能够满足个人安全、社交、自尊、认可等个人心理的需要，从而增加个人的满足感和组织的稳定性，降低人员的流动和离职率。这种民主性，既给团队决策提供了全面、客观的意见和建议，同时还促进了团队的合作性。

3. 科学性

团队是一个系统整体，团队整体所拥有的信息量、考虑的因素和提供的方案远比成员单独拥有的信息量、考虑的因素和提供的方案更多、更具体、更全面。因而，团队管理体现了更强的科学性，更利于提高决策的准确性和执行的顺利性。团队实行的是扁平化管理，团队领导只是议事的组织者和倡导者，团队的日常决策权是综合成员意见的结果。团队促进成员、团队及组织相互之间的沟通和协调，因而可以根据环境变化灵活采取对策，把握时机形成最有效的决策，提高工作效率，同时也能达到约束个人行为的效果。

4. 创新性

从系统论的观点出发，团队管理能够发挥团队的智能结构效应，这种效应往往大于团队中每个成员单独创造能力的总和。同时，团队可使成员通过信息交流产生思维共振，进而发挥创造性思维，有可能在较短的时间内得到富有成效的创造性成果，包括管理思想、管理体制、管理组织功能、管理人员能力以及团队经营战略的创新等等。这种创新性还表现在，团队是学习型组织，它强调个体和团队的知识及时更新。

由此可见，高职院校行政管理团队领导应以合作性、民主性、科学性、创新性的团队价值追求为导向，改革原有“放散羊”的管理模式，重视功能整合，进行内部结构调整，充分利用每位管理人员的聪明才智，发挥他们的积极性和创造性，切实提高高职院校行政管理团队管理水平。只有这样，才能在日益激烈的竞争环境中，在资源占有成本率不断提高的情况下，充分利用现有资源，把高职院校行政管理工作做得稳当，做得有效率，实现管理的良性发展，更好地为高等职业教育事业服务。

三、 高职院校行政管理团队建设的特殊性

高职院校行政管理团队，是指在高职院校组织部、宣传部、教务处、科研处、学生处、人事处等校级行政职能部门工作以及教学系部从事行政管理工作的人员。他们是高职院校行政管理系统的核心组成部分，起着承上启下的作用。

当前，我国高职院校已充分意识到，只有通过服务经济社会才能办好学校、真正体现本身价值，纷纷提出“产教融合”的发展思路。在这种形势下，高职院校行政管理团队作为管理学校内部事务、沟通内外信息的成员，既承担了一般行政事业的管理职能，又承担着专业性较强的管理职能。与企业相比，当前我国高职院校行政管理团队建设大致具有以下几个方面的特殊性。

（一）团队建设的基础是高职院校内部教育行政职能的分块

我国高职院校实行的是党委领导下的院长负责制，高职院校行政管理部门的构建以工作职能为基础，它们之间互不隶属，部门的直接上司为学院分管领导。每个行政职能部门都依职能办事，拥有自己相对独立的工作领域，部门之间的办事流程

也具有一定的规范。考虑到体制的惯性和体制转换的过程性，高职院校行政管理团队建设应该在现有组织框架上展开，以职能分界为基础，也就是按现有部门进行团队建设。而企业内部的团队主要以项目团队为主，团队的成立也以确定的开发项目为基础，其团队成员从各个职能部门抽调而来。当然，企业团队建设也有以职能为基础的，但企业职能部门的工作安排是以企业的最终盈利为目标的，这种职能目标与高职院校行政职能部门非营利性的职能目标具有很大差异。因此，在团队建设中，高职院校行政管理团队与企业行政管理团队在目标导向性方面也会具有很大差异，前者以追求社会效益为主，后者以追求经济效益为主。

（二）团队建设的最终目的是让行政工作更好地服务于教学科研工作

我国高职院校内部结构类型大致可以分为三个系统，即教学科研系统、行政管理系统、后勤保障系统。虽然行政职能部门的工作性质以管理为主，不是以直接的育人工作为主，但它的政策水平、理论水平、工作水平、工作效果等直接影响高职院校基层单位工作积极性的发挥，影响高职院校整体教学科研的质量和社会效益。行政管理作为一种外在的结构形式维系着高职院校组织的存在和发展，行政管理团队的管理活动对高职院校教学、科研、社会服务等工作的正常开展起着不可或缺的保障和促进作用。高职院校行政管理团队建设的目的在于，通过优化高职院校内部行政管理系统，提高管理效能和服务质量，使教育资源的利用率达到最大化，从而更好地为教学、科研、社会服务等工作发挥保障和促进作用。

（三）团队建设对专业素质的要求较高

高职院校行政管理团队的管理，经常涉及大量的专业性工作，比如教务、科研、人事，甚至资产、总务等部门。管理团队一方面承担着指导、组织、协调的工作，另一方面也承担着一定程度的评价、认定工作：教育、教学过程中质量的监控、评估，对科研成果的筛选、鉴别，对人力资源的评估与培养，对教材、图书资料、实验器材的选择购买，等等，这些工作都对管理人员提出了较高的专业化要求。对于团队成员而言，其个人除应具备思想品德素质、能力素质、身心素质外，还需要有相应的、较高的专业素质。高职院校行政管理团队人员基本上具有行政职务与专业技术职务的双重职务，而且行政职务越高，对专业技术职务的要求也越高。这种不成文的标准是由高职院校行政管理的专业化特点决定的，它可以有效杜绝外行管内行的情况，对高职院校的发展具有重要意义。因此，高职院校行政管理团队建设的重要任务就是要针对部门职能，较好地设计内部人员的专业结构，同时借助定期的专业培训，来提高管理人员的专业素养，充分发挥他们的积极性和主动性。

（四）团队建设离不开广大师生员工的共同参与

高职院校行政部门的管理对象是高知识群体，他们不仅具有活跃的思维、宽广的视野和较高的专业素养，同时也有很强的民主意识和参与意识。在当前的高职院校行政部门管理过程中，师生员工已不再是消极被动地接受管理，而是以主人翁的姿态积极参与学校管理，通过共同努力来实现高职院校的办学目的。高职院校行政管理，已不再是一个单向过程，而是管理人员、教师、职工和学生四者之间的互动过程。管理人员一方面要发挥自己的能动性和创造性，发扬民主，不断提升管理水平，另一方面，其管理工作作为组织、协调、配置各类教育资源的活动，涉及了大量的专业性、学术性问题，也需要在做出决策前，充分听取每位教职工的意见，以便管理和服务更加到位，共同营造一个良好的教学与科研环境。即便是学生的日常管理和思想政治工作，也需要管理人员融入学生，了解学生的所思所想，才能加强管理工作的针对性，保证学校的稳定与活力。因此，高职院校行政管理团队建设只有通过广大师生员工的共同参与，才能真正明确团队管理的实质、目标和方法途径。

（五）团队建设必须充分依托校园文化来展开

校园文化作为高职院校内部形成的特殊文化，由物质文化、制度文化、精神文化三个由浅至深、互相影响、相互作用的层面组成，它与企业文化有本质的不同。首先，从表现上来看，校园文化本质上是一种研究文化、使命文化，而企业文化则是一种实践文化、责任文化。其次，校园文化更类似于一种事业单位文化，比较看重一个人的资历、资格、人际，有尊师重教的传统，但是在企业里面，往往更关注业绩。最后，校园文化是一种程序文化，也就是讲求计划、按部就班，企业也讲计划，但是市场的变化很快，企业更强调速度，更强调灵活，这也是校园文化与企业文化的一个本质不同。每个高职院校都具有独立的校园文化，这种校园文化是在长期发展过程中沉淀而形成的特有的，并且被广大师生员工共同认可的价值观念、行为规范和思维模式的总和。尽管作为个体的人，其文化背景和文化理念十分复杂，然而作为生活在高职院校的师生，无论是管理人员，还是被管理人员，都是在特定的校园文化背景熏陶下的人。因此，校园文化必然渗透到高职院校行政职能部门管理的全过程，并且有力地影响团队建设的理念、价值取向和行为方式，团队建设必须充分依托校园文化来展开。

（六）团队建设目前仍处于自发的、非系统的阶段

如上文所述，高职院校是一个高知识群体聚集的组织，包括行政职能部门管理

人员在内的广大师生员工，他们本身就具有强烈的民主、科学意识。高职院校管理人员在主观上希望提高行政管理的民主性和科学性的，在一定程度上也意识到团队建设所能带来的正面作用。但是由于高职院校内部传统行政管理体制的束缚，部门领导个人或者单个部门是难以对全校性的行政管理体系进行革新。当前，许多高职院校内部行政职能部门团队雏形的出现，并非是教育主管部门或高职院校领导层主动革新的成果，而更多的是，在必须讲究合作、讲究效率的外部市场环境的逼迫下，部门成员间自发形成的一种自我保护式团体。我们将这种团体称为团队雏形，比上文中提到的潜在团队可能要有所进步，但大体特征仍与潜在团队相近：如团队领导是受指派的，成员只对自己的事负责，对共同的目标仍缺乏全面了解，等等。这种自发形成的团队具有自我保护性，其压力一方面来自于团队外部环境如教育资源的有限性、师生的要求等，另一方面来自于团队内部的管理效能如团队内部的冲突、工作效率的低下等。正是因为这种自发性，高职院校行政管理团队建设并无标准可以衡量，也没有科学有效的整体评估方案，团队建设仍处于非系统阶段。

四、 高职院校行政管理团队效能建设关键因素

高职院校行政管理团队效能可归纳为满意度和执行力两个因素。

（一）满意度

团队强调和谐，强调凝聚力。成员满意度的高低决定凝聚力的强弱。因此，团队成员的满意度是衡量团队建设是否成功的重要指标。当然，团队外部人员的满意度是衡量团队建设是否成功的另一重要指标，而且，这种满意度作为对团队工作状态和工作结果的一种评判，往往更为客观实际。高职院校行政管理团队建设的任务是：要让本部门人员对诸如工作性质、报酬、成就感、个人发展等各方面感到满意，更要让广大师生和校外部门对团队的工作和服务感到满意。

（二）执行力

团队效能最终体现在团队贯彻执行决策的时效性和有效性。其实，团队满意度的结果也体现在团队的执行力上。团队满意度高，则成员合作的意愿就高，信息沟通就容易，决策就会更加科学，各项任务在执行上就更加灵活，无论是个人工作还是团队工作效率都高。高职院校行政职能部门的根本任务是对相关高等教育资源进行整合、利用，在这个过程中，它一方面要贯彻执行上级教育主管部门及学校领导的意图，另一方面还要将这些意图细化成本部门的工作计划并进行周密布置。因此，执行力的强弱，对高职院校行政管理团队效能来说是最根本的指标。

五、高职院校行政管理团队建设

（一）团队结构方面——优化并整合两个核心要素

团队结构是进行团队建设的基础因素，团队结构的核心要素有两个，第一是组织结构，第二是构成组织的人。从理论上来看，系统的整体功能不等于诸要素功能的简单相加，而是通过要素间的相互联系和相互作用所能够产生功能放大或功能缩小的现象。因此，优势互补是团队效用最大化的根本准则。高职院校行政职能部门只有由气质、能力、特长互补的人组成团队，才会产生效果。而能让不同的人形成互补的构造，其前提必须是对团队结构进行合理布局，让每一个作为要素的人在其中能找到真正适合自己、适合团队的位置。

“人”在团队结构中发挥的作用除了“质”的互补外，还有“量”的适度问题。斯蒂芬·罗宾斯认为，如果一个团队的成员多于12人，他们就很难顺利开展工作。如果成员过多，将会增加协调成本，还会导致工作时“搭便车”的现象出现，使整个团队缺乏凝聚力和忠诚度。成员过少，又有可能出现由于任务重、工作压力大，而导致最终的业绩较差。因而，团队的规模应是有限制的，最好的团队人数应根据团队实际的工作需要而定，以充分利用员工的智慧，实现团队目标为原则。具体可以从以下几方面入手。

1. 构建“扁平式”组织结构

对团队管理模式进行有效改革，是优化团队结构的前提。必须改革科层制管理模式，采用减少管理层面、适应快速变化的“扁平式”组织结构形式，如图5－1所示。

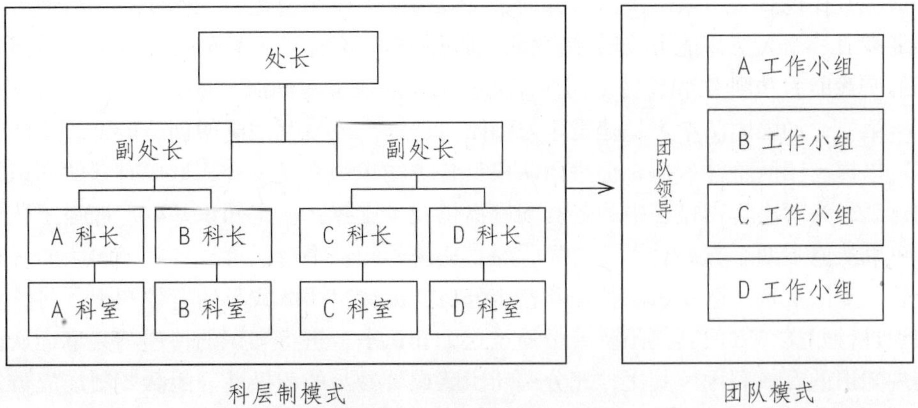

图5－1　组织结构扁平化

构建“扁平式”组织结构，可以从“流程再造”开始，对团队内部工作运转的过程重新加以思考和设计。当我们把高职院校行政职能部门看做是一系列工作流程组成时，团队领导就可以判断每一个流程对部门有多大程度的作用。流程再造要求团队着眼于流程而不是功能，这就要求团队围绕横向过程进行重组，削除部门中层，组建工作小组来代替原先的科室，团队赋予每个工作小组以日常工作内容。

同时，在实现某一阶段性、临时性目标时，可以要求不同工作小组能随时进行分工重组，如图5-1所示。

2. 增强团队成员的合力

（1）加强队伍整合。

第一，把握好团队成员的“入口关”和“出口关”。要推行开放式的聘用制，形成竞争、流动、开放的选聘机制。对管理人员的聘用，必须制定科学合理的制度，既要重视应聘者的专业水平，更要注重其综合素质。招聘前要弄清楚是否真的需要增加人员，或者应该增加什么样的人员来处理新发生的问题，再或者是如何让现有的人员来轻松解决这些新问题。要构建以人为本的高职院校行政职能部门管理队伍专业化考评体系，建立凭实绩用人的良好机制。对不胜任工作的进行重点培训、轮岗甚至解聘。

第二，真正做到人尽其才。按照岗位对工作进行分析，并对现有团队成员工作满意度进行调查，了解他们的心声，在可利用的技术、所涉及的成员和团队的需要之间寻找可能存在的最佳匹配关系。

（2）提高成员素质。

第一，加强对现有团队成员实践能力的培养。事实上，许多表面上需要增加人员来解决的新问题，完全有可能通过提高工作能力、改进工作方法、改善管理流程等措施，让现有人员来解决。一方面，可以通过工作丰富化、工作轮换、培训等方式提高成员个人工作能力。另一方面，通过管理、领导等方面的务实培训，提高他们的实践能力和服务水平。

第二，加强团队学习，建设学习型团队，提高成员及团队的创新能力。团队学习可以提高团队整体素质，促进团队成员各类知识的交叉融合，形成有效的知识结构体系，为解决管理过程中的各类问题提供技术支撑，奠定知识基础。加强团队学习可以从以下两个方面着手。首先，建立完善的知识平台。可设置一个团队的知识主管，专门负责团队知识的整理和初步分析，提炼出团队成员的有效知识，将这些知识进行归类，方便其他团队成员通过这个知识平台进行知识的传递与共享，从而实现知识的有效利用。其次，充分调动团队成员参与的积极性。团队要制定成员知识学习的目标，要求成员在熟悉本职业务的前提下，必须了解和掌握其他相关业务的内容，采取相应的激励和奖惩措施，提高学习型团队的创新功能，使每次学习沟通都能产生知识创新点。

（二）目标认同方面——增强团队目标的激励作用

团队目标，实际上是全体成员期望接纳的结果。当前高职院校管理的目标越来越清晰，达到目标的难度也越来越大，只有通过团队成员的通力合作，才能科学地制定和顺利地达成目标。团队目标的真正认同度的高低，取决于团队目标与个人目标的关联度。所以高职院校行政管理团队建设，应在学校、部门目标和成员个人目标之间寻找动态平衡，建立共同的目标。让团队成员共同参与团队目标的制定，具有很强的激励作用，他们的思考和工作积极性就会被充分发掘出来。任务在执行过程中，团队目标将被细化为若干具体任务。团队必须让成员在执行任务的过程中始终保持昂扬的斗志，这就要求团队在任何一个阶段都要关注对成员的激励，激励他们朝着团队目标不断前进。具体可以从以下几方面入手。

1. 让成员真正参与团队目标的制定

让团队成员共同制定目标，一方面可以自由表达意见的环境，能让成员完全释放自己的意见和建议，为团队决策提供多方信息。另一方面，成员之间心理契约层次达成一致，他们之间的互信感与归属感得以很好地确立。再一方面，成员通过共同制定团队目标，会更加深入地思考团队工作，在今后的工作中必定会对团队整体工作产生更强烈的责任心。

共同制定目标的形式是灵活的，不论安排与否。实际上即兴的、临时的交流有利于产生创造性的见识。关于共同制定的方法，彼得·圣吉在《第五项修炼》中提出了“深度会谈”与讨论相结合的方法。“深度会谈”的目的是要超过任何个人的见解，而非赢得对话。在“深度会谈”中，要求做到以下几点。

第一，所有参与者必须将他们的假设“悬挂”在面前。

第二，所有参与者必须视彼此为工作伙伴。每个人摊出心中的假设并自由交换想法。在这种无拘无束的操作中，人人将深藏的经验与想法完全浮现出来，从而超越各自的想法。

第三，讨论是提出不同看法并加以辩护，是“深度会谈”不可少的搭配。

在共同制定团队目标时，我们可以用“深度会谈”来分析和探究问题，用讨论来做最后的决定。

2. 不断激励成员朝着团队目标前进

团队目标激励作用一方面在于其本身的指引性，另一方面在于成员在工作过程中的满足感，再一方面在于成员实现目标时的成就感。因此，要让团队目标在制定后持续发挥激励的作用，在增加工作的趣味性、挑战性，努力营造轻松、自由、互信、合作的工作氛围的基础上，还必须做好以下两项工作。

第一，要适时调整工作方法或团队目标。团队活动要体现科学性和灵活性，团队成员在按照团队目标在执行任务时，难免会出现偏差，这就需要在团队的帮助下，对工作方法，乃至团队目标进行及时的调整。这种调整，不仅能使团队目标更好地实现，同时还能减少“无用功”，提高工作效率，提高团队成员的积极性。

第二，团队领导在工作的不同阶段给予成员不同形式的鼓励和指导。在工作的关键时刻，要给予积极指导。遇到困难时，要共同协商。取得阶段性成果时，要给予认可和表扬。顺利实现目标时，要给予一定的奖励。

第三，加强团队命运共同体的建设。要贯彻相互尊重、相互合作和统筹兼顾的原则，正确处理好整体利益与局部利益、长远利益与眼前利益、领导利益与成员利益的关系，在部门内部造就利益共享、责任共担、命运相连的命运共同体，使团队的目标认同达到理想的境界。同时，团队可通过创造环境条件去参与和影响成员个人目标的设计。因为个人目标的设计，决不能脱离环境条件，环境不仅会向个人提出目标要求，而且也提供了实现的可能性。

（三）团队气氛方面——培养强大的团队合作精神

高职院校行政职能部门与其他组织一样，成员会因为各种的原因而出现意见分歧、争论、竞争和对抗等情况，有时甚至会出现紧张情绪，从而导致分歧和敌对情绪的出现，从而产生团队冲突。团队冲突处理不好就会影响团队气氛，对团队向心力起到破坏作用。提升高职院校行政管理团队气氛，一方面要管理好团队冲突，善于合理解决各种团队冲突，另一方面要加强团队合作精神的培养。团队精神是团队成员为了团队的利益和目标而相互协作，尽心尽力的作风，是高职院校行政管理团队建设的软因素，培养团队合作精神是优化团队气氛的最根本手段。强有力的团队合作精神，能引导成员确立高度的使命感、责任感，营造成员间的彼此宽容、信任、互助以及整体公开公平的气氛，能让成员为团队工作发挥最大能量，让整个团队既有和谐的气氛，又有创新的活力。具体可以从以下几方面入手。

1. 加强团队沟通，营造和谐的团队氛围

成员间的隔阂、猜忌甚至冲突会影响团队的运作，削弱团队的凝聚力和竞争力。现代管理学的观点认为，团队冲突对一组织或群体既具有建设性、推动性等正面属性，又具有破坏性、阻滞性等负面属性。适当的团队冲突能刺激团队的活力、生机、创新。因此，高职院校行政管理团队建设的任务不再是一味地防止和消除团队冲突，而是要管理好团队冲突——限制破坏性团队冲突和促进建设性团队冲突，刺激功能积极的团队冲突，充分利用和发挥团队冲突的积极影响并控制其消极影响。管理团队冲突的最佳办法，非“沟通”莫属。顺畅的团队沟通，可以让负面冲突及时得到消除，让正面的冲突通过交锋达成更高的共识，从而消除隔阂。对于高职院校行政管理团队的有效沟通，应从以下几个层面着手。

第一，团队成员，包括领导，要正确认识自己的知识范围及其局限性。根据勒德洛和·潘顿的模型，任何人的知识都是有限的，任何人都掌握了别人所没有掌握的知识，没有绝对的知识权威，否则也就不必要形成管理团队进行相互合作。

第二，树立正确的沟通理念，提高沟通的主动意识。团队的内部冲突往往是由于沟通不足或不当造成的，而这又是由于成员缺乏正确的沟通理念和主动沟通的意识。良好的沟通需要有几个基本要素，即真诚或表里如一、彼此信任和相互理解。彼得·康戴夫认为，这些要素是沟通的根基。

第三，建立团队的内部沟通机制，加强工作沟通和人际沟通。

第四，对团队成员进行管理沟通的培训或组织行为科学的培训，提高沟通技巧。

2. 以校园文化为纽带，培养团队合作精神

一个团队要想成为强有力的整体，团队气氛仅仅和谐还不够，还必须培养打造出具有竞争力的团队合作精神。从团队角度看，要从以下几方面入手。

第一，重视团队合作，进行凝聚力建设。团队要重视挖掘和发挥每个成员的特长，通过良好的协作，形成优势互补，使团队的工作业绩最终超过个人业绩的总和，提高团队竞争力。凝聚力是影响团队绩效的一个重要变量，它来自于团队成员共识的价值观、共同的目标以及自觉的内心动力。要努力让成员把共识的价值观、目标和内心动力自觉地作为自己的行为准则，指导自己的行为，使整个团队形成一种密不可分的合力。

第二，以校园文化为纽带，构建“公正、公平、公开”的内部环境。打造团队精神，最重要的是营造“公正、公平、公开”的团队文化环境，这是团队精神植根和成长的土壤。可以将校园文化的精髓与部门工作的特点相结合，创造“公正、公平、公开”的发展机遇，提供“公正、公平、公开”的待遇保障，营造“公正、公平、公开”的竞争环境。

从团队成员角度看，要从以下几方面入手。

第一，要学习其他成员的有益于团队合作的优秀品质。通过团队认可成员的优秀品质，成员发挥自己的优秀品质，尽量克服自己的缺点和消极影响，提高相互之间的认可程度，从而营造良好的团队气氛，使成员间的交流更加通畅。

第二，要敢于承担责任，同时给予别人希望。敢于承担责任是一个人实现自身价值的前提，团队成员承担其责任是团队目标细化的前提，是成员进行协同工作的基本保证。在承担责任的基础上，要给予他人希望，这是尊重他人的基础，一个小小的鼓励和赞许可以让成员释放出巨大的工作热情。而且当你给予别人希望时，别人也会给予你希望，这样就会创造良好的协作氛围。

第三，要保持足够的谦虚。由于团队中任何一个成员都可能成为某方面的专家，所以团队成员应该保持足够的谦虚，应该将自己的目光注意到别人的强项上，这样能够促使自己发现自己的不足，这种压力促使自己在团队中努力学习，不断进步。

（四）信息交流方面——加强全方位实时信息交流

对高职院校行政职能部门而言，无论是教学、科研，还是后勤保障、地方服务，信息是一个极其重要的管理要素，信息是部门工作开展和创新的生命线，离开了信息，部门管理就无法有效开展。信息及时交流可以促进知识的发展和利用，从而提高部门的管理水平和服务质量。实现团队效率的过程从信息传递的角度来看，就是实现部门的纵向与横向、内部与外部信息流动的均衡结构，确保信息传递、处理和使用的有效性即实现信息传递效率的过程。需要强调的是，绩效评估也是团队信息交流的重要渠道，全面、合理、科学的绩效评估和反馈帮助团队总结经验、改正不足，将对团队的进一步建设提供指引。具体可以从以下几方面入手。

1. 建立并优化正式信息渠道

一般来讲，信息传递的路径越长、节点越多，信息传递的速度就越慢，由人们可知觉范围、心智能力和接受信息时的环境、心理、生理状态所决定的信息自然失真就越严重，信息传递效率就越低。因此，必须从两方面建立和优化信息沟通渠道。

第一，团队内部务必通过机构重组，打破信息隔层，构建畅通的信息互报体系，同时利用互联网、电子通信设备等现代办公工具，优化信息渠道。可以通过制定相应的信息收集与传达制度，开展信息周报和月报工作，或者设立岗位，由专人负责部门主要信息的内外传递等方式，做好信息传递的保障工作。

第二，建立和优化与外部环境的信息交换体系。既要及时收集与领会学校领导和教育行政部门的政策信息，也要及时收集与处理校内外相互合作部门传达的信息，也要关注广大师生员工的意见和建议。

第三，完善团队绩效评估与反馈机制。对高职院校行政管理团队定期进行评估，既可以使部门加强团队建设和管理，促进其管理水平的不断提高，又能促使其总结经验，找出不足，及时采取改进措施，进一步增强团队活力。要使评估达到预期的目的，就应建立适当的评估标准。对团队进行评估时，要注意以下几方面。（1）评估理念必须由显性评价走向隐性评价。显性工作代表量，隐性工作代表质。评估必须透过表象，挖掘内在的深层次东西。（2）由重视结果向重视过程转变。要善于通过日常管理活动中的无意表现来了解成员的管理能力、表达能力、组织能力、协作合作精神以及近期的工作成果等。（3）由循环型评估代替封闭性评估。

封闭型评估是指评估过程随着评估结果的产生而中止，无反馈。循环型评估是指在评估结束后，评估对象会收到评价者关于整改计划的反馈，并且在经过双方的协商后再规定于期限内完成计划。循环型评估有利于团队工作的改进，为团队建设指明方向。

2. 充分重视信息工作

高职院校行政职能部门部分信息传递缓慢和失真，是由信息接收者的主观意识造成的，这些主观意识主要来自于自我效用、部门效用、不同的价值观或不同的判断与预期等方面。因此，要构建顺畅的信息传递渠道，在进行硬件配置的同时，还要做好人的思想工作。

第一，团队领导要重视信息工作，把信息工作看做是部门管理和创新的生命线。

第二，要通过构建与完善相应的激励约束机制，引导团队成员树立“学校大团队”概念，消除在信息传递过程中狭隘的本位主义，形成团队成员在团队内外均能积极主动客观地传递信息的良好氛围。

（五）领导方式方面——提高综合领导能力与素质

国外研究结果表明，员工积极性的发挥，是通过领导的才能诱发出来的，而不是由其他因素诱发的。可见，优化团队领导的领导方式，对团队整体效能的开发具有极其重要的作用。高职院校行政管理团队领导可以说是一门高度综合的科学，它几乎涉及包括教育行政在内的社会生活的各个方面，既要解决人与人之间的关系，又要解决人的活动与客观环境之间的关系。领导者既要对重大问题拍板决断，又要做好团队成员的思想工作，既要选择培养干部，又要科学管理好所负责的部门，既要处理日常工作，又要做战略规划，等等。因此，团队领导除了有较高的学术造诣外，还必须有过硬的综合素质和高超的领导能力。

关系导向的领导方式能在团队建设中营造了一种相互信任、相互关心、相互支持、重视民主的团队气氛。工作导向的领导方式强调工作的完成和目标的实现，从而把领导团队成员的行为汇集成为一种集体的努力，使团队成员对团队目标产生协作愿望。根据菲德勒的权变理论，领导方式与情境的适当匹配能创造有效的管理绩效，他认为在领导者最有利和最不利的两个极端情境下，采用以任务为导向的领导方式效果较好，处于中间情境，则采用以关系为导向的领导方式效果较好。不同风格的领导可以导致不同形式的工作结果，现代领导最重要的特征应该包含知识丰富、兼容并包、随机应变、战略思维、民主开放等。要提高高职院校行政职能部门团队领导的综合能力和素质，可以从以下几方面入手。

1. 改革团队领导的选拔和考核机制

第一，高职院校应摒弃原先的潜规则，按照高职院校领导工作的特点确定选拔标准，不拘泥于学历、资历，全面考察候选人的能力、素质、兴趣、特长，采用竞聘上岗的方式，公开、公平、公正地选拔行政职能部门领导。同时，要注重后备干部的选拔与培养，完善部门领导干部梯队建设。

第二，结合高职院校领导工作特点，对现有的团队领导的考核方式进行革新，根据领导岗位职责及专业性要求确定考核内容和标准，界定清晰的考核目的和重点，采取全方位评估法，同时要有行之有效的激励机制与之配套。

2. 创新适合团队高效运作的领导方式

第一，团队领导要在工作中加强与团队成员的联络与沟通，在管理中多从普通管理人员和服务对象的角度思考问题，提高领导工作的实效性。同时，要多向领导管理能力突出的部门领导学习。

第二，学校还要加强对团队领导在管理心理学、领导学、高等教育管理等方面的专业和实务培训，培养他们兼容并包、随机应变、全局思维的能力，促使他们改进工作思路、领导方法，锻炼领导艺术。

第三，学校要像倡导教学、科研创新那样，来倡导行政管理的创新，倡导团队领导方式的创新，让行政职能部门领导有意识地去思索管理中出现的问题，不断总结经验，摸索出真正适合本部门团队建设的领导方式。

第三节　高职院校教学团队

一、 教学团队内涵

教学团队是团队的一种类型，是指向于教学、围绕教学而建立起来的团队。由于多方面的原因，对于教学团队至今还没有形成一个统一的概念。刘宝存从团队的定义出发，认为“教学团队是以教书育人作为共同的远景目标，为完成某个教学目标而明确分工协作、相互承担责任的少数知识技能互补的个体所组成的团队。①”马廷奇从高校发展的任务需求方面对教学团队进行了阐述，认为教学团队是以提高教学质量和效果、推进教学改革为主要任务，由为实现共同的教学改革目标而相互承担责任的教师组成的群体。这两个定义都强调教学团队要有共同目标、由相互承担责任的个体组成，因此在关于教学团队的研究中经常被引用。

根据卡曾巴赫和史密斯关于团队的定义，结合高等教育质量工程的目标、内容和要求，作者认为，高职院校教学团队是在高等职业教育中，根据教学改革和教学

① 刘宝存，建设高水平教学团队促进本科教学质量提高[J]．中国高等教育，2007（15）．

任务需要，以提升教学和人才培养质量、促进教师队伍整体素质的提高为根本目标，以推动教学内容、教学方法改革与研究，促进教学研讨和教学经验交流，开发教学资源，推进教学工作的老中青相结合为重点，由教学水平高、专业技能强或学术造诣深的教授领衔，由知识与能力互补、分工明确、相互承担责任、彼此团结合作的教师组成的群体。

上述定义包含这样几层意思。其一，高职院校教学团队是根据教学改革和教学任务需要组建的，教学改革和教学任务是组建教学团队的基础。其二，高职院校教学团队的目标是提升教学和人才培养质量，促进教师队伍整体素质的提高，教学团队是提升教学和人才培养质量、促进教师队伍整体素质提高的工具之一，为提升教学和人才培养、促进教师队伍整体素质提高服务。其三，高职院校教学团队的工作重点是推动教学内容和方法的改革与研究，促进教学研讨和教学经验交流，开发教学资源，推进教学工作的老中青相结合，这也是教学团队的基本工作任务和要求。其四，高职院校教学团队的带头人必须是教学水平高、专业技能强或学术造诣深的教授，他（她）是教学团队的灵魂，不仅要有专业学术水平，还必须有教学学术水平，并具有良好的品行和协调、指挥的能力。其五，教学团队是由少数教师组成的，即由教学水平高、专业技能强或学术造诣深的教授领衔，其他教授、副教授、讲师、助教及教辅人员组成。其六，组成教学团队的教师必须在知识与能力方面互补，分工明确，相互承担责任，彼此团结合作，这是教学团队实现共同目标，完成教学和教学改革的保障。

根据不同的分类标准，可以对高职院校教学团队做不同的区分，通常分为专业或技能教学团队和课程教学团队。专业或技能教学团队如市场营销技能教学团队、财务管理专业教学团队、财务技能教学团队等。课程教学团队大致可分为通识课程教学团队、基础课程教学团队、专业基础课程教学团队、专业课程教学团队等。通识课程教学团队要体现价值性与普遍性，以拓宽学生知识视野为主要任务；学科基础课程教学团队要体现学科性与跨专业性，以夯实学生宽厚的综合素质基础为主要任务；专业基础课程教学团队要体现专业性与基础性，以促进学生掌握专业的基础理论知识和基本技能为主要任务；专业课程教学团队要体现技能性与实践性，以培养学生创新精神与实践能力为主要任务。课程教学团队可以是系列课程的教学团队，如信号与信息处理系列课程教学团队、机械基础系列课程教学团队等，也可以是某一门课程的教学团队，如《财务会计》教学团队、《经济学基础》教学团队等。

二、高职院校教学团队构成要素

（一）共同的团队建设目标

团队的组建与发展要有一个能把人们凝聚在一起的共同目标，这个共同目标可以奠定团队的基调，展示团队的发展方向，激发团队成员的激情和向心力网。高职院校教学团队也不例外，团队中的每个教师成员可以有着细分的小目标，但必须明确团队的共同目标，将个人目标整合为团队的共同目标，使成员在团队中形成一种心理上的归属感与认同感，进而不断发挥自身的潜力，将各个教师成员的努力凝聚到一处，实现团队与个人的共同发展。共同目标产生的这种影响力，可以为团队的工作指明前进的方向，并不断促进团队及其成员的发展和成长。心理学家马斯洛关于杰出团队的研究也表明具有共同的目标是一个团队最显著的特征。因此，高效教学团队的构成要素首先是具有共同、一致的团队目标，使团队教师愿意为实现共同目标而相互配合、相互协作，不断提高团队的工作绩效，根据前文的论述，教学团队的共同或根本目标是提升教学和人才培养质量，促进教师队伍整体素质的提高。

（二）必备的团队资源保障

如果资源不足甚至缺乏，教学团队肯定不能开展好工作。也就是说，高职院校教学团队要完成教学改革和教学任务，实现提升教学和人才培养质量、提高教师队伍整体素质的目标，必须有必备的资源保障。必备的资源保障包括教学团队运行需要的资金、基础设施投入以及教学实践平台等。这些必备的团队资源在教学团队构成要素中起着基础作用，应得到高职院校的高度重视。长期的资金、基础设施投入不足会导致教学团队完成教学任务、开展教学改革与研究缺乏应有的硬件支持，造成教学团队的发展动力不足，这不仅影响教学团队的建设和发挥应有作用，而且会使其吸引力下降，让教师难有参与教学团队的积极性。另外，在资源保障上为教学团队建设提供良好的教学实践平台也是很关键的，必须同实训教学基地建设、精品课程建设、教学改革项目研究、教材建设相联系。这些教学实践平台既为教学团队提供了自我建设、自我发展的机会，也为教学团队建设的成果提供了检验的平台。

（三）明确的团队规范

无规矩不成方圆，建立一系列明确清晰和成员共同遵守的团队规范，对于高职院校教学团队的日常运作与发展至为关键。第一，团队应该包括为了实现共同目标，维持教学团队正常运行要遵循的原则以及具有可行性的活动方案、具体工作程序等。第二，在职能分工方面，团队规范中应根据每位教师成员的知识结构、能力大小等具体情况进行职能上的安排，分配给他们适当的工作任务，使其充分发挥自身的作用。第三，在团结合作方面，团队规范中应明确划分教学团队中每位教师的工作职责，要求他们认真履行自己的职责，但同时也要使其意识到其他教师工作状况的好坏与自己教学任务的完成是紧密相关的，团队职责需要通过团队成员的团结合作、共同努力才能够最终得以履行。第四，在内部沟通方面，由于高效的教学团队都离不开成员之间的良好沟通，因此团队规范应保障团队沟通渠道的畅通，这点非常重要，有利于教师成员及时交流教学经验以及特殊情况下化解矛盾、保持团队稳定。第五，团队规范还应包括对团队成员有明确的惩罚、激励细则和考核管理制度，这些规范可以有效消除教学团队中部分成员“搭便车”、无所作为等不良因素，保证团队的健康发展。

（四）合理的团队结构

有了共同团队目标的引导、明确团队规范的约束和必备的团队资源保障，高职院校教学团队还需要具备合理的团队结构。根据结构决定功能的原理，在其他条件具备的情况下，团队的效能与团队的结构密切相关，因此，教学团队的组成结构是其构成要素中的重要一环。就课程教学团队而言，一般以二级学科相关的系列课程为组团范围概论性通识类课程则学科跨度更大，由团队带头人和若干团队成员共同组成。教育部、财政部《关于实施高等学校本科教学质量与教学改革工程的意见》中规定，团队带头人必须是“教学水平高、学术造诣深的教授”，这样的教授应在学术造诣、教学能力、德行修养、管理方法等方面表现优秀，既对团队成员有影响力，能将团队成员凝聚在一起，又对外界具有一定的影响力，能为教学团队的发展争取到好的条件，并将外界阻碍因素降到最小。同时，教学团队成员的挑选要尽量做到合理、规范，应在专业学术水平、教学技能、教学经验等方面有一定的梯度差别，在成员组成方面，以中青年骨干教师为主，由教授、副教授、讲师、助教等人员组成。此外，还要综合考虑各团队成员的学历、性别、个人爱好等因素，做到知识与能力的科学互补、合理搭配，以期发挥教学团队的最佳功效。

（五）和谐的团队人文氛围

高职院校教学团队的健康持久发展、教学团队成员凝聚力的不断增强离不开和谐的团队人文氛围。只有在和谐的团队人文氛围中，教学团队才能真正实现对团队成员利益的重视、需要的满足、成长和发展的关注，做到使每个团队成员得到公正的评价、公平的对待和不断发展进步的机会。这主要体现为教学团队对其教师成员具有真诚的人文关怀，尊重教师成员的实际工作和无形的付出，使他们的劳动能够得到应有的物质和精神回报，同时使引导和帮助团队成员挖掘自身的潜力，实现自己的价值。和谐的团队人文氛围不仅包括积极探索、勇于创新的团队精神和相互信任、和谐合作的团队氛围，还包括优秀的团队文化。积极探索、勇于创新的团队精神可以激励教学团队中不同层次、不同水平、不同角色的教师在各自的职责范围内不断进步，促进自身的专业发展相互信任、和谐合作的团队氛围则能够形成一种轻松愉快的心理环境，提高每位教师的心理满足感和工作成就感，对于知识型员工的高校教师来说，这样的团队氛围往往比单纯的物质刺激更有效。优秀的团队文化更能使教学团队中不同背景、不同经验、知识与能力互补的教师迅速组成一个稳定、和谐的整体，其所蕴涵的相互学习、良性竞争等文化精髓能促使教师产生更高的学习热情和工作热情。

三、 高职院校教学团队特征

高职院校教学团队作为团队的一种具体形式，除了具有团队的目标性、成员的互补性等共性外，还有自身的个性特征，包括团队成员的创新性、团队成员合作的横向性、团队发展的持续性、团队效果的长期性。

（一）团队成员的创新性

高职院校教学团队因为其成员是各有所长的优秀教师，属于知识型员工，工作是富有创造性的教学和教学改革，因而是极具创新思维的团队。在提高高职院校教学质量和教师队伍整体素质这一共同目标的引导下，高职院校教学团队成员通过进行专业技能探讨与论争、教学方法交流、教学经验沟通等，获得的信息与自身的知识积累、思路观念发生碰撞，在不断的交互作用中必然会产生对推进专业教育发展、教学实践改革的创新思考。在团队的努力下，这些创新思考得到其他教师成员的讨论、提炼和完善，最后在技能教学和实践教学中逐渐实施，形成通过教学团队成员的创新精神来促进专业发展和培养具有创新意识的学生的良性循环。

（二）成员合作的横向性

高职院校教学团队的成员尽管在所承担的工作和任务上可能有不同，其个人目标也可能有差异，但有着共同目标，即提升教学和人才培养质量，促进教师队伍建设和教师队伍整体素质的提高，而要实现这一目标，决定了团队成员必须合作。只有彼此合作，才能形成团队合力，只有彼此合作，才能更好完成教学科研任务。同时，教学团队一定程度上也是为适应随着教学活动的日益复杂与深入，许多课程教学任务急需不同专业、不同院系甚至是不同学校之间的教师相互协作，因此教学团队的一部分教师成员是跨学科、跨专业地聚集在一起的，他们之间的相互沟通、相互协作具有明显的横向性特点。这种横向型特点使团队具备了较强的伸缩能力，有助于成员扩展学习、合作的视野，关注专业间和学科间的横向联系。

（三）团队发展的持续性

很多团队是为了集中力量完成一项重要任务而临时组建，任务完成后自动解散的，但教学团队则不同，教学和教学改革任务的完成、教学和人才培养质量的提升、教师队伍素质的提高不能毕其功于一役，需要长期的努力，因而高职院校教学团队是一个持续性发展的团队。前面提到，教学团队的带头人不仅要教学经验丰富，具有较高的技能、学术水平，同时还要具有较高的科研学术能力，同时团队中的主要成员也应是在教学与科研中取得一定成就的教师。这样的教学团队能促进教师之间形成良性沟通，促进思维发展，实现团队发展的持续性。由于科学研究是提高教学水平的深层次动因，不断创新的科研成果为教学内容提供了高水平的理论和实践素材，并对教师的科研和教学全面发展以及学生的研究性学习帮助很大，因此有高水平科研人员作为支撑的教学团队，一般会成为发展具有持续性和竞争力的高水平教学团队。

（四）团队效果的长期性

高职院校教学团队的团队效果需要经过较长时间才能显现出来，这是针对人才培养效果的滞后性和教学成果发挥作用的潜在性而言的。因为一般的企业营销团队、广告策划团队或者产品研发团队都是为了完成一项成果容易显现并可进行量化评价的任务而开展工作的，每一步的效果都会清晰明确地显现出来，让人一目了然。教学团队则不同，它的主要任务是提高高等职业教育人才培养的质量和教师队伍的整体素质，而这两方面的内容涉及面很广，不仅包括对学生的理论知识水平、实践动手能力以及道德品质素养的培养效果，还包括对教师成员的教学理念、教学技能以及专业发展等方面的影响效果，这些都不能以量化的方式在短时间内直观显现出来。因此，对高职院校教学团队的效果进行评价是非常复杂和困难的，再考虑到评价标准又具有多维性，需要我们在高职院校教学团队效果评价过程中恰当地把握评价标准，这就必须从教学团队的长期效果来看。

四、高职院校教学团队建设内容

高职院校教学团队建设的内容，是要加强教学团队建设，重点遴选和建设一批教学质量高、结构合理的教学团队，建立有效的团队合作的机制，推动教学内容和方法改革和研究，促进教学研讨和教学经验交流，开发教学资源，推进教学工作的老中青相结合，发扬传、帮、带的作用，加强青年教师培养。

根据这一要求，可以从国家或省市区层面建设教学团队，也可以从学校层面建设教学团队，显然其具体内容是不同的，国家或省市区层面的教学团队建设是通过建设一批教学质量高、结构合理的国家级或省市区级示范性教学团队，带动所有高职院校的教学团队建设，学校层面的教学团队建设是通过建设一批教学质量高、结构合理的校级示范性教学团队，带动全校的教学团队建设。另一方面，鉴于教学团队可以分为专业或学科教学团队和课程教学团队，课程教学团队又分为系列课程的教学团队和某一门课程的教学团队，显然因教学团队类型的不同，教学团队建设的内容必然会稍有差异，但基本内容是相同的。也就是说，就某一个教学团队而言，其建设主要包括以下几方面。

一是产生、遴选教学团队的带头人，带头人是教学团队的灵魂，他（她）必须是教学水平高、专业技能强或学术造诣深，并具有良好的品行和协调、指挥能力，能够将教学团队成员凝聚在一起。

二是组织、形成结构合理、优化的队伍，教学团队主要是由教师组成的群体，其成员应该是目标基本一致，知识与能力互补，分工明确，相互承担责任，彼此团结合作的。

三是提高教学团队的教学和科研水平，这是教学团队建设的核心内容，既要通过教学团队成员改革教学、研究教学、反思教学、交流教学经验、吸取教学教训、开发教学资源、提高专业或课程的教学水平来提高教学质量，又要通过教学团队成员对专业或课程的科学研究与探索来提高教学团队的科研水平。

四是促进教学团队成员的发展和成长。教学团队中的成员特别是教师，无论是老教师还是中青年教师，都应该在团队中通过相互学习、交流和合作，取长补短，共同提高，实现教学和科研能力的提高，自身得到发展和成长。要通过教学团队建设为教师的这种发展和成长提供适当的机会与良好的条件。

第四节　高职院校科研团队

一、科研团队概念界定

（一）科研团队

科研团队包括人文科研团队和科技科研团队。因此，科研团队的定义可表述为在知识和能力上互补的一定数量的科研人员，为了实现科研创新目标、承担共同责任而相互协调配合的正式群体。这一界定包括五层含义。

第一，科研团队的共同目标为科研创新。科研团队的产生、发展和终止都与共同的科研创新目标密切相关，没有共同的创新目标，就谈不上科研团队，即使名义上叫科研团队，也不是真正的科研团队。科研团队成员愿意将这一目标视为自己最重要的阶段性人生目标，并愿意为实现这一目标而不懈努力。

第二，科研团队成员之间以能力与知识互补为条件。科研团队的目标为科研创新，其成员在技能、知识甚至性格等方面存在一定的互补性。只有这样，科研团队成员在一起共同研讨学术问题时才可以相互开阔视野，相互弥补由学业专攻带来的能力局限，从而使科研团队能够激发出比单打独斗时的创新能力总和还要多得多的集体创新能力。科研团队成员的创新能力互补性越强，凝聚为科研团队的整体创新能力就越大。

第三，科研团队成员数量必须适度。科研团队核心成员数量一般不宜过多，以一个为宜。由于科研创新需要经常沟通交流，科研团队成员特别是核心成员过多会引起沟通不足，造成智力资源浪费和沟通障碍等弊端，成员具有层次性，科研团队还可以多一些学习者、研究生等非核心成员，成员分工必须明确，参与或接受科研团队分配的研究任务。

第四，科研团队成员必须有鲜明的整体意识和团队意识。团队成员自觉自愿地置个人努力于整体目标之中，都希望通过分工协作来寻求最佳的整体科研利益。不去斤斤计较、遇事推诿，而是相互承担、相互担待团队的科研责任，朝着团队的创新目标迈进。

第五，科研团队必须有一定的资源依托。有的依托基层组织，如教研室、研究所等；有的依托研究平台，如实验室、研究中心等；有的依托研究项目，如委托项目、基金项目等。科研团队都是有一定资源依托的正式科研群体，科研团队不包含非正式科研群体。

（二）高职院校科研团队

根据科研团队的定义，可以将高职院校科研团队定义为，是在知识和能力上互补的一定数量的科研人员，为了承担共同责任、实现科研创新目标而相互协调配合的以高职院校科研人员为主的正式科研群体。一个跨组织的科研团队是否为高职院校科研团队，主要看该科研团队成员是否以高职院校科研人员为主。

二、高职院校科研团队构成要素

高职院校科研团队的构成要素包括高职院校科研团队目标、成员、文化、资源和机制五个构成要素。

（一）高职院校科研团队目标

高职院校科研团队目标是高职院校科研团队在一定时期内所要达到的预期科研创新成果。高职院校科研团队的目标是其目的或宗旨的具体化，是一个高职院校科研团队努力争取达到的期望状况。简单地说，科研创新是高职院校科研团队目标。根据高职院校科研团队具体研究领域或研究方向的不同，团队目标可以从不同角度进行不同的分类，如根据高职院校科研团队所涉及的研究领域不同，可以把高职院校科研团队的创新分为人文创新和科技创新。高职院校科研团队目标有三个重要作用。一是导向作用，高职院校科研团队目标是高职院校科研团队预期要达到的科研创新结果，是预设的科研方向，具有很强的科研创新导向作用。二是凝聚作用，高职院校科研团队目标是一定时期内团队成员共同的奋斗目标，团队成员既明确分工又密切配合。团队成员目标与团队总体目标具有内在的一致性，使团队成员凝聚在一起。三是激励作用，当高职院校科研团队目标对每个团队成员形成一种内在激励作用，特别当这种目标实现，团队还有相应的物质奖励或报酬时，激励作用会更大，团队成员对科研创新本身的追求，使他们在达到目标时有一种成就感、集体荣誉感，会形成一种有效的精神激励作用。

（二）高职院校科研团队成员

高职院校科研团队成员是指实际参与团队科研创新活动的成员。一般而言，高职院校科研团队成员包括学术带头人、学术骨干和其他成员。（1）学术带头人是高职院校科研团队的负责人，是整个团队科研工作的领导者、组织者和协调者，是团队的核心与灵魂，是团队存在与发展的必要条件，在团队的建设中起着举足轻重的作用。（2）学术骨干是高职院校科研创新团队的中坚力量，是团队科研任务的主要承担者，在学术带头人的指导下，具体完成每一项科研创新。（3）其他成员包括团队学术顾问、流动学术成员和辅助支撑人员等。高职院校科研团队人员规模需要依据团队的研究目标和具体任务来确定。在“大科学”时代，出现人数众多、规模宏大的科研团队也很正常。高职院校科研团队成员是高职院校科研团队的创新主体，具有重要作用，高职院校科研团队成员是高职院校科研团队其他要素发挥作用的前提，是高职院校科研团队中最主动、最积极、最重要的因素，是塑造团队文化、控制团队目标、建立团队机制、运用团队资源的人。

（三）高职院校科研团队文化

高职院校科研团队文化是指团队的精神文化，包括团队学术文化和组织文化。团队组织文化包括团队的发展理念、组织心理、合作文化、制度文化、凝聚力以及团队成员的人生观、工作信念等。团队学术文化包括团队的治学精神、学术传统、学术风气、学术规范以及团队成员的学术价值观、科学态度、学术道德等。高职院校科研团队文化的作用主要表现在四个方面。一是激励作用，团队文化能够满足团队成员的精神需要，调动团队成员的精神力量，使他们减少戒备感，增强成就感和自尊感，激发他们充分发挥创新能力的潜力。二是凝聚作用，团队文化是种黏合剂，形成巨大的向心力和凝聚力，使团队成员对团队目标、道德规范、行为准则、经营观念等产生“认同感”，形成有战斗力、凝聚力的团队。三是规范作用，团队文化能够规范、统一团队的外部形象，规范团队的内部制度，使团队成员行为规范化，把团队成员目标和团队总体目标有效结合起来。四是协调作用，团队文化可以强化团队成员之间的合作，信任和团结，培养亲近感、信任感和归属感，促进团队成员之间、成员与团队之间的有机配合。

（四）高职院校科研团队机制

高职院校科研团队机制是指高职院校科研团队的结构及其运行机理，主要包括团队的约束机制和激励机制。要提高团队的科研质量，就必须建立合理的约束机制与激励机制。建立有效的高职院校科研团队机制，有利于创造一个公平竞争的团队环境，提高团队成员之间的积极性，不断推动科研创新。在完善激励机制的同时，也要特别注意利益导向问题，通过各种奖励办法调动团队成员的创新热情，促进知识成果的转化。同时，建立约束机制，确保团队成员遵守学术规范和学术道德，提高学术研究质量。高职院校科研团队机制主要有两个作用。一是激励作用，通过建立高职院校科研团队激励机制，可以激发团队成员科研创新的主动性、积极性和创造性，不断提高科研创新效益和创新水平。二是约束作用，通过建立高职院校科研团队约束机制，可以规范团队成员科研创新行为，促使团队成员遵守科研制度、学术道德和学术规范。

（五）高职院校科研团队资源

资源是指各种可以被利用来创造财富或满足需要的条件或手段。通常认为，人类社会经济活动可利用的基本资源有人、财、物、信息与时间五类。高职院校科研团队资源是指各种可以被高职院校科研团队利用来进行科研创新的条件或手段。高职院校科研团队可以利用的人、财、物、信息与时间都是高职院校科研团队资源，具体包括高职院校科研团队可以利用的各种人力资源、科研经费、实验用房、仪器设备和基础条件平台、图书资料、电子资源和科研时间等。高职院校科研团队资源具有重要的作用。一是基础作用，高职院校科研团队资源如图书资料、电子资源等高职院校科研团队的科研创新具有基础作用。二是服务作用，高职院校科研团队的外部人力资源，如高职院校后勤服务人员、科研管理人员等对高职院校科研团队具有服务作用。三是保障作用，高职院校科研团队资源如科研经费、实验用房、仪器设备等对高职院校科研团队的科研创新具有保障作用。

三、我国高职院校科研团队建设现状

改革开放以来，我国高职院校科研团队建设经历了四个发展阶段，取得了辉煌的成就，为经济社会发展做出了重要贡献，但也仍然存在诸多问题。概括起来，主要问题体现在四个方面。

（一）总体规模偏小

总体而言，我国高职院校科研团队规模相对偏小。这主要与我国政府的科研政策价值取向有关。高职院校以教学为主。中华人民共和国建立之初，高等教育的首要任务是为国家建设培养急需的专门人才。学习苏联的高等教育和科学研究的管理体制和管理模式，建立了一大批独立的科学技术研究机构，高职院校校长没有被赋予科学研究的职能。改革开放以后，高职院校科研团队才真正产生和发展起来，导致高职院校科研团队起步比较晚，起点规模低，从而导致高职院校科研团队规模相对偏小。

（二）内部活性不足

富有创新力的高职院校科研团队，团队内部应当充满活性。整体而言，与国际水平的科研团队相比，我国高职院校科研团队内部活性不足，具体表现在以下两个方面。

1. 高职院校科研团队内部缺乏管理活力

除了个别高素质科研团队外，我国高职院校科研团队整体而言，缺乏高水平领军人才，团队负责人学术威望不高，管理素质欠缺，难以对团队的计划、组织、指挥、协调和控制等工作进行有效管理，导致内部协调不够，优势互补性比较差，整体效能难以发挥。这主要与高职院校科研团队学术带头人管理方式简单有关。高职院校科研团队应是由不同类型的研究者为实现特定的目标组成的正式群体，团队学术带头人负责内部管理工作，激励和聚合团队的力量。优秀的学术带头人是高职院校科研团队必备的要素，带头人处于沟通、协调团队内外的中心位置，是团队其他成员获得工作方向、具体任务、工作目标等信息的主要来源，是团队维持活力、士气、凝聚力的中心环节和纽带，团队带头人的学术水平和管理水平在很大程度上决定了整个团队的学术水平和团队内部的管理活力。一些学术带头人在学术研究方面有一定水平，但在管理团队方面缺乏相应能力，经验型管理模式为高职院校科研团队带来的是人治，而非法治，使许多高职院校科研团队缺乏规范化的管理，团队成员对带头人依赖性太强，势必会导致管理瘫痪，人浮于事的状况出现，加上一些团队成员主观能动性较低，不善于协作。所以，在实际研究过程中，团队成员往往在名义上是团队共同作战，实际上是各自孤军奋战或处于半合作状态。由于团队内部管理不规范，计划不周全，沟通不流畅等原因，导致高职院校科研团队内部缺乏管理活力。

2. 高职院校科研团队内部缺乏组织活力

由于我国高职院校基层学术组织模式是单位所有制，高职院校内部从资源配置到专业设置都缺乏有效的合作和联系，高职院校内部的人员、资源和学科都处于分割状态，形成了严重的人力、资源和学科壁垒，限制了不同组织之间的人员流动、学科交叉和资源共享。高职院校科研团队在这种组织环境下，内部缺乏组织活力。高职院校学科分类形成的传统组织结构与科研团队综合研究任务及其对资源共享的要求存在矛盾。以学科或专业为基础设置的传统高职院校内部院系所等组织机构，在其成立之时就赋予了一种特殊的教学与科研等行政功能，实质是一种行政色彩浓厚的科层组织结构模式，而且这种高职院校学科组织还担负着其他过多的非学术性的职能和任务。从而导致科研资源相对分散，科研资源共享和科研平台发展都缺乏相应组织活力，不利于高职院校科研团队特别是跨学科跨专业科研团队的组建与发展。

3. 高职院校科研团队内部缺乏文化活力

团队文化是高职院校科研团队的构成要素之一。在高职院校科研团队管理的过程中，团队负责人往往只重视科研项目的完成，而不重视团队文化建设，致使团队内部难以形成和谐宽松、共同学习、合作互助、互相激励的工作氛围，团队凝聚力不强。一是高职院校科研团队成员合作理念薄弱。由于科研团队成员难以形成共同的目标、缺少知识共享的氛围、缺乏学习创新的动力，制约了科研团队发展，难以成为卓越团队。对于研究中遇到的问题，团队很少组织公开讨论，不能发挥集体的智慧，没有认识到思想碰撞与交流的学术价值，封闭式的自我研究是多数团队成员的共同特点。即使有一些讨论与交流，团队成员之间自我防卫意识过强，也阻碍了团队智慧的发挥，对团队中权威人士的观点不愿提出反对意见，采取默认顺从的态度，或对于他人的意见只作折中性结论。这些都说明了科研团队成员凝聚力不强，关系比较松散，经常孤军奋战或处于半合作状态。有些科研团队刚刚组建时还有一些密切合作，但在后期，团队成员多数埋头从事自己的研究任务，相互交流不多，对其他成员的研究进展情况也知之甚少。二是高职院校科研团队成员内耗现象明显。这与团队成员合作理念薄弱相关，也与中国传统的文化有关，中国几千年的传统文化实际上是一种小农经济文化，难以形成合作的文化氛围，加上团队成员的性格、年龄等个人因素，以及团队成员的身份、地位和权威性等不同，导致高职院校科研团队内部缺乏文化活力，特别是缺乏学术自由的文化活力，这正是高职院校科研团队内部活性不足的文化表现和文化根源，也是高职院校科研团队难以取得重大创新成果的主要原因。

（三）学术产出不高

一所高职院校创新能力取决于该高职院校所有科研团队创新能力的总和多少。高职院校科研团队的创新能力决定了高职院校的创新能力，而国家创新能力又与高职院校创新能力密切相关。学术产出是衡量高职院校科研团队创新能力的重要指标，可以从学术产出数量和学术产出质量两个方面进行分析。与西方发达国家的高职院校科研团队相比，我国高职院校科研团队的学术产出还不高。

（四）引领作用不强

高职院校科研团队应当在高职院校科研与教学作中起到引领作用。然而，由于高素质科研团队缺乏、学术产出不高和内部活性不足等原因，我国高职院校科研团队在高职院校科研与教学工作中的引领作用不强。高职院校科研团队由于层次不同，其引领作用的强弱也有所不同，一般而言，越是高层次的科研团队，发挥的引领作用越强，越是低层次的科研团队，发挥的引领作用越弱。

四、我国高职院校科研团队建设方向

高职院校科研团队是高职院校创新的主力军，在培养创新型人才、培育创新型高职院校、取得创新型成果的同时，为支撑创新产业、建设创新型国家发挥着重要作用。高职院校创新是国家创新体系的直接组成部分，是国家创新体系的两大主体之一。加强高职院校科研团队建设，既是高职院校创新的需要，也是培养创新人才的需要。解决高职院校科研团队建设存在的问题，必须对症下药，以科学发展观为指导，创新理念，改革体制，增加投入，完善评估，促进高职院校科研团队不断发展。

（一）创新理念

理念支配思想、形成认识，认识指导行为、影响政策。解决理念滞后的对策要以科学发展观为指导，创新高职院校科研团队发展理念。理念创新既是解决高职院校科研团队理念滞后的方法，也是促进高职院校科研团队发展的前提。创新理念主要包括树立高职院校科研团队超前发展的理念、规范管理的理念、全面创新的理念。

1. 超前发展的理念

树立高职院校科研团队超前发展的理念，就是要把高职院校科研团队的发展提高到科教兴国、人才强国的高度，提高到培养创新人才的高度，提高到建设创新型国家的高度，制定相应的法律法规和政策措施，加快发展速度，提升发展质量。

2. 规范管理的理念

树立规范管理的理念就是要对高职院校科研团队及其相关事务进行规范管理，以保障高职院校科研团队的健康发展。对高职院校科研团队进行管理要符合依法治国和依法行政的要求，在保障和服务学术自由的前提下进行规范管理。

3. 全面创新的理念

树立全面创新的理念，就是要全面思考高职院校科研团队在提升高职院校创新能力过程中的作用，系统谋划高职院校科研团队建设，多个创新理念实现高职院校科研团队建设多元化，把高职院校科研团队看作一个系统来建设，以全面提升高职院校的创新能力。

（二）改革体制

改革体制就是要克服现有体制中的弊端，建立适合于高职院校科研团队发展的各种制度与政策，以增强高职院校科研团队的内部活力，提高高职院校科研团队学术产出，造就高职院校科研团队领军人才，使激励体制、管理体制和人才体制适应高职院校科研团队建设的需要。

1. 改革管理体制以增强内部活力

（1）增强高职院校科研团队内部管理活力。

改革传统的管理体制，实行高职院校科研团队目标管理，是增强高职院校科研团队内部管理活力的有效措施。实行目标管理不是政府和高职院校给科研团队的确定的目标，也不是科研团队给团队成员规定的目标，而是要加强沟通与协商，增强目标的引导性、自主性。政府和高职院校要采取措施，培养高职院校科研团队负责人的管理能力，加强与科研团队沟通。团队负责人要把提高团队内部管理水平和完成科研目标结合起来，把科研团队围绕整体目标进行集体攻关和给予团队成员自由研究有机结合起来，以增强团队目标管理活力和成员个性心理活力。

（2）增强高职院校科研团队内部组织活力。

高职院校科研团队也是一种组织形式，这种组织形式与高职院校的学科组织以及科研、人事等职能部门密切相关。团队组织既有自己独特的组织个性，也有一般组织形式的特点。改革管理体制，增强高职院校科研团队内部组织活力，主要是增强团队内部学科组织活力和增强团队内部人事组织活力。

2. 改革激励体制以提高学术产出

改革开放以来，随着科技体制改革的不断深入，我国高职院校科研团队得到了很大的发展，但是，由于激励体制等原因，高职院校科研团队学术产出还是不高，与西方发达国家相比，还有比较大的差距。因此，改革激励体制，不断激励高职院校科研团队勇于创新，是加强高职院校科研团队建设，提高其学术产出的必由之路。

（1）建立科研团队奖励制度。

建立科研团队奖励制度，是激励高职院校科研团队提高学术产出的重要措施。针对我国科研奖励制度存在严重的缺陷这点，建议中央和地方政府在一年一度的国家和地方科学技术奖励大会上，定期命名表彰一批国家级科研团队和地方科研团队，对学术产出特别高、取得重大创新成果的创新团队实行重奖。

（2）给予科研团队优先支持。

为高职院校科研团队创造良好条件也是重要的激励措施。根据高职院校科研团队的依托资源不同，可以把高职院校科研团队分为依托基层组织的高职院校科研团队、依托研究平台的高职院校科研团队和依托研究项目的高职院校科研团队。给予高职院校科研团队优先支持，就是要对其依托资源给予优先支持。

（3）建立科研团队优惠政策。

建立有利于高职院校、利于科研团队提高学术产出的配套政策，包括知识产权保护政策、财政税收优惠政策、政府采购优先政策和人才引进灵活政策等，以充分调动高职院校科研团队不断提高学术产出的积极性。

3. 改革人才体制以造就学术带头人

创新人才特别是学术带头人一直是最宝贵的高职院校科研团队建设资源。学术带头人是创新人才中的杰出代表，是高职院校科研团队的领导者，对高职院校科研团队建设具有至关重要的作用。改革人才体制，提升学术带头人综合素质是充分发挥高职院校科研团队引领作用的必然要求。学术带头人综合素质不高是我国高职院校科研团队目前面临的突出问题，造就学术带头人，必须改革人才体制。人才体制包括人才引进体制、人才培训体制、人才培养体制，改革人才体制要立足当前，面向未来，把学术带头人的引进、培训和培养有机地结合起来。

第五节 高职院校辅导员团队

一、 辅导员团队概念

（一）辅导员发展过程

我国辅导员的雏形是政治辅导员，由国家于1952年提出。1953年北京大学和清华大学提出试点请求。此后，不少高校纷纷建立了辅导员制度，主要的工作内容就是政治工作，这一时期辅导员的工作，就是学生的“政治领路人”；到1961年，设立专职辅导员的文件在庐山会议上出台，并得到实施；“文化大革命”期间政治工作因为被“四人帮”利用，声誉遭到破坏；自1978年改革开放以来，为加强高校辅导员队伍，党和政府出台了一系列的政策措施，大致可以划分为恢复建设时期（1978—1983年）、提高发展时期（1984—2004年）、专业化与职业化建设（2005年—至今）三个阶段。

第一阶段：国家恢复了政治辅导员制度，重新确定了政治辅导员的职责要求、角色地位、选拔条件、政治和物质待遇。因为“文化大革命”的影响，思想政治人才转岗严重，所以辅导员主要由专业教师兼职，工作内容不仅仅围绕政治工作，还逐步向政治教育拓展延伸。

第二阶段：通过设置思想政治教育专业，明确了评聘教师职务的政策，加强了正规化培训，辅导员队伍的整体素质得到很大的提高。

第三阶段：随着改革开放的日益深入，高校也出现了很多新的情况，比如在心理辅导、帮助困难学生、就业和人生指导方面，高校辅导员的工作内容得到了极大丰富。进入21世纪，党和国家更加重视思想政治教育工作，出台了一系列辅导员教育工作的指导文件。尤其是2004年的16号文件中，将“帮助学生解决实际问题”作为一项职能（包括帮困、心理、就业生涯规划、人际关系等），并有很多具体的条款中作出规定，为辅导员的出路和保障做出了努力。同时进一步完善了辅导员队伍的选聘机制、管理机制、培养机制和发展机制。而到了2005年的1月，《关于加强高等学校辅导员、班主任队伍建设的意见》和2006年9月《普通高等学校辅导员队伍建设规定》等政策文件的发布，再次将辅导员队伍建设提高到了一个新的层面。

（二）辅导员概念

教育部2005年颁布的《关于进一步加强高等学校学生思想政治工作队伍建设

的若干意见》对高校思想政治工作者这个群体作了比较详细的说明："高等学校学生思想政治工作人员包括专职人员和兼职人员。专职学生思想政治工作人员系学校专职从事和负责学生思想政治教育工作的人员，包括学校分管学生思想政治教育工作的党委副书记，学生工作部（处）从事学生思想政治教育工作的人员，院（系）党总支负责学生思想政治教育工作的副书记、团总支书记，学生政治辅导员等。兼职学生思想政治工作人员，是指从教师和品学兼优的党员研究生、高年级大学生中选拔配备的半脱产学生班主任、导师或学生政治辅导员。他们一边从事教学、科研工作或学习，一边从事学生思想政治工作。"辅导员是高校思政工作群体中的重要一员，因为与大学生接触最紧密、最频繁而成为高校和大学生联系的最直接的桥梁。在中国当代大学里，从学生入学到毕业（学习、生活、工作）的过程中处处都有辅导员工作的身影。

（三）辅导员团队的概念

综合辅导员及团队的概念，可以得知，辅导员团队就是以增强大学生思想政治教育时效性为目标，以知识互补、资源共用、经验共享、协同合作为基本要求，由在年龄、性别、学历、知识结构、工作经验、优势特长等方面存在差异的专业及年级的辅导员组成的一支正式群体。

（四）辅导员团队的分类

由于分类的标准不同，辅导员团队可以分为很多种类型。如：根据辅导员的存在状态，可分为现实型和虚拟型。现实型的辅导员团队即传统意义上的团队，而虚拟型的辅导员团队是指充分利用现有的网络、通信、远距离传送等技术，在时间和空间上打破限制，也被称为"无形团队"。如博客辅导员团队。

目前在我国的高职院校中，思想政治型辅导员的工作对象是学生的日常生活教学管理、思想疏导教育、素质构建和就业方向指导等，作为加强和改进大学生思想政治教育工作的骨干力量。在辅导员团队基础上，高职院校可以根据自己的实际特点和需要进行更细化的小团队建设，从学生工作的不同方面入手。可以分为：心理健康咨询团队、职业生涯规划团队、生活园区服务团队、学术教育团队、素质教育团队和创新团队（创新团队主要是根据学生工作中遇到的重点难点问题，辅导员可以在党团工作、职业发展、生命恋爱观、社会实践等方面加以创新，打造相关学生工作项目的特色和品牌）等。

（五）辅导员团队的特点

1. 目标特性

目标的明确性作为团队的前提和基本特征，同样适用于辅导员团队，其目标也很明确。将提高大学生的思想政治觉悟，将大学生培养成为合格的社会主义建设者与接班人作为辅导员团队的目标，指引着团队的发展。

2. 异质特性

团队中成员之间必然存在差异，在辅导员团队中也一样，如：每个教师的性格迥异、知识技能不同、工作历练不同。利用好这些差异，构建团队中的互补特性，可形成形式多样、高效协作的整体。

3. 动态特性

一般在辅导员团队中存在两方面的动态特性，一是指功能上的，根据任务不同以及高职院校人才培养目标的个体性差异，导致团队构成产生了一定的变化。二是可持续发展，通过不断调整成员的结构、吸收优秀人才、加强培养青年教师、相对灵活地调整团队结构等举措，保证辅导员团队的可持续发展。

4. 合作特性

随着生活的多样化和需求量增大，独立的工作方式已经不能满足，以团队形式协同合作已经成为一种优势，构建“3+1”模式，即建立共享信息平台、专业技能互补措施、责任共担制度，实现优良的合作协同机制。最终使辅导员团队工作运行效果为“1+1>2”。

（六）高职院校辅导员团队建设□重要意义

从我国建立辅导员制度以来，辅导员的职责也随着社会的发展进步发生着深刻的变化，特别是中央的16号文件颁发以后，辅导员的地位和作用也越来越受到学校和社会的重视，同时也对辅导员提出了更高、更全面的要求。要做好大学生的思想政治教育工作和育人服务工作，全面推进高职院校的教育教学改革，单凭辅导员个人的能力就显得力不从心，为了改变这种困难局面，加强高职院校辅导员团队建设就显得尤为重要了。这样通过团队的力量可以很好地贯彻和执行党和国家的教育方针和政策，能有针对性地把大学生思想政治教育及各项工作落到实处，其重要意义有如下几点。

1. 有助于资源共享和互补

加强高职院校辅导员团队建设可以把辅导员个体联系起来，团结在一起为共同的工作任务和目标进行合作共事。这样有助于把不同专业背景、年龄性别、研究方向和能力特长的辅导员按照学校和院系发展的需要和辅导员自愿组合的原则团结到一起，在团队的良好氛围下，彼此相互学习和交流，实现辅导员间的资源共享和优势互补，在工作过程中不断拓展自己的工作技能，产生工作合力，提高工作效率。

2. 有助于促进专业化程度

在科学技术迅猛发展的今天，大量的信息冲击影响着学生的世界观、人生观和价值观的形成，高职院校辅导员如何才能最为科学地给予学生正确的引导，如何在传统“单兵作战”的情况下有效释放工作压力，只有通过团队分工协作的工作模式来适当分担辅导员的日常工作，分解其角色压力，为学生提供更加专业和科学的服务。这样也有助于使辅导员全面深入了解和研究所分工负责的工作领域，促进辅导员的专业化发展程度。

3. 有助于挖掘辅导员的潜能

长期以来，高职院校辅导员疲于学生的日常事务性工作，而忽略了自身的成长和发展。通过加强高职院校辅导员团队建设，可以为团队成员间提供大量的交流和学习机会，可以在团队的工作氛围下找到自己的发展需求，在团队成员间相互比较、相互激励下，形成良性的竞争，激发出辅导员的工作热情和动力，使他们的潜能得到不断地挖掘和发挥，实现个人成长和辅导员团队的可持续发展。

4. 有助于提升学生工作整体水平

高职院校辅导员团队的建立把分散的辅导员聚合到一起，并根据院系设置和工作方向成立院系辅导员团队和专业辅导员团队，使每位辅导员都能人尽其才，发挥出自己的专业特长和优势，并在此基础上进一步对所负责的工作进行深入的研究，更容易产生科研成果，为学生工作的开展提供理论指导和自身发展的机会。同时团队可以为辅导员学习、工作和生活上予以帮助，给予情感和心灵上的慰藉，使辅导员找到团队归属感，把辅导员工作当做自己的事业，这样可以减少辅导员队伍的不稳定因素，并以传帮带的方式形成良好的工作梯队，降低辅导员的培养成本，减少投入成本的浪费，保证工作的可持续发展。加强辅导员团队的建设，在团队的力量下可以使开展学生工作的内容更加丰富化、形式更加多样化和水平更加专业化，有助于整体提升高职院校思想政治教育和学生日常教育管理工作水平。

5. 有助于和谐社会建设和高职院校稳定发展

稳定关系到国家的长治久安和每个人的切身利益。高职院校是人口最集中的地方，也是思想最活跃的地方，高职院校是否稳定将直接牵涉到社会的长治久安。而要维护高职院校稳定发展，确保平安校园的创建，辅导员的作用显得尤为重要。他们时常深入学生之中，与学生的关系也最为密切，对学生的思想情况十分了解，能及时将学生的许多不稳定因素化解在萌芽状态；在出现突发事件时，他们能在第一时间冲在最前面，及时平息影响社会和谐稳定的事端。然而在现实工作中，一个人的经历和时间是有限的，当一个辅导员面对数百名学生的时候，有时就难以做到面面俱到。所以，通过加强辅导员团队建设可以有效分解工作压力，有针对性地做好大学生不同群体教育、引导、管理与服务工作，有助于维护高职院校稳定，从而为和谐社会建设创造良好的环境。

二、 高职院校辅导员团队发展现状

目前高职院校辅导员学历一般都在本科以上，主要以本科生为主，近年来新进的辅导员中，研究生越来越多。辅导员的工作量一般较重，绝大部分辅导员老师负责的学生人数在200人以上，甚至有的辅导员负责管理的学生班级达10个之多，学生人数400多人，由此导致辅导员只能对学生中的重点问题进行处理，无法细化到每个学生。目前已经有高职院校对这一现象进行改革，专职辅导员所负责的学生不得超过200人，其余学生的管理工作则由专任教师兼任（班主任），分担辅导员的工作量和工作压力。

辅导员对自身在学校的地位表示认可。有接近三成的辅导员认为自己在高职院校的职业地位和学校的教学管理人员地位相同，受到重视；有超过六成的高职院校辅导员希望提高自己的地位，但是也大体接受目前的地位状况；只有不到一成的辅导员认为自己的职业没有地位，只要有机会就会跳槽。总的来说，辅导员的工作受到社会、老师以及学生的认可，这样有利于辅导员团队的总体稳定。但是，仍有一部分辅导员认为自己没有地位，这对辅导员团队的稳定性和士气有着负面影响。

辅导员对目前的考核制度与激励机制满意度较低，有超过一半的辅导员教师表示考核和激励机制有待于进一步完善；仅有三分之一的辅导员满意目前的考核制度与激励机制。说明辅导员的考评机制和激励机制总体满意度低，在辅导员团队建设中，需要注重辅导员教师的考核和激励，为辅导员团队建设与发展提供相应的制度保障。

辅导员职业倦怠感较强，对工作积极性影响较大。辅导员成天面对学生，面对众多细小繁杂琐碎的工作，工作热情往往被逐渐磨灭，长期以来则会产生职业倦怠感，慢慢失去对工作的积极性。

三、 高职院校辅导员团队存在的问题

高职院校辅导员团队存在的问题大致表现为以下几个方面。

（一）团队结构不合理，不利于管理工作的开展

首先长期从事辅导员工作的比较少，从而导致年龄结构失调，所以辅导员大部分都很年轻，工作经验不是很丰富，许多辅导员工作3~5年就转岗，没有形成老、中、青的梯队结构，团队结构过于年轻化，碰到新情况、新问题，因为自身年龄结构、工作经验及人生阅历的局限不能给学生提出很好的建议，做工作往往只能摆出

大道理或者学校的校规校纪条条框框，经验不丰富，不能很好地贴近学生、贴近实际。

其次是专业结构失调。很多辅导员团队都是本学院本专业毕业的，“近亲繁殖”现象严重，不能在专业结构上形成互补的态势，从长远角度看会造成辅导员团队知识结构和专业背景的单一和片面性。不能运用科学的管理方法处理学生的突发事件，使学生可能在思想、情感和关系处理上受到伤害。另外，依托辅导员职业（如思想政治教育、心理学、教育学、管理学等）出身的辅导员并不多，这样辅导员团队建设就不能满足日常需要。同时很多辅导员承担了200名以上的学生工作，工作任务繁重、压力大。造成以上问题的原因在于以下几点。

（1）因为习惯与传统的管理模式，一些高职院校聘用辅导员的程序不科学，可能会发生不通过正规渠道当上的辅导员的情况，比如某个校领导的推荐或者部门领导的亲戚。而且高职院校录用人才的特殊现象在于重视专业教师的引进，忽视后勤管理人才的录用。

（2）随着高等教育大众化的发展，高职院校规模不断扩大，接受高等教育的人数增长很快，学校内部出现许多新问题、新情况亟须解决，对辅导员的个人能力和个人素质要求越来越高。这种情况下，辅导员团队内部思想政治团队和学生事务管理团队分工越来越细，要求越来越多。

（3）高职院校对辅导员重视不够，一般高职院校重视专任教师的常规教学工作，并未意识到辅导员工作也是一门科学，需要科学的管理方法和较高的思想政治觉悟才能从事。在一味增加工作人员的同时，忽视了对现有高职院校辅导员素质和能力的培养。

（二）团队目标未能激发成员的工作积极性

辅导员团队的工作基本上都是按照学校及系或学院按学年和学期工作计划进行的，这些计划基本上都是由学校统一下达方针政策，由本学院或者系领导根据以往工作经验和要求讨论决定的，普通的辅导员教师并不能参与部门工作目标和任务的制定与修改，只能被动接受。因此在辅导员的工作中，并不能对团队目标的来源和发展有清晰的认识，许多辅导员碰到问题就去找领导，虽然有些情况下目标能够实现，但是成员的积极性也因此受到影响。造成问题的原因在以下几点。

（1）在强调权力与服从的传统管理体制下，辅导员教师因为听命于领导，听命于学校的安排，所以只要是领导层制定的团队目标和布置的任务，辅导员教师大多能按期做完自己分内的工作。

（2）因为高职院校的管理有一定周期性，相应的辅导员教师也具有一定的周期性，高职院校一般都是按学年或者学期来开展工作，所以目标的制定一般都依据以往工作的经验进行。虽然这些目标都经过了价值性和可操作性的检验，但是每一学年每一学期面临的学生和情况都不一样，不仅学年学期的目标有些过于宏观，而且也不能根据具体实际情况对目标进行细化和量化，这样就造成了辅导员临时任务很多的情况出现。

(3) 长期的家长式管理，使大多数辅导员都在领导发布命令后，不加思考就直接执行，没有自己的思维过程，不能真正对自己的工作有一个深刻的认识。由于体制关系，辅导员一般很少参与决策，所以即使有了新想法新理念也很难将其融入团队的目标中去，造成了积极性的缺乏。

（三）缺乏强有力的团队合作精神

辅导员教师相比于其他企业或者政府部门来讲，利益冲突比较少，所以大体上团队内部比较和谐，在工作中能够做到相互信任，也对自己的工作有较强的责任感。然而，虽然部门意识很强，团队合作精神却比较缺乏。通过调查发现，辅导员团队成员间的工作有时会出现隔阂和猜疑，虽然只有极少数表现出了人际冲突，但是也不能忽视。造成这些问题的原因有团队成员的部门意识和官本位的思想是紧密相连的。相对而言，辅导员是服务于任课教师和学生的一个角色，一部分受访辅导员对自身的社会地位认同度不高。同时科层管理模式强调工作的细化，"政府化"在高职院校的行政管理体系中有了一些表现和发展，有些时候过于强调部门身份，从而对辅导员的角色认同造成冲突。

（四）缺乏内外信息的交流沟通

辅导员团队内部信息交流沟通较顺畅，成员大多愿意共享信息和资源，团队领导也能及时指导成员，但在与其他辅导员团队的内外信息交流方面做得就不够。高职院校行政部门沟通信息的方式主要是会议，而会议一般就是领导宣布情况、布置工作，不同院系辅导员直接沟通的机会很少，有的甚至互不认识。主要是因为高职院校辅导员内部并没有一个有效的沟通机制，一般都是各个院系的辅导员之间比较熟悉，进行内部交流，并不能对其他院系辅导员乃至兄弟院系的辅导员团队形成沟通机制。同时，过于细化的职责分工也制约了他们之间的信息传递。

（五）缺乏综合领导能力和素质

辅导员团队的负责领导人大多为教学科研出身，或者是分管院系党政工作的领导，他们大多只是通过直接传达或者下命令的方式安排工作。在处理人际关系、调动下属积极性上往往显得无从下手。有时候过于强调工作导向，缺乏各种领导方式的综合运用和一定的领导，忽视情感管理，影响辅导员团队建设的整体推进。以上现象可从下面两点进行分析。

(1) 团队领导创新意识较薄弱，有一些守旧意识，工作中习惯根据自己的工作经验来处理，忽视出现的一些新情况新问题，也不敢在领导方式和管理方式上突破创新。虽然在表现上很看重工作本身，但在一定程度上，更注重工作的稳定性和连贯性，怕出乱子。

(2) 高职院校管理中目前也盛行“教而优则仕”的潜规则，一些高学历的学科带头人经常是双肩挑，被学校选为部门负责人。但是，毕竟人的精力和能力是有限定的，尤其在目前体制尚未理顺，还做不到有机统一的情况下，这样双肩挑的领导，经常会出现力不从心的情况。在领导干部考核方面，高职院校也与公务员评价指标非常相似，也是包括德、能、勤、绩、廉五项，可是由于高职院校领导工作具有自身特点，上岗要求和公务要求不同，岗位的设置也有区别，岗位的职责和周期也存在差异，有时这些评价指标并不能反映真实的本团队领导水平和服务水平，更不能促使其管理水平的提高。

(3) 团队领导有些不能走群众路线，不能切实了解辅导员老师的具体情况和真实需求，不能让下属产生足够的信任感。而且在工作中缺乏一定的领导艺术，不能做到原则性与灵活性的统一。

四、高职院校辅导员团队建设对策

(一) 团队结构方面——两个核心要素的优化

团队结构是团队建设的基础因素，一个团队的结构状况决定了这个团队的工作效率，而团队中的人和组织结构是决定团队结构的核心。团队的整体功能并不是每个成员的素质和能力的简单加总，而是对他们进行了解后取长补短的结果。很多时候，团队的作用就在于把这个要素集结起来，使他们的功能最大化。为此，优势互补就是团队效用最大化的根本准则。而辅导员团队要想获得一加一大于二的效果，只有由素质、能力、特长互补的人组团队。对团队成员和结构进行合理布局，让每个成员在团队中找到自己合适的位置、让每个要素都能发挥应有的作用。

斯蒂芬·罗宾斯认为，如果一个团队的成员多于 12 人，就很难顺利开展工作。如果一个组织的成员过多，那么光是成员的基本成本费用就会增加很多，更不用提其他的相关的必要成本了，而且还会发生“搭便车”现象，这样也会损害团队凝聚力。如果成员过少，因为团队的任务量是一定的，分担到每个人成员的任务就必然会很多，这样可能因工作任务重造成团队的成员压力大，效率降低，整个团队的业绩比较差。因而，应该对团队的规模进行一定的限制，最好的团队人数首先在以团队目标为原则的基础上，充分利用员工的智慧，根据团队实际的工作需要而定。

具体可以从以下两个方面入手。

1. 构建“1 + X + Y”团队结构

随着学分制的发展，学生们已经不再被以往的学院、专业所局限，同时，根据“十八大”关于全面实施素质教育举措的论述，辅导员团队的建设应在学校整个辅导员队伍的基础上，打破行政班级的界限，构建“1 + X + Y”的辅导员团队结构。“1”即在整个高职院校背景下的校级团队，这对辅导员团队的建设起一个统领作用，决定辅导员团队的发展方向和建设原则，保证辅导员团队建设的根本；“X”即专业团队，也可以为学术团队，因为每个系或学院的辅导员队伍大多的学术背景都是本系或学院的专业，根据系或学院的专业特点，制定“X”团队，强化自身的专业基础，并和不同的团队辅导员成员交流、互通有无，扩充专业覆盖面，提高专业地位和层次；“Y”即特色团队，教育特色的实质不是学科的差异，而在于文化内涵的个性。而且，随着网络等新媒体的崛起，学生获取知识和信息的渠道越来越多，但是学生在扩充自身知识面的同时也面临着自身发展的困惑与迷茫，可以根据新时期学生的特点和出现的问题，扩大学校的民主，建立心理咨询与救助团队(可由具有专业资格证书和相关领域研究背景的辅导员老师承担)、理想信念与学生党建团队、危机与突发事件团队、学生事务与奖助学贷团队、就业指导团队。构建不同的辅导员团队，目的在于提高高职院校的教育质量，培养学生的社会责任感、创新能力和实践能力。

2. 提高团队成员合力

（1）加强队伍整合。

首先应该实行开放式的聘用制，选聘机制应当是竞争的、流动的、开放的。制定科学合理的人事制度、管理制度、保障机制、激励机制和发展机制，既要重视应聘者的专业水平，更要注重综合素质。在招聘前，首先对现有的辅导员队伍进行分析，明确是否需要招聘，需要什么样的人才进到这样的团队中来。要构建以人为本的考核评价机制，使辅导员能在实现自我价值的同时创造性地开展自身工作，对自身职业产生认同感，愿意在辅导员岗位上工作下去，使辅导员团队的发展朝着健康和谐可持续的方向前进。其次真正做到人尽其才，把合适的人放在合适的岗位上，也能调动人才的积极性，更好地开展辅导员工作，更有效地促进辅导员团队的工作绩效。在人才和辅导员团队之间寻求平衡点，让团队的绩效发挥到最大。

（2）提高成员素质，建设学习型团队。

第一，提高辅导员的个人素质，强势的个体才能塑造高效能的团队。首先要把真正高素质的优秀毕业生留到辅导员工作岗位上；打破框架和条框，以开放性的态度选择优秀的人才进入辅导员团队，形成优势互补。同时，应注重对现有辅导员工作能力的塑造和提高。其实许多表面上需要增加人手的工作只要通过改进工作方式和方法，通过资源整合，就可以很好地解决，所以应挖掘每个现有团队中辅导员的能力和潜能。

第二，加强学习型辅导员团队的建设，提高辅导员团队合力。彼得·圣吉在《第五项修炼》中提到构建学习型组织的五项修炼：系统思考、自我超越、改善心智模式、建立共同愿景和团队学习。高职院校更应该建立不断学习、进步、创新的辅导员团队。可依据“五项修炼”的理论支撑，首先从自身接受新思想新思维，不断克服防备心理，相互之间坦诚交流，团队树立共同理想和愿景，相互学习相互补充，培养全新开阔的思维模式，真正了解团队的运作模式，促成团队成员面的团结协作、能力互补、整体合作、激发集体智慧的效果。

(3) 完善培训体系

全方位、多渠道的对辅导员进行培训是构建学习型辅导员团队、提高辅导员工作效率的重要手段。培训能保证学习的持续性、延续性，改善学习效果，经常性的培训可以令辅导员的眼界更开阔，知识面更广博，有利于辅导员养成自觉学习、终身学习的好习惯。保证对辅导员团队培训体系的建立完善，既要保证辅导员的培训时间，还要对辅导员的培训提供强有力的物质保证。同时根据上述辅导员三支大团队的分类——思想政治教育团队、学生事务管理团队、社会化转变促进团队，不仅要对本团队进行深入了解，也要融合其他团队的知识技能，互通有无，交流借鉴，加强职业素养、心理咨询、就业指导和社会工作等方面的专业培训。

(二) 目标设置上——增强团队目标设置的激励作用

美国心理学家洛克（EA. Locke）的目标设置理论（Goal Setting Theory）指出，目标本身就具有激励作用，它是一个人试图完成的行动目的，是引起行为的最直接的动机。辅导员团队同样如此，如果这个团队有一个明确的清晰的目标，那么这个团队必然能保持自己的战斗力，为了这个目标持续地努力。辅导员团队的建设中，首先应该以目标为导向，设置一个符合自己团队实际情况的、清晰的、明确的团队目标，并以此目标作为团队的前进方向，规划每一步的行动策略，并建立相应的动力机制，减少资源浪费，早日实现目标。同时在制定团队目标时，首先应了解团队成员的期望和要求，要注意树立团队内部辅导员教师的主人翁意识和责任感，保持个体的价值和团队的目标的一致性。在制定工作计划的时候，要认识到个人目标与团队目标的关联度决定了团队目标的认同度。所以辅导员团队的建设，应当在学校大政方针的指导下，结合学生的特点，根据辅导员团队的实际以及在团队成员个人目标之间寻求平衡。这样也能激发出团队成员的潜能，再通过对目标的细化，把目标分为具体的若干个细分任务，充分发挥团队成员在执行过程中的积极性，促进团队目标的实现。具体可从以下两个方面入手。

1. 参与目标制定

一个民主的形式最容易激发人们的积极性和创造性，辅导员团队建设中，如果辅导员老师能够参与制定目标，能够充分自由地表达自己的所思所想，这样就更有利于保证团队决策的真实性，团队内部也更容易达成心理契约的一致性，相互的信任感和归属管得到很好的建立。同时通过制定共同的目标能够让团队成员更深入思考团队现状和工作进展，为今后团队建设的开展建立更强烈的责任心。

《第五项修炼》一书中，彼得·圣吉提出了“深度访谈”与讨论相结合的共同制定团队目标的方法。“深度访谈”的目的是要超过任何个人的见解，它主要是通过团队中的所有成员摊开自己心中的想法，汇集在一起真正地思考，自由地交流想法。在交流和沟通中发现别人的智慧，这样学习的能力也提高了。在现有的组织形式中，团队是学习的基本单位而不是个人，因为团队的智慧肯定是大于个人的。团队在真正学习和交流思考的时候，不仅能产生出色的效果，团队的成员也能在这之中获得较快的成长。所以我们在共同制定团队目标时，就可以用“深度访谈”来分析和探究问题，通过讨论来做最后的决定。

2. 激励成员朝目标前进

团队目标激励不仅可以让目标本身具有指引性，而且可以让成员在工作的过程中获得满足感，同时成员实现目标时还具有一定的成就感。因此，团队目标要想保持制定后激励的作用，在努力营造轻松、自由、互信、合作的工作氛围和增加工作的挑战性和趣味性的基础上，必须做好以下两项工作。

第一，适时调整工作方法或团队目标。团队的活动应当体现科学性和灵活性，团队成员在按照团队目标在执行任务时，难免会出现偏差，这就需要在团队的帮助下，对工作方法及团队目标及时进行调整。不仅能使团队目标更好地实现，同时还能减少“无用功”，提高工作效率，提高团队成员的积极性。

第二，团队领导在工作的不同阶段给予成员不同形式的鼓励和指导。在工作的关键时刻，要给予积极指导。在遇到困难时共同协商。在取得阶段性成果时给予认可和表扬。在顺利实现目标时给予一定的奖励。

第三，加强团队命运共同体的建设。在处理整体利益与局部利益、长远利益与眼前利益、领导利益与成员利益的关系的基础上，在贯彻相互尊重与合作和统筹兼顾的原则上，在部门内部造就利益共享、责任共担、命运相连的共同体，努力使团队的目标认同达到理想的境界。同时，团队可通过创造条件去参与和影响成员个人目标的设计。因为个人目标的设计，决不能脱离环境条件，环境不仅向个人提出目标要求，也提供了实现的可能性。

（三）团队气氛方面——增强团队合作精神

辅导员团队的文化是指一系列价值观、信念、看法和思维方式的总和，并且是团队所有成员共享的，可以作为标准传承给新成员。团队文化存在于两个层面：一是如仪式、典故、象征物等人们可以看到的表征性的东西和可观察到的行为；二是价值取向、信念、思维方式等团队文化的最根本内涵。团队文化使成员对团队有一种认同感，并会激发出成员对超越他们自身的信念和价值观的承诺意识。团队文化的关键作用在于对内使成员知道如何彼此相处，实现团队内部和谐，对外提高团队的适应性。

1. 加强沟通营造和谐团队气氛

现代管理的观点认为，团队冲突对一组织或群体既具有建设性、推动性等正面属性，又具有破坏性、阻滞性等负面属性。只有适当的团队冲突才能刺激团队的活力、生机、创新。因此，高职院校辅导员团队的建设应注意要管理好团队冲突——刺激功能积极的团队冲突，限制破坏性团队冲突，充分利用和发挥团队冲突的积极影响并控制其消极影响。而管理团队冲突的最佳办法就是“沟通”。通过顺畅的团队沟通，让正面的冲突通过交锋达成共识，可以让负面冲突及时消除隔阂。对于高职院校辅导员团队的有效沟通，应从以下几个层面入手。

第一，包括领导在内的团队成员，要正视自己的知识范围及自身知识的局限性。根据R·勒德洛和F·潘顿的Jonhari模型，任何人的知识都是有限的，任何人都掌握了别人所没有掌握的知识，没有绝对的知识权威，否则也就没有必要以形成管理团队的方式进行相互合作。

第二，提高沟通的主动意识，树立正确的沟通理念。良好的沟通需要有几个基本要素，即真诚或表里如一、彼此信任和相互理解。彼得·康戴夫认为，这些要素是沟通的根基。

第三，建立团队的内部沟通机制，加强团队内部的工作沟通和人际沟通。

第四，对团队成员进行管理沟通的培训或组织行为科学的培训，提高沟通技巧。

2. 建立共享型团队文化

共享型团队文化的建设应以学生健康成长成才的共同愿景为导向，以包括资源信息共享、经验知识技能共享、成功业绩共享为重要内容，以建立辅导员直接相互学习、相互帮助、相互扶持、相互信任的人际关系为支撑，将团队文化的精神深刻渗透到辅导员的思想和行为中去。在合理的条件下，创建辅导员集体办公、研讨的和谐环境，促进相互交流与合作，广泛沟通，齐心协力，通过开展丰富多彩的文化活动，使辅导员团队成员享受团队合作带来的快乐与满足感，以此展现团队文化的魅力。

（四）信息交流方面——广泛搭建系院沟通、交流、合作的平台

无论是对学生思想政治工作的指导还是日常事务的管理，都需要辅导员团队之间、辅导员内外、辅导员与学生、辅导员与领导之间建立广泛的沟通，听取各方的不同态度与言论，综合思考。因为只有信息才是团队开展工作和创新点的生命线，只有了解掌握了信息才知道团队工作的重点难点以及突破点所在，才能更有针对性地开展辅导员团队的建设工作。

1. 建立并优化正式信息渠道

首先，团队内部成员间应打破信息隔层，构建畅通的信息互报机制，充分利用现代通信工具——互联网、电子通信设备、通信软件（比如 QQ、微信）等优化信息渠道。通过制定相应的周报、月报工作，设置轮岗，由专门的人员负责信息的传递工作，公开和沟通内外传递信息。

其次，优化与外部环境的信息交换体系。了解与收集高职院校行政部门的政策信息和学校大政方针，收集与相关部门、内外合作部门间传递的信息，互通有无，同时也要关注师生的意见和反馈。

最后，完善团队绩效评估与反馈机制。对辅导员团队工作进行定期的评估，可以及时让团队成员看到自己的不足，加强自身的团队建设与管理，促进其团队建设水平的提高，同时有利于其及时采取改进措施，增强团队的活力。但是在评估过程中，为了保证评估的真实及延续性应注意以下几方面：评估的理念应当由显性评价走向隐形评价，因为隐形评价更能反映评估对象的本质，挖掘出更深刻的东西；更注重过程而非结果，善于从日常的一点一滴的工作中，无意间的表现中来观察辅导员的管理能力、工作能力、组织能力、协调能力等；评估结果应是循环的，而不是封闭的，被评估对象应当了解评估结果，以便不断进步，反馈有效的评估结果，促进整个团队绩效的改善。

2. 充分重视信息工作

通过引导辅导员团队树立“学校大团队”的概念，完善相关激励约束机制，消除信息中的本位主义，公开自身学习工作中高效的方法、实践、经验，形成团队成员内外能主动客观地交流信息的机制。

（五）领导方式——提高领导综合能力素质

高职院校行政职能团队的领导，可以说是涉及了包括教育行政、管理学、教育社会学等各个方面的科学，在解决人与人之间的关系的基础上，致力于处理好人的活动和客观环境的关系。领导者首先要对一些重大问题做出判断决定，还在工作中做好组织团队成员的沟通协调工作，同时在辅导员团队的建设中，还要注意对后辈

成员的干部培养和任命等方面的工作。因此，领导者不仅要具备基本的专业素养，还需要掌握一定的领导艺术等综合素质。如果想要在团队中建立并营造一种相互关心、相互信任与支持、民主自由的团队气氛，就需要运用以关系为导向的领导方式。这种领导方式把领导团队成员的行为汇成一种集体的努力，强调目标的实现和工作的完成，使团队的成员对目标具有认同感和协作愿望。

1. 改革团队领导选拔与考核机制

高职院校应当摒弃“教而优则仕”的旧观念，应不拘一格，按照高职院校领导工作的具体要求和选拔标准，选取真正具备领导能力、管理能力、素质和特长的人才，采用竞争上岗的方式，公开、公平、公正地选拔团队的领导，完善领导干部梯队建设。同时对现有领导的考核方式进行适当革新，具体应根据本校和本地区实际，结合领导岗位职责和专业性要求，确定考核的内容和标准，界定考核目的和明晰的考核指标，采用360度全方位评估法，配备相应的激励机制以提高其积极性。

2. 创新领导方式，提高团队运作效率

首先在平常工作中，团队领导应加强与团队成员的沟通联络，在管理中放低身段，多从普通管理人员和团队成员的角度出发思考问题，提高领导工作的实效性。其次学校应加强领导在心理学、管理学、教育学、社会性等方面的专业和培训，兼容并蓄，培养团队领导随机应变、全局思维的管理理念，促使其改进工作方法、思路，提高领导艺术。最后，学校应在倡导教学手段革新的同时，倡导行政管理手段、辅导员管理手段的创新，让辅导员团队的部门领导有意识地探索在工作中出现的新情况、新问题，运用新思维，摸索出自己独特有效的领导方式。

第六章

高职院校校园文化与执行力

第一节　高职院校校园文化与执行力关系

一、 高职院校校园文化内涵

（一）文化

西方的“文化（culture）”一词来源于拉丁语 cultus，原意是指对土地、土壤的耕耘、改良与加工。后来古罗马政治家西塞罗把“文化”称作“耕耘的智慧”。直到 16 世纪，文化才有了文化修养这个意思。到了 19 世纪，文化的意义才逐渐地被明确。在古代，我国很早就有“以文教化”这个说法，《辞源》在解释“文化”一词时引用了汉代刘向《说苑·指武》的“凡武之兴，为不服也，文化不改，然后加诛”，此话中的“文化”可理解为“文治和教化”之意。

1871 年，英国人类学家爱德华·伯纳特·泰勒（E. B. Tylor）在《原始文化》中给文化下了一个明确的定义，他认为：“文化是人类在其自身的历史经验中创造的包罗万象的复合体，包括知识、道德、信仰、法律、风俗等等从社会上学得的能力和习惯。”我国《辞海》当中对文化的定义则是：“广义上是人类在社会实践过程中所获得的物质和精神财富的总和。狭义的是指精神生产能力和精神产品。”

1952 年，美国人类学家克鲁克洪和克罗伯在《文化：概念和定义的批判性回顾》一书中搜集了从 1871 到 1951 年欧美学术文献当中的 164 种关于文化的定义，并在这个基础上对文化做出了一个综合性的定义，此定义被现代东西方学术界所认可，影响最为广泛。他们认为：“文化由内隐的和外显的行为模式构成；这种行为模式通过象征符号而传递与获得；文化不仅代表了人类群体的显著成就，还包括他们在人造器物中的体现；文化的核心部分是传统的（即历史的获得和选择的）观念，尤其是指他们带来的价值；文化体系一方面被看做活动的产物，另一方面则是进一步活动的决定因素。”

（二）校园文化与高职院校校园文化

1. 校园文化的提出和发展

1986年4月，上海交通大学举行了第十二届学代会，竞选学生会主席的几位学生不约而同地把加强校园文化建设作为竞选的旗帜。“校园文化”这一概念被正式提出，并引起了校内外的强烈反响和普遍共鸣，校园文化的建设热潮也在全国迅速展开。华东师范大学率先举办了首届“校园文化建设项目”活动；随后，华东化工学院、上海交通大学、复旦大学等学校相继推出以建设校园文化为宗旨的文化艺术活动；与此同时，以各校学生社团、学生会以及学生个体为主体的各种类型的文化创造活动也出现了高潮。

实践的发展呼唤理论的指导和产生。在1986年5月，共青团上海市委召开了“校园文化理论研究会”。同年的11月，上海交通大学也发起了“上海市高校校园文化专题研讨会”。同月，在全国学联会议上，“校园文化及其建设”被团中央和全国学联代表所肯定，校园文化建设作为一项重要的工作被写进正式文件中。1990年4月，中国群众文化学会、中国高等教育学会、中国教育学会、团中央宣传部在北京联合召开了首届全国校园文化理论研讨会，开创了校园文化研究的新局面。会后，中国群众文化学会会长、文化部副部长高占祥任主编，把会议论文结集成册，出版了《论校园文化》。校园文化研究逐渐走上理论化、科学化和系统化的道路。

2. 校园文化与高职院校校园文化的界定

文化的复杂性决定了校园文化在产生、发展、融合、变迁、超越过程中成就了深刻的内涵。

（1）校园文化是一种客观的存在

文化的产生必须具备三个基本条件：文化创造得以进行的手段、文化创造的主体和文化赖以存在的环境。一旦满足这三个条件，文化活动以及文化成果总是客观存在着的。学校是一个相对独立的社会文化机构，这为文化的产生提供了一种独特的环境——校园，在校园中，汇聚着肩负社会文化教育使命的一个群体，即由师生员工和办学者构成的这个群体，在学校的学习、施教、管理过程中，有意识或者无意识地进行文化实践活动，从而丰富、孕育和发展校园文化。所以说，校园文化是一种客观的存在，无论大家是否意识到，它在学校出现之时，便作为一种独特的文化形态产生而且存在于“文化世界”中了，并随着学校的发展而积淀、传承和不断超越与创新。

（2）校园文化是一种亚文化

亚文化是指与社会主流文化之间有一定差异的，具有鲜明的自制特点，并处于发展变化之中的某一个群体或社会组织的文化。由于它是在一种整体文化中，因拥有该文化的人群主体或其他方面的差异而导致的文化表现上的差异。

校园文化是在校园这一个特定场所中，基于校园对人的教育实践活动而产生的，是一种亚文化，它与社会文化之间存在着密切的联系。首先，校园文化从属于一种社会文化，它是社会文化的重要组成部分，它们之间存在着局部和整体、个性和共性、特殊和普遍的关系。其次，校园文化和社会文化相互影响、相互渗透。一方面，社会文化在一定程度上制约着校园文化，另一方面，校园文化又对社会文化具有重要的辐射影响作用。最后，校园文化与社会文化可能产生冲突。往往校园人的思维活跃，具有强烈的批判、创新的精神，勇于探索未知与接受新鲜事物，导致这一群体所拥有的校园文化与社会文化不协调，在严重情况下还有可能发生冲突。

（3）校园文化是一个多层次的有机复合体

有的学者把校园文化单纯地界定为一种文化活动或师生的价值观念，将校园文化局限在一个单一的层面上。随着校园文化研究的深入，学者们借鉴文化结构的划分标准，多将校园文化分为制度文化、物质文化和精神文化。物质文化是指校园文化的外显层，是校园文化的物质载体与外在表现；制度文化处于校园文化结构的中间层，包括校园的行为准则、规章制度与传统等；精神文化是校园文化的核心层，它是校园人道德情操、价值观念与奉行理念等的整体表现。校园物质文化是形成精神层与制度层的条件，校园制度文化集中体现了精神层与物质层对校园人的行为要求；校园精神文化是校园文化的灵魂与核心，是形成制度层与物质层的前提和根源，这三个层次构成了校园文化这一个有机复合体。

（4）校园文化是一个动态发展的系统

有学者将校园文化界定为学校建设发展过程中形成的精神财富与物质财富的总和。这种观点仅仅只看到了校园文化的静态表现，而忽视了校园文化的动态发展。校园文化是一个动态发展的系统，这个系统的发展基点是学校的文化传统，忽视传统就等于割断了学校发展的历史，校园文化建设就成了无本之木、无源之水；校园文化是开放性的，它不断地对社会文化进行选择、批判、吸纳、整合，再将加工后的文化信息反馈给社会，这种互动过程为校园文化系统的发展注入了源源不断的活力；校园文化系统的动态发展依赖于学校的教育活动，我们的教育面向的是未来教育，我们培养的人是具有创新精神的人，这个决定了教育活动是在不断改革中发展前进的，从而导致反映教育活动的校园文化也是需要不断发展变化的。

基于以上的分析，我们可以得出校园文化和高职院校校园文化的内涵。

校园文化是校园人（包括师生员工和学者）在校园这一特定环境中进行管理、学习、施教和娱乐等校园活动过程中所构建的以制度文化为保障、以物质文化为载体、以精神文化为核心的动态发展系统。

高职院校校园文化是校园文化的一个下位概念，它是基于高等职业教育这一特定教育类型，在高职院校这一特定场所内，由高职院校校园人在校园活动中所构建的一种校园文化体系。

二、高职院校校园文化特征

（一）校园文化特征

校园文化作为一种亚文化，与村镇文化、企业文化、军队文化等其他社会亚文化一样，都具备文化的一些本质属性，如人本性、传承性与规范性等，但校园文化作为一个依托校园、校园人和校园活动所构建的文化体系，又具备了一些不同于其他社会亚文化的特征。

1. 教育性

学校是实施教育活动的场所，根据国家的教育方针，结合社会发展的要求，有目的、有计划地进行人才培养，这就决定了校园文化要具有鲜明的教育性。苏霍姆林斯基曾经感慨："教育的艺术在于，不仅要使人的关系、成人的榜样和语言以及集体里精心保持的种种传统能教育人，而且也要使器物——物质和精神财富能起到教育作用。"

校园文化的教育性蕴于无形之中，它不是课堂式的说教，而是道德力量、信念力量和心理力量的体现。这种无形的教育性是校园文化体系内部各个结构层次共同作用的结果。校园物质文化提供了无形的教育环境，"孟母三迁"的故事便是最好的例证；校园制度文化以规范性与约束力保障了校园文化教育性的实现；校园精神文化以价值理念引导了校园人的行为选择，是校园文化教育性的决定力量。

2. 可塑性

人创造环境，同样环境也创造人。由于人与环境的这种相互作用的关系，人类不仅要适应环境，而且要积极主动地改造环境。文化是一个中性概念，在文化领域，积极、健康、先进的东西不去占领，消极、萎靡、落后的东西就会侵入。对于肩负人才培养这一重大教育使命的学校来说，营造健康向上的文化环境，消除不良文化的腐蚀作用，是学校育人工作的重要内容。虽然校园文化是一种客观存在，它伴随着学校的产生而产生，但校园文化不是一成不变的，它随着学校的发展而发展，具有强烈的可塑性。校园文化不仅受到学校外部因素的影响，如民族传统文化、社会思潮、区域文化和社会政治、经济发展水平等，也受制于学校内部因素，诸如学校传统、办学方针、学校办学者的教育理念、师生员工的文化素养和价值观念等等。校园人要保持高度的文化自觉意识，以积极的文化建设姿态，批判并吸纳健康的文化因素、抵制落后低俗的文化垃圾，塑造并培育良好的校园文化环境。

3. 示范性

从内容上看，校园文化汇集了人类历史发展长河中的优秀文化遗产，吸取着现代文化发展中的先进因子，融合了中外文化的精华，在整体上呈现出一种文明、健康、高雅的风尚，因而对整个社会文化都会产生引领、辐射和示范的作用；从主体上看，教育工作者是培育新一代的希望所在，他们应该具备广博的知识储备、较强的业务能力和较高的文化素质，他们对周围的人群会产生积极的示范作用。示范性不仅是校园文化的本质特征，同时也是社会、公众对校园文化的期望和价值诉求。我们常称学校是社会的一方净土，它凝聚了知识、真理、正义与科学，汇集了一批又一批有责任、有能力的英才，它肩负着崇高的使命，为人类所倚重。所以，校园文化不仅有而且必须有示范性，这样才能与人类赋予它的使命和地位相匹配。

校园文化的示范性体现在两个方面。一方面，校园文化对其内部的校园人产生示范作用，使校园人具有共同的价值标准、行为准则，养成良好的文化素质和道德情操；另一方面，校园文化对其外部的社会人产生示范作用，使其选择文明、健康的行为方式，自觉抵制不良文化的侵蚀。

4. 多样性

校园文化的多样性一方面体现在其诸多的种类上，借鉴文化结构论，校园文化可以划分为校园物质文化、校园制度文化和校园精神文化；依据校园文化的主体不同，可将校园文化分为管理文化、教师文化、学生文化和后勤文化；深入分析校园文化的内容，又可将校园文化分为智能型知识文化、素质型心理文化、情感型审美文化、意识型观念文化、协同型文体文化和技术型物质文化。另一方面，校园文化汇聚了诸多的文化流派、文化思潮，呈现出“百花齐放、百家争鸣”的勃勃生机，正如费孝通先生所言：“各美其美，美人之美，美美与共，天下大同”。

5. 有限开放性和相对独立性

虽然从地理方位上看，校园存在空间范围的界限，但校园不是与世隔绝的修道院，从学校的职能和运作体系看，学校与社会有着密切的联系，是一个开放的系统。随着社会的发展，中世纪那种经院式的、远离尘世的教育模式已被摒弃，学校与社会的交流范围和程度在不断扩大和深入。因此，校园文化是一种开放性的文化，它必须是“面向现代化、面向世界、面向未来”的。学校作为社会的文化机构，它最主要的职能是培育人才，这就决定了校园文化的建设目标不同于其他亚文化，有着自己的特殊性；校园文化的建设主体、建设环境和建设手段都是围绕着校园的，决定了校园文化自成体系；依托校园活动，校园文化有了自己的存在方式、历史渊源和演化、传播的规律，形成了一个独立的系统。

校园文化的开放性和独立性是相关联的。校园文化的开放性不是完全的，它批判地选择吸收社会文化中的精华，但并不随波逐流，它坚守自身的文化价值观念，保持着相对的独立性；校园文化的独立性不是绝对的，它与社会文化不间断地互通有无，相互渗透、共同发展，保持着有限的开放性。

（二）高职院校校园文化特征

高等职业教育是在中等教育基础上，培养生产和服务第一线需要的高级技术型人才的各种层次、各种形式的教育。高等职业教育是高等教育体系一个重要的组成部分，属于职业技术教育的类型，主要实施技术的、实际的、职业性的教育。高等职业教育在课程设置、培养目标、教学体系等方面都有着显著的特征，所以决定了实施高等职业教育的场所——高职院校的校园文化存在着显著特征。

1. 职业性

高职院校的学生从进入学校的初始就有了明确的职业定向，他们选择的专业就是以后要从事的职业，在之后的学习中，他们不断接受职业技能、知识和态度的职业教育，力求成长为具有严明职业纪律、高尚职业道德、宽广职业知识与熟练职业技能的劳动者，为日后的从业打下坚实的基础。在这个过程中所形成的校园文化必定蕴染了浓厚的职业特性，这种带有职业性的校园文化，也在无形中强化着学生的职业能力与职业理念。

2. 社会性

高等职业教育是在社会经济发展的大背景下应运而生的，和社会有着广泛而深远的联系。其一，办学主体的多元社会性。《中国教育改革和发展纲要》中指出："职业教育是现代教育的重要组成部分，是工业化和生产化、社会化、现代化的重要支柱。各级政府部门一定要高度重视，统筹规划，形成全社会兴办多形式、多层次职业教育的局面。"其二，高职院校发展是和社会发展互相适应的，高职教育专业的设置、教学方式依照社会的发展不断做出调整改变。因此，高职院校的校园文化带着明显的社会性，是高职院校和社会互动过程的结晶。

3. 实践性

高职院校培养的是"具有必需理论知识和较强实践能力，符合现代企业生产建设、管理、服务第一线的高级技术应用型人才"，技术型人才智能结构的总体特征就是以理论技术为主，将理论技术和经验技术相结合。根据这个培养目标，高职院校的教育教学过程非常重视实践环节。课程设置上，高等职业教育中实验、实习与实训课程所占的比例远远超越普通高等教育；在教学方法上，高职院校比普通高校更强调教育和生产劳动相结合，"手脑并用、学做合一"，凸显理论和实践并行、知识与技能并重的办学方针。因此，高职院校的校园文化在伴随教育教学活动产生的开始更具有实践性，并随着教育教学活动的深入，这种实践性一直不断加强，引领学生不断树立实践意识，提升实践能力。

4. 特色性

高职院校的生命力所在是其品牌、特色，它是高职院校在激烈竞争中求生存、求发展的唯一出路。高职院校的特色在很大程度上依赖于专业设置，比如：深圳职业技术学院的花卉园林专业，金陵职业大学的旅游服务专业，天津职业大学的眼镜技术专业，这些专业的针对性强，职业特色鲜明，成为这些高职院校打造特色强有力的支撑。特色专业与优势学科文化对高职院校的校园文化形成会产生很大的影响，校园文化在吸纳融合这些专业学科文化的基础上，凝练出了高职院校独特的风貌、特征，并使它们在更大范围内辐射、传播，打造出高职院校的特色品牌。

5. 融合性

校园文化在高职院校中具有很强的融合性，体现在以下三个方面。第一，融合社会文化。高职院校和社会有着密切的联系、广泛的互动，决定了高职院校校园文化和社会文化融合的必然性，而高职院校校园文化的社会性则是高职院校校园文化和社会文化融合的结果。第二，融合区域文化。“高职教育就是为地方建设服务，为一线解决实际问题的，这是职业教育的生命力所在”①。所以，高职院校和所在地方的区域文化相融合，不仅丰富了校园文化的内涵，还更好地促进地方社会的建设发展。第三，融合企业文化。校企合作是目前高职院校发展的有效途径，这为高职院校校园文化和企业文化的融合提供了必然条件，优秀的企业文化有利于培育高效能的企业经营团队，以实现企业员工的价值共守、精神共通、情感共流与命运共担，这对高职院校的校园文化有着很大的借鉴意义，也可以塑造高职学生的企业文化理念，大大地缩短了学生毕业后从事工作的适应期。

三、 高职院校校园文化与执行力的关系

高职院校的校园文化是一种软性力，对于执行力来说具有长期的、潜移默化的作用，具有持久的影响，它无形中对高职院校执行力起了推动或阻碍的作用。高职院校校园文化是高职院校校园人（包括办学者和师生员工）在高职校园这一特定环境中进行施教、管理、学习与娱乐等校园活动过程中所构建的以制度文化、以物质文化为载体和保障、以精神文化为核心的动态发展系统。它的建设包括建设了的主体和客体，高职院校校园文化建设的主体有教师、管理者、学生等，高职院校校园文化建设的客体有高职院校物质文化、制度文化与精神文化。

就高职院校校园文化建设的主体而言，高职院校校园文化对执行力是一种隐形体现。高职院校管理者在校园文化建设中的职能有：组织指挥职能、计划决策职

---

① 贺贤士，职业教育应为地方经济建设服务[J]．中国职业技术教育，2003（10）．

能、沟通协调职能、监督控制职能，因此管理者的组织能力、决策能力、沟通能力、控制能力就是管理者的文化力。高职院校教师具有育人职责，是文化的创新者、传播者，所以，高职院校教师的素质构成包括业务素质、文化素质、道德素质与身心素质，这些素质体现出的育人能力是高职院校教师的文化力。学生是高职院校校园文化建设的主体性力量，高职院校中学生榜样的作用、学生群体的作用是学生的文化力。上述所有对于执行力来讲，都不是一种直接体现，是一种无形的隐形体现。

就高职院校校园文化建设的客体而言，高职院校校园文化对执行力是一种软性的影响。高职院校物质文化是指在高职院校的发展过程中，师生员工曾经或正在作用、创造的，体现着学校教育理念、办学思想、校容校貌等的所有物质存在的总和。它包括校园环境、校园设施和校园标识三方面。它有教育与约束功能、审美与陶冶功能、激励与凝聚功能、宣传与辐射功能等。高职院校校园制度文化是基于学校制度的制定、实施而在师生员工间确立的行为准则与形成的文化理念。它具有规范性、法制性等一些特点，它可以提升高职院校的管理水平。高职院校校园精神文化是高职院校师生员工在学校发展历程中、在长期的日常工作学习生活中所凝练，在教育实践中积淀并凸显出来的学校精神、群体意识、校风校貌、价值追求、理想信念等非实体性的精神财富总和。它具有形成的作用的潜在性、长期性、影响的持久性等特点，它具有约束、导向、激励、凝聚、辐射等功能。由此可以看出，对于执行力来讲，高职院校校园文化建设的客体对其是一种长期的、潜移默化的影响，是软性的影响。

第二节　高职院校校园文化建设内容

高职院校校园文化建设内容包括建设的主体与建设的客体。主体与客体是认识论上的一对范畴：主体是指实践活动和认识活动的有目的的承担者；客体是实践活动和认识活动所指向的对象。主体与客体是一对关系范畴，就具体的活动而言的，离开具体的、现实的活动，就无所谓主体与客体。

高职院校校园文化建设是一种有计划、有目的的实践活动，这一实践活动中的主体与客体之间有密切的联系，主要表现在以下三个方面。

第一，二者是相互规定的。离开高职院校校园文化建设的客体，也就无所谓主体；没有高职院校校园文化建设的主体，客体便无从谈起。

第二，高职院校校园文化建设的主体是活动中的主导，是活动的目的之所属，而客体是为主体服务的，是作为主体实现目的的条件与手段而存在的。高职院校校园文化建设的主体正是通过认识与改造客体来展现自己的本质力量，实现自我的主体价值。

第三，高职院校校园文化建设的客体对主体有制约性。高职院校校园文化建设的客体对于主体来说是客观存在的，主体是以客体为对象而采取的活动，受到客体的制约，必须符合客体的特点，遵循客体固有的规律，才能够满足主体的需要并实现活动目的。

一、 高职院校校园文化建设主体

主体是行为的发出者，是决定事物发展、发生、变化的主要方面。校园文化是基于学校施教、管理、学习、娱乐和学校日常生活等校园活动而产生的，因此从事这些校园活动的人——管理者、教师、学生与后勤服务人员就构成了校园文化的建设主体。

（一）管理者

高职院校管理者是指为了实现高职院校的职能与高等职业教育的目标，依据一定的原则和宗旨，通过规划、激励、组织、指挥和控制等管理手段，科学地协调、组织、使用各种教育资源，从而保证了高职院校教育教学工作的持续稳定、优质高效运行的相关人员。从广义上来看，高职院校的管理者指的是学校内部所有从事公共管理事务的人员，包括各个行政职能部门的行政人员；从狭义上看，高职院校管理者是指在学校公共管理事务中负有领导责任的人。

1. 管理者在高职院校校园文化建设中的职能

（1）计划决策职能。

计划决策是高职院校校园文化建设工作有序运转的起始环节与依据。它能够有效地防止建设工作出现片面性、盲目性和随意性，确保建设的方向性与科学性。要使高职院校管理者的计划决策职能充分发挥，需要注意以下几个方面：一是要从思想上高度重视校园文化建设工作；二是对校园文化建设的总体方向有要一个明确的把握；三是要结合高职教育的特点与本校的实际情况对校园文化做出定位；四是在计划决策过程中要讲求民主性与科学性。

（2）组织指挥职能。

再好的计划，如果没有具体的组织实施，都不可能达到预期的目的。组织指挥职能是高职院校校园文化建设的计划决策得以实施、建设目标得以实现的前提。组织指挥职能的发挥首先要建立有效的组织系统，其次是明确分工授权，最后是要统一指挥。在这一过程中要遵循管理适度、分工明晰、权责一致等原则。

（3）沟通协调职能。

高职院校校园文化建设是一个系统工程，涉及众多主体、内容与环节，并且这个系统是动态发展的，系统中任何一个要素出现问题都会影响到整个建设过程。因此，高职院校的管理者必须建立有效的沟通系统与信息反馈系统，加强沟通协调能力，不断地调节改进自身的管理水平。

（4）监督控制职能

监督控制职能是为了保证实际工作能力与计划相一致而采取的管理活动。其作用在于确定高职院校各个部门是否有力、高效地执行校园文化建设计划，并在工作中出现错误时及时进行纠正与防止相同情况再发生，从而保证了校园文化建设沿着正确的方向发展。

2. 管理者在高职院校校园文化建设中的作用

高职院校的管理者是校园文化建设工程的总工程师，是工程建设的指导人员，他们的作用是其他主体无法替代的。

（1）引领作用。

学校的发展机遇基本掌握在管理者手中，学校的发展方向是由管理者来操控的，学校的运作体现的是管理者的教育思想与办学理念。假如学校是一艘航船，那么管理者就是驾船的舵手，保证航船沿着正确的方向行驶。管理者制定校园文化建设的总体目标与方案，他们引领校园文化沿着健康的道路发展。

（2）推动作用。

校园文化建设涉及学校工作的方方面面，体现在广大师生员工学习生活的点点滴滴中，而这些环节都有学校管理者的参与。正是由于管理者积极的实施、组织、控制行为，校园文化才能摆脱盲目、散漫的特性，体现出计划性与系统性。因此，管理者在校园文化建设中起到了极大的推动作用。

（3）示范作用。

管理作为一种公共行为，学校管理者处于校园人的公共视野之中，这种公共性决定了管理者的影响是广泛而持久的；管理与权力相联系，管理者的行为示范是“权威示范”，在无形中形成了震慑力；从事管理的人一般应该具有较高的素质，以身作则、率先垂范是产生“行为影响行为、一呼百应”现象的基础。因此，领导者能否无私、公正、团结、民主、谦逊、勤奋、敬业、创新、朴实，往往是能否成为广大师生员工效仿的榜样，能否有助于形成校园文化中的积极因素的关键。

（二）教师

1. 教师是高职院校校园文化建设的主导力量

“师者，传道、授业、解惑也”。教师，是一所高职院校办学的核心力量，是教学任务的主要承担者，是保证人才培养质量的关键。在高职院校校园文化的建设过程中，教师起着主导性的作用。教师的主导力量是由以下几个方面作为支撑的。

（1）教师的任务和地位。

高职院校教师的任务可以概括为八个方面：肩负传授学生文化知识的任务；肩负传授学生专业技术知识的任务；肩负传授学生专业理论知识的任务；肩负培养学生职业道德的任务；肩负培育学生职业能力的任务；肩负对学生进行职业指导的任务；肩负推广实用科学技术的任务；肩负教育教学研究的任务。可见，教师的任务紧紧围绕高职院校人才培养、社会服务的职能。邓小平曾说过："一个学校能不能为社会培养合格人才，培养德智体全面发展、有社会主义觉悟的有文化的劳动者，关键在教师。"在高职教育中，学生政治方向的确立、良好职业道德的形成、文化科学知识素质的提高、专业理论知识的掌握、生产操作技能的形成、体魄的增强，无不凝结着高职院校教师的辛勤劳动和汗水。并且，高职院校的教师不仅具有相当的文化知识，还掌握一定的专业知识和技能，他们不仅承担着教育教学任务，而且还集生产经营、科技服务与信息传递于一体，形成了强大的科技推广与技术革新力量。所以说，教师影响着学校的办学方向，决定着学校的教育质量，决定着学生的综合素质状况，教师在高职院校整个科研、教学、思政工作中起着主导性的作用，具有举足轻重的地位。教师的这种主导性作用必定在其参与校园文化的过程中展示出来，其举足轻重的地位也会在校园文化的建设中得以体现，因此，高职院校的教师是校园文化建设的主导力量。

（2）教师与文化的密切关系。

文化是人的本质的形成与展现的原因，文化就是"人化"。"人化"有两层含义：一是对人的活动对象来说，使之取得"人的形式"，使物成为"人之物"；二是对人自身来说，向完善的人方面发展，获得"完善的人""发展了的人"的素质。所以说，"人化"的过程也就是人的发展的过程，也是广义的教育过程。教育和文化的这种密切关系是通过教师构建起来的。教育的构成要素包括教育者、受教育者、教育资料等。教育资料实际上是长期积淀下来的文化，教育者实际上是文化的代表者，他的学识、道德素质、教育教学方式方法等，也是文化的表现形式，他实际上是"凝聚"了的文化，"活化"了的文化。因此，教师是联结教育和文化的桥梁，并且在教育的过程中，在受教育者"人化"的过程中起着主导性的作用。教育具有传承文化与创新文化的功能，高职院校的教师正是通过这两个方面来体现其文化力量与价值的，因此也决定了教师在高职院校校园文化建设中的主导性地位。

①高职院校教师是文化传播者。

教师对人类的延续与发展起着桥梁和纽带的作用。教师是一种特殊的文化载体，每个教师就像是一个小型的知识博物馆，储存着大量的文化信息，稍加分类组合，便能组织成为一个完整的知识群体。他们将知识不断地复制输出，使得人类社会长期以来所积累的社会精神财富得以世代相传，保存并发展下去。假如没有教师，人类以往的科学文化知识与思想观点就会中断，年轻一代的教育与培养就无法进行。在高职院校当中，教师传播的文化主要包括了专业理论知识、基础文化知识、专业技术知识等三方面内容。作为文化载体的教师并不是死板的文化输送带，他们的文化传播不是被动的，相反，具有极强的主观能动性。教师对文化知识要经过选择、吸收、整合，继而通过自己的授课方式方法释放出来，并且在与学生的互动中，不断改变调整，使其传播的文化知识更易被学生接受消化，所以，教师在文化传播的过程中占据着主导地位。

②高职院校教师是文化创新者。

潘懋元先生曾指出，高等教育的文化选择和创造功能最终能否实现，教师起着至关重要的作用。大学教师一般都是某一专业领域的专家，兼有教学和科学研究的双重任务，既是文化知识的传播者，又是文化知识的创造者。高职院校的教师需要具备全面的"双师型"能力，即教师型和技师（工程师）型，这是高职院校教师素质的特色所在，既要有从事教师工作的理论水平和能力，又要有技师（工程师）的实践技能，使专业理论课教师技能化、实习指导教师理论化，有利于高职院校培养目标的实现。基于高职院校教师的"双师型"能力，其文化创新包含三方面的内容：一是教学能力水平的创新，这是其作为教师的基本要求；二是专业理论知识的创新，以利于对生产实践进行理论指导；三是新产品、新技术、新工艺的开发研制，直接应用在生产实践中，这是高职院校的特色体现。

（3）教师的育人职责。

教师的天职是教书育人。学海无涯，教师的知识是有限的，教师教书的职责也是有限定的，但教师言传身教、为人师表的精神力量对学生的影响是无止境的。学高为师，德高为范，自古以来，教师的育人职责都是极为重要的。"师者，教人以道者之称也"（《周礼》）。"师也者，教之以事，而喻诸德者也"（《礼记·文王世子》）。徐特立先生将教师分为"经师"和"人师"："经师"只传授学生学问，"人师"是教行为的，就是教导学生怎样做人，除了教学，学生的品质、作风、生活、习惯都囊括在教导范围内。"我们的教学是要采取人师与经师二者合一的，每个教科学知识的人，他就是一个模范人物，同时也是一个有学问的人。"法国著名教育家卢梭也曾说过："只有一门学科是必须要教给孩子的：这门学科就是做人的天职"。所以说，教师不仅要传授知识经验，还要教会学生做人——思想引导、品德培养、人格示范。高职院校教师的育人职责包括指导学生树立正确的价值观、人生观、世界观，培养学生的职业道德，发展学生的身心素质等。在时空范畴上，育人的职责不仅在课堂内，还在课堂外，不仅在学习中，还在生活中，贯穿了高职院校教师“修学、治学、行学”的整个过程，融会在整个校园文化的领域中。

2. 高职院校教师的素质构成

在校园文化建设中高职院校教师的主导性作用是其他主体无法取代的，它不仅是对教师地位的认可和体现，也对教师提出了高标准的要求。高职院校教师只有不断完善自我、发展自我，才能更好地担当校园文化的主导者，才能更好地实现自身教书育人的职责。

（1）从文化素质角度出发，高职院校教师要具备较高的文化自觉意识和广博的文化知识。

早在20世纪90年代，费孝通就提出了“文化自觉”这一极具前瞻性的概念，他指出：“文化自觉是当今时代的要求，它指的是生活在一定文化中的人对其文化有自知之明，并且对其发展历程和未来有充分的认识。”文化自觉意识是高职院校教师在校园文化建设中主导性作用的首要体现，没有文化自觉意识，就没有参与校园文化建设的热情，就没有积极主动的建设行为，就丧失了把握校园文化历史积淀与未来走向的主动权。文化自觉意识的具体表现则是对文化知识的追求，教师必须具备广博的文化知识。在一方面，教师为了传授学生知识，培养学生完善、缜密的思维，满足处于成长期的学生强烈的求知欲与好奇心，教师必须具备广博的文化知识，并且随着信息时代的到来，教师的知识储备需要不断地更新，才能不被时代发展的浪潮湮没；在另一方面，对文化知识的追求有利于教师提高道德认识和道德觉悟，增强对纷繁世界美丑善恶的甄别能力，有利于正确的把握自我、客观地评价自我，从而完善人格、涵养德性，为学生树立良好的榜样。

（2）从业务素质角度出发，高职院校教师要具备基础理论与专业知识，实践技能和实践精神，教育教学理论与方法。

首先，高职院校教师应该精通本专业的基础理论与专业知识，这是其业务素质的基本要求。高职院校教师不仅对本专业的历史和现状要有充分的把握，随着科学技术的迅速发展和职业分工的深入化和复合化，对专业的未来的发展趋势也要有很好的把握。其次，高等职业教育是以经济建设第一线需要的技术人才作为其培养目标的，高职教育培养的学生，不仅要掌握专业理论，更要具备操作技能，这就对高职院校的教师提出了双重要求——在掌握专业理论知识的基础上，还要熟悉本专业的技术技能，具备较强的实践动手能力，善于学习新知识、掌握新技能，为教育教学工作奠定良好的基础。针对高职教育和高职学生的特点，高职院校的教师要不断探索高职教育教学规律、掌握现代化的教育教学手段，不断更新知识结构，努力改进教育的教学方法，提高教育的教学水平。

（3）从道德素质的角度出发，高职院校教师要具备良好的职业道德。

高职院校教师的职业道德包括热爱教育、关心学生，严谨治学、勤勉工作，严于律己、乐于奉献，作风正派、锐意进取等等。在青少年的成长过程中，影响最大的往往是教师。一个优秀的教师对学生的一生都会产生积极的影响，甚至带动与造就一个优秀的群体。无数事实证明，优秀的教师都是思想品德高尚、德才兼备的教师。作为人类灵魂的工程师，教师不仅要用智慧的钥匙为青年学生打开知识宝库的大门，也要用崇高的品德去塑造青年美好的心灵。知识的传授是在一定的思想体系指导下，受一定的政治观点、治学态度所支配的，教与学的过程，不仅是知识的传递，也是思想的交流，教师的思想、品格、情感与意志在这种交流中悄然无声又淋漓尽致地表现出来，潜移默化地影响着学生。因此，教师必须具备高尚的道德情操，为学生做好表率。正所谓“其身正，不令则从；其身不正，虽令不从”（《论语·子路》）。

（4）从身心素质的角度出发，高职院校教师要具备健全的心理质素。

心理素质是指情感、认识、意志和个性诸方面素质的综合。对于高职院校的教师来说，由于所处的工作环境和工作特点无不广泛地联系着社会和经济，加之所从事的各种专业技术的特殊需要，他们不仅承担着繁重的脑力劳动和实践教学任务，也承担着来自社会、学校方方面面的巨大压力，具备良好的心态、健全的人格是高职院校教师自我完善、自我发展的一个首要条件。高职院校教师感知的敏锐性、情感的向生性、思维的创造性、意志的坚忍性和意识的师表性，以及乐观平和的心境、自尊自信的精神、谦和友善的态度、豁达开朗的心胸和坚忍不拔的意志，对于正处在心理发展健全时期的学生来说，有着积极的作用。最后，高职院校教师在塑造健全的心理素质时要把握好三个标准：一是心理与环境的统一性；二是心理与行为的整合性；三是人格的稳定性。

（三）学生

1. 学生是高职院校校园文化建设的主体性力量

从最表面、最浅层的角度看，学生在学校总人数中占有最大的比例，是学校人数最多的一个群体，这点是显而易见、无可辩驳的。校园文化是覆盖了所有校园人的文化，而不是校园中某个群体的文化，如果没有学生这个校园主要群体参与校园文化建设，那么就背离了校园文化的本质。学生作为校园中为数众多的一个群体，所聚合的能量是不容忽视的，因此，单单从数量这个最为直观的角度看，学生必然是高职院校校园文化建设的主体性力量。

从高职院校校园文化建设的终极价值取向来看，它是为了人的发展，说到底，是为了学生的发展。校园文化为社会文化注入了新鲜的血液，推动了社会文化的发展；校园文化建设有助于学校实现文化管理，保障了学校的有效运行；校园文化建设可以打造学校特色，树立学校的品牌形象；校园文化可以极大地凝聚校园人的力量，约束校园人的行为……校园文化建设的意义是多元的，但归根到底是为学生的发展提供良好的环境，是围绕人才培养这个中心展开的。因为人本性是文化的本质属性，人创造文化又享用文化。当然校园文化也不例外，它以学生为出发点，又以学生为落脚点，学生既是校园文化的营造者，又是校园文化的受益者，校园文化建设必须是围绕学生的成长成才而展开。

从教育、文化内化的角度来看，学生在这一过程中带有极强的主体性。教师在教育、文化活动中的主导作用是一种客观规律，具有它的必然性，但肯定教师的主导作用并不意味着否定学生在过程中的主动性。学生的主动性是构成教师主导作用的主要任务、内容与衡量这种主导作用的重要标志，离开了学生的主动性，教师的主导作用就失去了它的主要内涵，失去了它的对象和归宿。王夫之在《四书训义》中说："善教者必有善学者，而后其教之益大；教者但能示之以所进之之善，而进之之功，在人自悟"。同时，学生的主动性也决定了在教育、文化过程中其具有反作用的特点。如果说教师作为一种主体在影响着学生，那么学生作为一种客体也随时以其思想、感情、态度等影响着甚至改造着教师。正因如此，学生应当具备对教师主导的文化观念进行主动认同与理性批判的能力，在这种二重态势的对立中，教学相长，学生的主体性作用得以充分发挥，校园文化呈现出可观的发展潜力。

从学生的角度来看，创造力是其主体性力量得以发挥的有利因素。学生正处于心理、生理的成长期，对外界有着强烈的好奇心、认知欲与求知欲，他们敢于探索未知，思想活跃，易于接受新鲜事物，具有较强的批判和创新意识。他们从外界吸取大量的信息、知识，往往通过自身创造性的加工整合形成新的成果，对周围的人和环境构成影响。教育不是要抹杀学生的这种天性，否定他们的个性，而要肯定学生的创造力，发展学生的创造性思维，为学生创新意识的培养提供条件。"教育所创造出来的价值是有创造欲望和创造能力的'人'，而且'人'则又是各种文化的起源。"①

对于高职院校的学生来说，当他们在学校时，他们的创造性思维是校园文化发展的动力，当他们走向工作岗位，走向生产技术第一线，他们的创新能力则可以直接推动生产力的发展，推动新文化的产生。所以，学生的创造能力为其在校园文化建设中的主体性力量奠定了扎实的根基。

总而言之，学生是高职院校校园文化建设的主体性力量，这种主体性力量包含两个层次的意义：一是高职院校校园文化建设应该紧紧围绕学生，以学生为中心和根本；二是学生要积极参与高职院校校园文化建设，发挥建设性、主动性的力量。

---

① 贾馥茗编，教育与文化[M]. 台湾：云南图书出版公司，1988.

2. 学生主体性力量发挥的带动者

校园文化蕴泽着校园中的每一个学生，每一个学生都有意或无意地和校园文化交相融合，但是要使每个学生都积极主动地参与校园文化建设，就要依赖一些关键力量的带动。

（1）学生榜样。

一所学校总会涌现出一部分佼佼者，这些学生紧跟时代步伐，拥有坚定的政治信念与积极的人生态度，努力学习古今中外的科学文化知识，善于独立思考，勇于攀登科学高峰，热衷参与各种学生活动与社会实践，开拓自己的视野，锻炼自己的能力，在校园文化建设中展示了他们鲜明的时代精神和独特的个性品格，为其他学生树立了良好的榜样。我们常说，榜样的力量是无穷的。对于渐渐趋于成熟的高职院校学生来说，时代伟人、政治领袖、社会精英固然会对其思想认识产生莫大的激励，但这些成功人士毕竟会让学生产生些许遥不可及的感觉，而朋辈群体中的榜样就在身边，他们对学生群体的激励更为现实、更为直接。所以，要充分发挥学生榜样的示范作用，带动学生整体投入高职院校校园文化建设的积极性。

（2）正式的学生群体。

依据学校对学生的管理以及教学过程中的编排，学生总会被划分为各种各样的群体，如班级、宿舍、学习小组、实验小组等等。同一个班级的学生学习同一种专业，同一学习小组的学生要完成同一个学习任务，同一个实验小组的学生要完成同一个实验项目，也就是说，这种正式的学生群体将分散的学生聚集在一起并配以同样的目标，群体中的学生为了完成同样的目标，自觉地进行协调、沟通，在他们共同努力的过程中，这个群体的风貌就展现出来。正式的学生群体是校园文化建设的基本单元，加强对他们的管理可以使个体学生得到更为有效地组织，从而促进整个高职院校校园文化建设的发展。

（3）非正式的学生组织。

非正式的学生组织也可以被称为学生的民间组织，如社团、学生会、协会等等。虽然这些非正式的学生组织也在一定程度上受制于学校的领导，但他们的自发性、自主性更强一些，体现了学生自我教育、自我管理、自我服务的性质。非正式的学生组织往往汇聚了志同道合、兴趣相投的学生，他们互相帮助、互相学习，达到了共同进步的目的。

同时，这些学生组织有一定的组建目标、活动计划、组织规章，较为规范，是活跃在校园文化中的骨干性力量，对组织内的成员和组织外的学生都产生着极大的影响。校园文化建设不仅不能忽视这些非正式的学生组织，还要对其进行有效的引导与积极的支持，使他们在校园文化建设中焕发出更大的活力。

（四）后勤人员

高校后勤是指为高校科研、教学、管理及师生生活提供各种条件保障的有形产品的生产和无形服务产品提供的生产经营活动及与之相适应的管理体制、运行机制的系统总称。高校后勤包括教学后勤、科研后勤与生活后勤等方面，其服务范围包括能源、交通、设备、房产、通信、医疗、维修、绿化、伙食、卫生等。

高职院校后勤人员是指从事学校后勤工作的人员，后勤工作是学校工作的重要组成部分，后勤人员也相应地在校园文化建设中占有一席之地，并且其地位和作用是其他校园文化建设主体无法替代的。

1. 后勤人员是校园文化建设的有力保障

走进一所学校，看到窗明几净的教学大楼、错落有致的建筑群落、优美雅致的园林绿化、井然有序的公寓环境，就能直观地反映一所学校良好的校园文化，而这些校园物理环境的营造和校园文化物质载体的打点都与后勤人员的辛勤劳动是分不开的；后勤人员通过加强对教室、宿舍、校园的管理，杜绝安全隐患，纠正不良行为，对于形成良好的校风校貌起到了很大的促进作用；学校后勤部门通过建立一整套规范的后勤服务管理体制、管理方法和运行模式等后勤服务体制，为学校教学、科研、管理和师生生活提供了各种条件，维护了师生员工学习、工作与生活的良好秩序，为校园文化建设提供了有力的保障。

2. 服务育人是后勤人员的工作宗旨

我国高校后勤社会化改革以后，高校后勤即具有双重属性——经济性和教育性，决定了高校后勤既要遵循经济规律，又要遵循教育规律。高校后勤作为经济组织进入市场后，必须正确处理经济效益和社会效益之间的关系，保持教育的本色。因为高校后勤是高校实现教育职能的重要组成部分，其目的是为高校人才的培养提供服务保障。所以高校后勤不是一般的生产单位，也不是一般的经营网点，而是负有育人职责的教育部门。正如陈至立指出的："高校后勤企业不同于社会上的一般企业，这些都是高校后勤服务实体的基本性质所决定的"。在高校后勤社会化改革进程中，后勤人员始终要坚持"三服务、两育人"的宗旨，即为高校的教学、科研与师生员工提供了高效、优质的服务，体现服务育人、管理育人的实际功效。

3. 后勤服务社会化对高职院校校园文化建设别有意义

高校后勤社会化是将高校后勤服务纳入社会主义市场经济体制，以社会承担为主，高校选择的办学需要的市场化后勤服务体系。它要求高校后勤服务按照市场经济的客观要求，逐步实现后勤服务劳动的专业化、服务对象和服务目标的多元化、服务产品的商品化、服务方式的市场化、服务主体的企业化。因此，高校后勤人员所形成的后勤文化必然带有一定的企业文化气息。高职院校是为生产第一线培养高级技术应用型人才的，所以高职教育是面向社会、面向企业的，带有企业文化气息的后勤文化是高职院校校园文化的组成部分，它有助于拉近高职院校学生和社会、企业的距离，与此同时，后勤人员优质服务的形象、爱岗敬业的精神，都在潜移默化地影响着学生职业道德的形成。所以说，后勤人员对高职院校的校园文化建设有着特殊的作用。

二、高职院校校园文化建设客体

文化可以被分为制度层、物质层和精神层三个层面。依据文化的这种结构划分，我们可以将高职院校校园文化建设的客体分为校园物质文化、校园制度文化与校园精神文化。物质文化是高职院校校园文化建设的器物层，是高职院校校园文化建设的前提与条件，是精神文化赖以生存和发展的基础和载体；制度文化是高职院校校园文化建设的中间层，它是连接物质文化与精神文化的桥梁和纽带，保障了校园文化建设的规范性、科学性与合理性；精神文化是高职院校校园文化建设的价值层，是一所学校校园文化建设的最高境界和根本体现，是物质文化和制度文化建设的内在主导性力量。

（一）高职院校校园物质文化

1. 高职院校校园物质文化的定义和特征

高职院校校园物质文化是指在高职院校的发展过程中，师生员工曾经或者正在作用、创造的，体现着学校教育理念、办学思想、校容校貌等的所有物质存在的总和。它具有以下特征。

（1）高职院校校园物质文化是物质性与基础性的统一。

校园的物质文化包括教学大楼、教研设施、亭台楼阁、雕塑壁画、花草树木等校园中看得见、摸得着的所有物质形态，它集中体现了高职院校校园文化建设的物质成果，标志着高职院校的硬件水平与办学实力，物质性是它的第一属性。同时，经过师生员工作用或由师生员工创造的这些物质成果构成了高职院校校园文化建设的基础与保障，是制度文化与精神文化建设的物质载体和平台，师生员工在这些已有物质成果的基础上去实现校园文化建设的进一步发展与飞跃。所以，校园物质文化既是高职院校校园文化建设的物质成果，又是校园文化建设的发展基础，它是物质性与基础性的统一。

（2）高职院校校园物质文化是直观性与潜在性的统一。

庄严肃穆的教学大楼、琳琅满目的图书、别出心裁的园林绿化、整洁有序的学生公寓……当走进一所学校，能够使人们的感官直接感受到的就是校园物质文化，这所学校是整洁的还是零乱的，是干净的还是污秽的，是清新明亮的还是阴森晦暗的，是美观大方的还是猥琐小气的……都由这所学校的物质文化直观地反映出来。校园物质文化作为一种客观的物质存在，能被人们的感官直接触及，具有直观形象的特点，但物质是人创造的，是人的精神世界的外化。学校的任何一个物质形态都包含了设计者、建设者的价值观、审美观或其他社会寓意，蕴涵了使用者的思想、感情等精神内容，因而附着了潜在的精神力量，正因如此，使得校园物质文化可以对师生员工产生潜移默化的精神影响。因此，高职院校校园物质文化是直观性与潜在性的统一。

（3）高职院校校园物质文化是历史性与时代性的统一。

校园中一座古老的建筑、一棵繁茂的老树、一首传唱多年的校歌，都见证了学校的发展历程，是学校宝贵的物质文化财富，是学校文化厚重感的承载。而任何学校的物质建设都不是一蹴而就、一劳永逸的。随着学校的发展，随着师生员工工作、学习、生活等实践活动的持续开展，校园物质文化在不断地积累着。过去的是一种历史的沉淀，正在进行的是对时代步伐的追随。社会的进步、时代的发展使得校园人的审美观念、生活方式、思维模式等产生了深刻变革，这些都会充分反映在校园物质文化建设中，从而使物质文化体现出强烈的时代感。所以，高职院校校园物质文化是历史性和时代性的统一。

2. 高职院校校园物质文化的内容

从整体上看，高职院校校园文化包含校园环境、校园设施和校园标识三方面的内容。

（1）校园环境。

①自然环境。

校园自然环境是指学校周围各种自然因素的总和，它与校园社会环境相对应，是学校物质条件的潜在因素。陈序经先生曾在《文化学概论》中指出：“文化的地理基础或环境‘包括了气候、江海、山岭、平原、沙漠、矿产等要素’”。

学校所处的地理位置与校园自然环境有着密切的联系，优越的地理环境可以缔造优美的校园自然环境，对身处其中的师生员工的情操产生极大的陶冶作用，所以古今中外的教育家都十分注重学校的选址。孔子在《论语·雍也》中指出：“知者乐水，仁者乐山”，宋代著名的五大书院都设在依山傍水之地，“白鹿洞书院在庐山五老峰下，有林泉之胜；岳麓书院在岳麓山抱黄洞下，背陵向壑，水茂而泉洁；嵩阳书院在太室山南；石鼓书院在回雁峰下；茅山书院在三茅山中”，“创设如此幽深的学校环境，其中重要的原因是想借山光以悦人性，假湖水以静心情，使学生获超然室外之感，在万籁空寂之中悟道皈真”①。在西方，许多古老的欧洲大学都选建在远离喧哗都市的美丽乡村或小镇，“因为它有这样一条好处，可以避开各种政治纠纷的干扰，按照当时的想法，大学是探索真理的地方，应该成为超越世俗的象牙之塔”。

②物理环境。

校园物理环境是指师生员工在校园自然环境基础上通过创造性的实践活动而形成的人为环境系统。校园物理环境包括学校的规划布局、建筑物与学校的绿化、美化、净化。校园物理环境建设对自然环境起到了补充修饰和锦上添花的作用。不是每所学校都能够选择在“山麓湖畔，阳光充足，山清水秀的开阔之处”建校，因此因地制宜地建设校园物理环境就显得尤为重要了。学校独特风格的建筑物、精心修剪的花草树木、别具匠心的人文景观、一尘不染的校园小径，这些不是自然的恩赐，而是师生员工的杰作，所以，即使校园的自然环境并不理想，通过师生员工的努力，也可以使学校展现出迷人的风光。

a. 规划布局。

规划布局是校园文化建设基础性的内容，科学合理的对学校的教学区、生活区、活动区进行划分，建设性、全局性的对学校进行规划布局，为今后的进一步建设奠定了良好的基础，如若不然，盲目地进行校园建设，不合理的布局会使学校陷入被动局面，甚至影响学校的发展。

b. 校园建筑。

学校的建筑是为了满足师生员工学习、生活、工作的需要，实用性应该是校园建筑的基本特征；其次，建筑作为一门艺术，它的作用是在满足使用要求的基础上，通过其巨大的空间形象，表现特定时代或民族的精神风貌、思想情感与审美趣味，所以有着审美性的要求；最后，作为人类重要的文化现象之一，建筑被誉为“文化的纪念碑”。梁思成曾说过：“建筑是一面镜子，它忠实地反映着一定的社会的政治、经济、思想文化”，因此，这本“立体的书”还肩负着对师生员工进行教育的职责。

c. 绿化、美化、净化。

校园两侧植绿篱，房前屋后栽花卉，零星隙地植物园，大块空地种经济，乔灌花草相搭配，园林设置出精品，春有花来夏有荫，秋有果来冬有青，校园黄土不露天，树木树人要并举。试想，谁在这样的环境中不会忘却烦恼，谁能不感到轻松舒适，心境豁然开朗？可以说，校园的绿化、美化、净化是校园人与自然和谐共处的表征，是校园文明建设的橱窗，是校园物质文化建设的重要内容。

---

① 毛礼锐，中国教育史简编[M]. 北京：教育科学出版社，1999.

（2）校园设施。

学校硬件建设的成果是校园设施，它集中体现了学校的办学水平与实力，学校的科研教学、人才培养与社会服务都得益于高水平、高质量的学校硬件设施建设。

①教育设施。

依据学校教育活动的内容，可以把教育设施分为教学设施、科研设施、文体设施等，如实验设备、体育馆、图书馆、学生活动中心等等，对于以技术型人才培养为目标的高职院校来说，实训基地和实训设备是至关重要的。随着社会的发展，学校的教育设施要跟上时代的潮流，如微机室、多媒体教室、心理咨询室、法律咨询室的建设，以不断满足高职院校师生员工多方位的要求。

②文化传播媒介。

文化只有在不断地传播和交流中才能迸发出新的思想火花，校园文化亦是如此。校园文化传播的意义在于：一是加强了信息的传递与人们的沟通交流，二是使校园文化得以对其所涉及的人产生化育的作用。因此，文化传播媒介在校园物质文化中占有重要的地位。文化传播媒介是随着信息技术的发展而不断更新的，校园中传统的文化传播媒介包括宣传栏、校园广播、宣传板、校报学报等，如今，校园传播媒介的扩展也更为先进，如校园电视、校园网络与校园 DV 等。

（3）校园标识。

标识是表明事物特征的记号，它以显著、直观的图形、物像、文字符号构成，表达了一定的涵义，传达了明确的信息。校园标识包括校徽、校牌、校标、校歌、校服、校旗以及学校的明信片、宣传册之类的纪念品等。校园标识是校园文化的载体，一个设计成功的标识往往会成为学校地位的体现、形象的展示、精神的象征与价值的代表。

3. 高职院校校园物质文化的功能

（1）审美与陶冶功能。

马克思说："动物只是按照它所属的那个种的尺度和需要来建造，而人却懂得按照任何一个种的尺度来进行生产，并且懂得怎样处处都把内在的尺度运用到对象上去，因此人是在按照美的规律来建造"。① 学校的建筑、人文景观、标识等物质文化都是在审美性原则的指导下而发展起来的，它们蕴涵了美的要素，必然具有提升审美意识、陶冶情操的功能。当师生员工置身于优美的校园物质环境中，就"像呼吸空气一样，把从四面八方吹来的美的风，吸进自己的肺腑，渗入自己的血液，从而使自己的心灵得到净化，人品美化，感情高尚化"。

① 中共中央马克思恩格斯列宁斯大林著作编译局编译，马克思恩格斯全集（第 42 卷）[M]，北京：人民出版社，1979.

（2）教育与约束功能。

校园物质文化以其固有的范性和价值教育、约束身处其中的人，这种教育的力量绕开意识的障碍，让师生员工在不知不觉、潜移默化中受约束、受教育，“它不需要任何抽象的理智形式，像知识灌输一样，像行政命令一样，像道德说教一样，像法律制裁一样，从外面强加于人。它像空气一样包围着受教育者，让他不知不觉而有自觉自愿地去感受，去体会，从而心甘情愿地接受教育”①。正如苏霍姆林斯基所说：“校园应该像伊甸园一样引人入胜，要让每一面墙壁都会说话”。所以，在校园文化的建设过程中，我们要充分发挥物质文化的教育和约束功能。

（3）激励与凝聚功能。

先进齐备的图书资料、科研设备、一座伟人的雕塑、一句张贴的名人名言，都会激起师生员工攀登科学高峰的斗志与勇气，起到莫大的鼓舞作用，同时，置身这样的校园环境中，也会使师生员工对学校产生认同感与归属感，增强大家的凝聚力。因此，优美的校园物质文化环境总会以特有的象征符号向师生员工灌输某种思想、规范或价值标准，使其受到启发、引导，鼓舞与激励，产生责任感与前进不息的精神力量。

（4）宣传与辐射功能。

外界对一所学校最直观的了解和印象就是通过校园物质文化反映出来的，校园物质文化可以起到宣传与辐射的作用。美国康奈尔大学在其《校园规划指导总则》中写到：“以任何标准来衡量，康奈尔大学都是美国最美的校园之一”。期望进入康奈尔大学的学生们也承认，在他们选择康奈尔大学的诸多理由中，校园环境是仅次于学术上杰出声誉的第二位理由。所以，良好的校园物质文化是学校文明的橱窗，是学校形象的依托，体现了较强的宣传与辐射功能。

（二）高职院校校园制度文化

1. 高职院校校园制度文化的定义和特征

“制”——拟定、规定，用强力约束限定、管束，“度”——达到某种质的规定性，“制度”的涵义为“要求大家共同遵守的办事规程或行动准则和在一定历史条件下形成的政治、经济文化等方面的体系”②。可以说制度是保证组织正常运作不可缺少的要素之一，它是为了达到组织目标、维护组织秩序而人为制定的程序化、标准化的行为模式与运行方式。组织的规章制度涉及组织的人、财、物等各个方面，是组织成员必须履行的带有强制性的义务，同时也是保障一定权利、实现组

---

① 蒋孔阳，谈谈审美教育[J]，红旗，1984（22）.

② 程良权，学校制度文化的特征及其育人效应[J]. 苏州教育学院学报，1995（06）.

织目标的有力措施与手段，可以引导组织成员对组织价值观的认同、接受与实行，使组织价值观真正成为引导组织成员思想与行为的准则。学校的规章制度是学校教育教学得以正常进行的重要保证，学校制度的建立健全与有效实施是学校教育管理规范化、科学化的重要标志。高职院校校园制度文化是基于学校制度的制定、实施而在师生员工间确立的行为准则与形成的文化理念。它具有以下几个方面的特征。

（1）规范性。

学校的规章制度都是以具有一定规范形式、阐明一定具体涵义的条文形式记录下来的，这些成文化的规章是校园制度文化的载体和表现。因此，从静态角度来看，校园制度文化是呈规范性的；更深入地来看，校园制度文化对师生员工的行为进行了定性和定量的规定、限制，成为师生员工的行为准则和维持关系的纽带，起着约束性与规范性的作用。

（2）科学合理性。

学校的管理应该体现出现代化的管理水平，建立健全各项管理制度是最基本与最有效的手段，但健全的制度只有通过实施才能发挥其约束力和规制力，才能调整师生员工的行为，保障学校的有序运转。因此，校园的制度文化必须体现出科学合理性，这是制度文化的基本属性，否则制度无法被人接受，无法推行适用，便丧失了制度制定的最初意义。

（3）法制性。

从广义上来说，高职院校制度的重要组成部分是国家的教育方针、教育政策及教育法规等规章制度，而学校自己制定的规章制度也是以国家法律法规为基本准则的，因此，校园制度是从属于社会法律制度的，它依据社会法律制度而建立并为之服务、有效补充。所以，校园制度文化在一定程度上带有法制性。

2. 高职院校校园制度文化的内容

高职院校校园制度文化分为两个层次、包含四个方面的内容。

第一个层次是基于校园制度的制定而形成的高职院校校园制度文化。一方面，制度是依据一定的指导原则制定的，体现了制定者的价值观念、行为准则等意识形态，所以，在制度制定的过程中所展现和形成的文化是校园制度文化的重要组成部分；另一方面，学校的规章制度本身就是一种文化的表征、符号和记载，是高职院校校园制度文化的外化和载体。

第二个层次是基于校园制度的实施而形成的高职院校校园制度文化。一方面，人是制度实施的操作者和监控者，我们常说，制度是死的，人是活的，也就意味着制度的实施在很大程度上体现了实施主体。人的观念、意识与情感，这些在制度实施过程中所体现出的文化意识就构成了高职院校校园制度文化的组成部分；另一方面，对师生员工正在进行的行为起到规范和约束是制度实施所能达到的立竿见影的效果，但制度实施的终极目标是使条文性的规定内化为师生员工的行为准则、道德准绳和是非善恶的标准，使师生员工可以做出正确的行为选择，这些内化了的精神意念是高职院校校园制度文化的核心部分。

3. 高职院校校园制度文化的意义

作为校园文化活动开展的基础，作为校园师生员工进行文化活动的准则，作为学校教育和管理职能发挥的手段，校园制度文化发挥着以规育人的作用，对高职院校建设发展意义重大。

（1）校园制度文化建设提升了高职院校管理水平，保障了高职院校的顺利发展。从“人治”到“法治”，是管理领域的一次飞跃，其主要标志就是对制度的重视，科学合理的规章制度、规范有效的制定实施是现代化管理的基本构成要素。对于一所高职院校来说，校园制度文化集中体现了学校教育及管理工作的基本特点，是学校教育管理职能有序发挥、实现有序管理的必然要求，是提升学校的管理水平与管理质量的有效手段。试想，众多的师生员工、繁杂的校园事务，没有制度的约束，“没有这根准绳，个体落于自纵，群体将沦为无序，社会亦将成为杂烩”①，学校的正常工作如何开展，又何谈高职院校的建设发展？

（2）校园制度文化建设有利于激发师生员工的进取意志，培养师生员工的道德观念，起到导向作用。健全成熟的学校制度文化能够给予成员正确的生存、发展目标，营造科学民主的管理氛围，这可以激发师生员工工作与学习的积极性和能动性，激发师生员工的潜能和进取意志，使师生员工自主的向学校制度文化所要求和体现的目标努力。校园制度文化是社会道德规范、行为准则、价值观念的体现，它实际上形成了师生员工善与恶、对与错、好与坏、美与丑、是与非的检验评判标准，为师生员工提供了人格、行为、品质自我评定的内在尺度，规范、约束和引导师生员工的行为选择。

（3）校园制度文化建设可以协调各方面的关系，有利于化解矛盾，形成和谐的高职院校人际氛围。没有规矩不成方圆。规章制度是协调高职院校各种关系的基础，健全成熟的规章制度与高效民主的科学管理可以将学校各方面的力量优化集结。制度文化是人们言行举止、交往互动的准则系统，它实际上充当了个体、群体和社会存在的一种内在凝聚力。制度是人类创造的作用于个人以及对个人之间关系的限制和约束，由其产生出正式的或非正式的权利和义务关系，这些权利和义务关系又是便于人们交往与交换的，能够使人们对于他人的行动所形成的影响和结果做出稳定的和相对可信赖的预期。所以，校园制度文化有效地协调着各方利益，化解矛盾，为高职院校的建设发展营造了和谐的人际氛围。

---

① 萧扬、胡志明，文化学导论[M]. 石家庄：河北教育出版社，1989.

（三）高职院校校园精神文化

苏霍姆林斯基曾说过："校园文化大而言之是根植于校园历史的一种精神积淀。是一种隐性的，又十分富有吸引力的亚文化系统。小而言之它是一种潜在的渗透在校园每一块砖头，每一棵花草上的精神照耀，它无处不在、无所不含，是笼罩了整个校园的闪烁着理性光芒的浓浓气韵、淡淡情调和似有若无的融融氛围"。①校园精神文化是校园文化的核心与灵魂。"一所学校精神文化是否形成，或者说精神文化层面建设的优劣，往往是评判整个学校校园文化优劣的重要标准"。② 所以，高职院校校园精神文化建设在整个校园文化建设中具有举足轻重的地位。

1. 高职院校校园精神文化的定义和特征

高职院校校园精神文化是高职院校师生员工在学校发展历程中、在长期的教育实践中、在日常的工作学习生活中所凝练、积淀并凸显出来的学校精神、校风校貌、群体意识、价值追求、理想信念等非实体性的精神财富总和。其特征在于以下三个方面。

（1）形成的长期性。

高职院校校园精神文化是师生员工在长期的共同实践活动中，经过历史的选择、集聚、传承发展而成的，是对群体的价值追求、办学理念、奋斗目标进行不断内化与升华的理论抽象与价值凝练的结果。它是一个介乎于情感与理性之间的范畴，它的形成是多重因素长期相互撞击的结果，这些因素包含了民族文化、社会传统、历史衍变及学校内部的历史文化传统等。所以，高职院校校园精神文化是在日积月累中发展起来的，并且历久弥坚。

（2）作用的潜在性。

校园物质文化是以直观感受产生影响作用的，校园制度文化以明确的规章调整行为，而校园精神文化则是隐藏在校园物质文化与制度文化背后的根本价值规范与精神支撑力量。校园精神文化塑造了高职院校师生员工的群体心理定势与思维方式，营造了蕴涵学校共同价值追求和理想信念的精神氛围，这种氛围看不见摸不着，但当人身处其中试图抗衡的时候，其道德规制的"软约束力"就潜在地产生作用，将反抗转化为协同，正所谓"桃李不言，下自成蹊"。

（3）影响的持久性。

校园精神文化是学校所拥有的相对稳定的群体心理定势与精神状态，是一所大学在长期的教育实践中积淀的最富典型意义的精神特征，一旦形成便具有稳定性和

---

① 李永生，论新时期校园文化建设[D]．武汉：华中师范大学出版社，1999.
② 邓光雄等编著，校园文化建设[M]．北京：年龄出版社，2004.

持久性。“大学围墙淡出，但大学精神永存”。“北大之创新、清华之严谨、南开之笃实、浙大之坚韧。充分说明校园精神文化因其持久性的影响而塑造了学校在公众心目中的独特风貌。这种影响伴随着学子在校的学习生涯，更伴随着他走进社会、走上工作岗位，影响着他的一生。离开校园的学子可以离开大学，但永远离不去的是大学精神”。①

2. 高职院校校园精神文化的存在基点和内容

（1）高职院校校园精神文化的存在基点。

校园精神文化并不是空中楼阁，它的形成是植根于学校的教育理念、价值观和共同愿景之中的。

①教育理念。

理念是人们经过长期的理性思考及实践所形成的精神向往、思想观念、理想追求和哲学信仰的抽象概括。教育理念是教育主体在教育实践及教育思维活动中形成的对“教育应然”的理性认识和主观要求。它是关于“教育的应然状态”的判断，是渗透了人们对教育的价值取向或价值倾向的“好教育”观念。教育理念支配着教育主体的教育实践活动，教育理念的科学性、先进性、创新性决定了教育主体教育实践活动的发展方向，是高职院校校园精神文化存在的重要基点。

②价值观。

价值观是人们对价值关系的认识和看法，是由自我、社会秩序、价值规范、价值、价值本位等五维组成。文化的基本要素以价值观最为重要。价值观是文化的核心和基石，文化的所有内容都是在价值观的基础上产生的。高职院校的价值观是其师生员工在长期的学校发展中所建立的共同价值取向、心理趋势与文化定势，是多数师生员工所共同认可的关于学校精神的终极判断。不同的学校因其不同的外部环境和不同的内在机制，会产生不同的价值观，从而孕育各个学校不同的精神风貌。因此，价值观是高职院校校园精神文化的重要支撑点。

③共同愿景。

在价值观的宏观指导下，以社会经济、政治、文化的发展趋势为引导，结合高职教育的发展规律，以学校自身的客观条件为基础，每所高职院校都会形成自己的发展蓝图、改革规划、办学目标，科学、合理的蓝图、规划、目标会内化为整个学校师生员工的共同愿景，成为师生员工认可的并自觉为之奋斗的共同理想目标与组织信念。共同的愿景凝聚了师生员工的精神力量，构成了高职院校校园精神文化的存在根基。

---

① 储朝辉，中国大学精神的历史与省思[M]．太原：山西教育出版社，2006.

（2）高职院校校园精神文化的内容。

校园精神文化虽然看不见、摸不着，但通过学校校风、精神、校训等可以为人们所感知。

①学校精神。

学校精神是在校园精神文化发展的基础上，经过历史的积淀、选择、凝聚，并被全校师生员工一致认同而形成的主体精神文化。学校精神是校园精神文化的核心。对于高职院校来说，学校精神的基本内容包含以下四个方面：以爱国主义为核心的民族精神；以探索真理、求真务实为核心的科学精神；以崇尚自由、民主、正义及关注人类生存终极意义为核心的人文精神和以改革创新为核心的时代精神。

③校风。

校风是学校风气的总称。它是学校成员共同具有的、富有特色的、相对稳定的行为倾向，是一种群体心理现象，也是学校物质文化建设和精神文化建设的综合反映，是学校素质教育力量的表现形态。基于校园文化建设主体的行为倾向而形成的校风包含行政作风、管理作风、教风、学风和后勤服务作风。

③校训。

校训是学校主办者（尤其是创立者或学校发展史上的重要人）对学校师生员工特别是学生发展目标的风格的期望和训诫。校训可以说是校园精神文化最直接的表征形式。

3. 高职院校校园精神文化的功能

高职院校校园精神文化是国家意志、社会趋势与学人精神相互碰撞、相互融合的结晶，作为一种动力源泉，作为一种规范力量，作为一种精神资源，作为一种无形资产，它体现了学校的整体面貌、水平特色和强大的凝聚力、感召力及生命力。高职院校校园精神文化在学校师生员工群体价值认知的基础上积淀形成了深层的心理结构和信念，对于高职院校师生员工进行价值判断和选择、确立价值取向与追求、规范行为模式和方式以及对高职院校整体的改革、发展和稳定，都能起到非常重要甚至是决定性的作用。这些作用集中体现在高职院校校园精神文化的导向功能、凝聚功能、约束功能、激励功能和辐射功能中。

（1）导向功能。

校园文化的导向作用是由其内容和作用机制决定的。求真、崇实、尚美是所有高职院校校园精神文化的真谛，高职院校校园精神文化的应然状态体现了一种高品质的文化形态，它营造了整个校园积极进取、健康向上、朝气蓬勃的氛围。长期置身其中的高职院校师生员工受到这种氛围的浸染、熏陶，必定体现出对真善美的追求和向往。高职院校校园精神文化的存在根基之一就是价值观，价值观决定了高职院校师生员工的价值取向、心理趋势与行为选择，久而久之，构建起师生员工共同的群体心理定势，从而对其思想、行为起到导向作用。

（2）约束功能。

校园制度文化也具有约束功能，与其不同的是，校园精神文化的约束是软约束，校园制度文化的约束是硬约束。校园精神文化的软约束是一种精神力量，侧重于养成，校园制度文化的硬约束是一种管理行为，侧重制度的贯彻实施。校园制度文化的硬约束是指示器，它告诉师生员工善恶、是非、对错及美丑的衡量标准，校园精神文化的软约束是调节器，在人们的行为发生矛盾冲突时，它通过信念、意志来进行平衡调解，发挥约束功能。

（3）凝聚功能。

一个组织的凝聚力包括以下两个方面：第一，组织成员之间的黏结力；第二，组织对组织成员的吸引力，或组织成员对组织的向心力。校园精神文化作为高职院校师生员工共创和认同的价值观念，发挥着巨大的感召力和凝聚力，它使师生员工认识并体验到彼此具有共同的理想追求、价值观念、道德情操和行为规范，加强了师生员工对学校的认同感和归属感，提升了师生员工维护学校声誉、为校争光的荣誉感和责任感，从而把他们紧密地联结在一起，共同为学校的发展而奋斗，形成高职院校内求团结、外求发展的精神风貌。

（4）激励功能。

每个人在前进过程中都要依靠两种力量：一是自身的进取意志和拼搏精神，即内部动力；二是所处环境的鼓励支持和公平竞争机制，即外部推动力。良好的校园精神文化为高职院校师生员工营造了民主自由、和谐有序的氛围，树立了高品位、高素质的理想目标和价值追求，形成了高职院校师生员工前进的巨大推动力量。与此同时，在校园精神文化的熏陶、濡化作用下，这种外部推动力量逐渐内化为师生员工内心的动机、愿望，激励他们自觉地向更高的目标迈进。

（5）辐射功能。

精神的力量是永恒的。高职院校校园精神文化的辐射功能不仅体现在其对内部师生员工持续性、长久性的影响力上，而且还体现在其对社会、对公众的影响力上。高职教育是与社会密切联系的教育类型，它的办学形式是面向社会的、人才培养目标是面向社会的、教学过程是面向社会的。附着了校园精神文化的师生员工是高职院校与社会紧密互动过程中的主体，他们在提供社会服务、进行实践教学、从事职业实训时，必然将自身的精神世界外化，将校园精神文化释放，对社会、对公众形成辐射作用。

第三节　高职院校校园文化建设意义

当前，我国改革开放与现代化建设事业进入了一个新阶段。在新的形势下，我国的社会主义现代化建设需要更多的全面发展的高素质人才，而培养21世纪的德、智、体等全面发展的高素质人才校园文化是一个必不可少的条件。我国当前立于全球化浪潮之中，正处于一个快速发展的时期，对高素质人才的需求是极其迫切的，而高职教育占据我国高等教育的半壁江山，是培养高素质人才的一个不可或缺的部分，同时高职教育培养出来的专业人才也是各个行业所急需的。但是在信息时代的今天，尤其在网络等信息媒介逐步普及的情况下，各种鱼龙混杂的信息大量进入人们的视野，对于社会经验不足的年轻人而言，更容易受到不良信息的迷惑，导致人生观价值观扭曲，除了影响自身的发展之外，对于社会也是一个潜在的威胁。因此校园文化作为一种有效的导向手段，必须大力进行建设。

一、 社会主义先进文化建设的要求

“三个代表”重要思想中明确指出，中国共产党始终代表先进文化的前进方向，党的理论、纲领、方针、路线、政策和各项工作，必须努力体现发展面向现代化、面向世界、面向未来的，民族的、科学的、大众的社会主义文化的要求，促进全民族思想道德素质和科学文化素质的不断提高，为我国经济发展和社会进步提供精神动力和智力支持。

校园文化作为一种亚文化，它与社会主流文化之间存在着个性与共性，特殊与普遍，局部与整体的关系。二者之间，社会文化占主导地位，校园文化处于从属地位，社会文化的发展走向支配了校园文化的发展走向，校园文化的发展则促进社会文化的发展，二者相互渗透，相互影响。从主客体角度来讲（校园文化的主体）管理人员、教师、学生、后勤人员等都是社会的一分子，同样也是社会文化的主体，校园文化可以直接通过这些人影响到社会文化。另外，学生作为校园中人数最多的群体，并不是固定不变的，而是在不停地更新，那些从校园中走出的人同样也受到了校园文化的影响，这些人不可避免的会对社会文化产生影响，从这方面看，校园文化对社会文化也存在一定的间接影响。此外，学生时代通常是人的世界观、价值观的形成时期，此间受到的影响往往会决定一个人的思想，在这个阶段对人的引导就显得尤为重要。

高职院校有两个主要特性：一是作为高等教育的一种类型，是高等教育的重要

组成部分，其校园文化自然应有高等教育校园文化的内涵和共性；二是作为高层次的职业教育，高职院校的定位是培养面向基层，面向生产、建设、服务和管理第一线职业岗位的高技能专门人才，以服务为宗旨，以就业为导向，以企业、行业、社会区域为依托。因此，其校园文化建设又应该具有自身的鲜明特色，按照高职教育的特点与规律、办学理念和理想追求，尽可能突出“职”的特点，融进更多职业特征、职业道德、职业技能、职业理想、职业人文素质。大量具备这些素质的人才进入社会后，必然会对社会文化带来有力的促进，而这正是建设社会主义先进文化所需要的。

二、高职学生人文素质提高的途径

我国的高职院校大多数是由高中、中专升格而来的大专院校，学生的文化底蕴相对来说不足。我国高职院校的人文素质教育相对比较薄弱，主要原因有三点：首先是我国的高等职业院校的发展历史较短，文化积淀不够深厚，学校特色、校风尚未形成；其次是大多数人都认为职业技术教育培养的是生产、建设、管理、服务的第一线人才，主要看的是高职院校学生的技能水平的高低，只要求学生掌握一技之长，不要求其成为通才；最后是国家有关法规、政策，对于高职学生的知识、技能、实训以及“双师型”教师队伍建设，都有明确的规定，素质教育、职业道德，只有抽象的要求。相对于高职生人文素质不高的现状，随着近几年来社会经济的发展，用人单位普遍对人才的人文修养和品行、人格提出了强烈要求。因此，提高职业人文素养、提升综合素质，已成为高职院校教育改革的重要议题。

良好的校园环境和丰富多彩的校园文化活动，是提高高职学生人文素质，培养其人文精神的重要手段。高职校园的美化、净化、绿化、学生行为规范、名言警句宣传栏、人文景观等，都会形成一种浓厚的文化氛围，影响着学生的情感和道德观念，净化学生的心灵。积极开展高职校园文化活动，将人文精神渗透到专业课程中，如开展第二课堂、专题讲座、征文、演讲比赛、技能大赛、文艺演出、体育活动等，可以使教育内化为学生素质，使学生在环境熏陶中自然形成良好的人文素质，在耳濡目染中形成良好的职业道德，达到提高学生人文素质的目的。因此，高职院校的校园文化建设是提高高职学生人文素质水平的重要举措之一。

三、高职院校管理水平提高的需要

校园文化建设和学校管理是反映学校基础工作的两个侧面，关系十分密切。校园文化建设与学校管理工作互相制约、互相促进。校园文化是学校管理工作的缩影，是一面直观的镜子，能给人一种清晰明了的感觉，而学校管理的一个重要目的就是要营造一种良好的环境氛围。因此要实现这一目的，就必须加强学校管理，促进校园文化建设。

高职院校的制度文化是学校在法令、行政、道德层面上建立起来的各种规章制度、道德规范、行为规范、工作守则等。这些规章制度不但是学校文化建设的准则，也是校园文化的重要组成部分。它对规范全校师生的各项教学、娱乐活动以及一言一行起到了必要的导向和约束作用，是学校维持正常教学、生活、工作秩序，促进高职院校健康稳定发展的保证。然而，高职院校的管理工作并不能完全依靠规章制度的制约，高职学生大多数是正处于青春期的学生，如果仅仅用呆板的制度去限制他们的行为势必会引起他们的逆反心理，适得其反。而如果利用积极向上的精神文化去引导他们的行为，则很可能会有良好的效果。校园精神文化是指一个学校的办学理念、学院精神、校训、校风、教风、学风、校徽、校歌等，校园精神文化是校园文化建设的核心和灵魂，是一个学校的办学价值观的体现。高职院校的管理工作中如果注重将校园精神文化内化为师生素质的培养，那么高职院校的日常管理工作就能如鱼得水，事半功倍。

高职院校校园物质文化在高职院校管理工作中也有着很强的作用。高职院校的物质文化是高职院校校园文化的基础载体与校园文化水平的外在标志。校园物质文化是校园内各种实体的总和，大到整个校园的规划和设计、校园环境的整体绿化；小到校牌、信封函件、校徽图案等。这些物质设施和校园环境体现着一个学校的品位和文化内涵，成为校园文化的一种最直观的外在体现。校园物质文化对学生的熏陶比单纯的教育更深刻。完善的基础设施、教学设备、后勤保障等物质文化同样对管理工作起着推波助澜的作用。

高职院校的校园行为文化是高职校园的灵魂文化，是由高职院校师生进行交往沟通时产生的文化，是师生各种行为中自觉或不自觉所体现的校园精神文化和校园制度文化的规范和要求，是校园文化在个体上的具体反映。校园行为文化是校园文化中沟通各个层次的关键环节，它主要包括师生员工的各种行为方式，以及在此基础上形成的教风、校风和学风。而高职院校的管理工作正是由无数个师生的个体活动与他们的共同活动组成的，所以，积极向上的行为文化能够潜移默化地影响学生个体的行为，为高职院校的管理工作带来的好处是不言而喻的。

因此，建设高职院校校园文化对高职院校管理水平的提高起着不可替代的作用，要想提高高职院校的管理水平，大力建设校园文化是一个有力的措施。

四、 高职院校竞争力提高的必然

进入21世纪以来，随着经济的发展，教育国际化成了现代教育的重要发展趋势之一。高等职业教育作为我国高等教育的强大生力军，开放与竞争已经成为高等职业教育发展的主流。高等教育的大众化、国际化以及社会多样化，使得高职院校之间的竞争日趋激烈。高职院校要想在日益激烈的市场竞争中取胜，就必须具备可持续发展的竞争优势，提高自身的竞争力，而优秀的校园文化正是形成与维系竞争优势的战略基础，优秀的高职院校校园文化势必将会成为高职院校持续的活力与发展潜力。

1. 继承民族传统文化是高职教育事业发展的内在要求

纵观中外任何一所知名的大学，没有一所不具有独一无二的优秀文化。高等院校通过对文化的传播、继承和发展，不仅使得受教育者成为德才兼备、知行合一的人，还与社会形成了文明互动、文化传承的态势。党的十六大报告指出：当今世界，文化与经济和政治相互交融。文化的力量，深深熔铸在民族的生命力、创造力与凝聚力之中。包括高职院校在内的各高校理所当然地承担着建设和传播先进文化的责任和使命，这不但是我国现代化建设的要求，也是社会永久发展的需要，更是高职教育事业发展的内在要求。

2. 开展文化素质教育是实现高职培养目标的必要手段

作为培养生产、管理、建设、服务第一线人才的高等职业院校，大力加强校园文化建设，提高高职学生的人文素质是一件刻不容缓的事情。校园文化作为学校教育活动的内容与途径不是独立存在的，而是与大学生的知识技能、道德情操、思维方式、心理素质与文化结构的发展紧密联系在一起的，高职院校培养人才的目标简单点说就是德才兼备，因此对在高职院校人文素质教育工作中发挥着非常重要作用的高职院校校园文化的建设，是实现高职培养目标的必然要求。

3. 建设具有高职特色的校园文化是高职院校发展战略的重要方面

我国目前的高等职业教育发展迅速，高职院校的数量占了全国高校总数的一半以上。优化办学条件，加强专业建设，提升师资水平，深化内部管理体制改革等，都成为各高职院校争相着力打造的竞争制胜点，这些无疑是必要的。此外我们也必须注意的是，优秀的校园文化有着催人奋进的激励功能，可以提升学校各成员的精神境界，能够增强学校的凝聚力和向心力，奠定学校改革与发展的思想、理论和文化基础；良好的校园文化也可以使学生在环境熏陶中自然形成良好的人文素质，在耳濡目染中形成良好的职业道德，最终形成高职院校可持续发展的竞争力，所以大力建设校园文化也是高职院校发展的重要战略之一。

4. 文化品牌是树立高职形象特色的重要途径

我国的高等职业院校大部分发展时间不长，没有深厚的历史与文化积淀。高等职业院校如果能够在建立之初就有比较明确的办学理念与目标，从学院自身的特点出发规划校园文化建设的目标，对学校的形象等方面进行科学策划，确立学院的办学精神与师生的价值观，会强化学校内部公众的凝聚力，实现全院师生与学校的心理认同，提高学校知名度与美誉度，从而有利于形成良好、健康的学院群体氛围，增强学院的软实力，促进高职院校的健康运行与对外拓展。

五、 高职院校特色凸显的重点

高职院校的办学宗旨是面向社会、贴近经济、服务企业、培养人才。我国人才的培养有着特定的要求与丰富的内涵，即在21世纪的社会条件下的人才应当具备的德、智、体等方面特质的综合。高职院校培养技术应用型人才虽然不能主要依靠校园文化，但校园文化却是一个必不可少的条件。英国伊顿公学的校长威廉·约翰逊·科里普早在1861年就指出："进一所好学校，最需要学到的不是知识，而是艺术与习惯：专心致志的习惯，表达意见的艺术；表达在一瞬间注意到一项新的学术动向的艺术，迅速了解他人思想的艺术；重视细微差别的习惯，准时完成工作的习惯，以及要学会判断、学会鉴别的习惯，增强精神上的勇敢无畏并保持头脑清醒。"并且这些习惯和精神在很大程度上是从广泛意义上的校园文化中得到的。

随着高职教育办学规模的迅速扩大，高职教育质量问题引起全社会的广泛关注。内涵与特色发展成为当今高职教育发展的主题，正因如此，能充分体现高职院校内涵的校园文化建设问题受到广大高职教育工作者的重视。高职教育的定向教育与明确的培养目标，决定了高职教育应以能力为本位，突出职业特色，也决定了高职校园文化必须打造自己的特色。建立健全高职院校的品牌校园文化，形成了自己独具风貌的文化品牌，是树立高职院校良好形象，确保高职教育在健康、积极向上的文化环境中取得长期发展的有效途径。

我国高职教育发展时间不长，在国家大力促进职业教育发展的情况下，很多学校如走马观花式地仓促成立，完全没有考虑好自己的发展模式与发展方向和目标，很多东西都是照搬已有高职院校甚至是普通高等院校的经验，造成了我国部分高职院校的严重同质化，这样各院校对凸显自己特色的要求显得更为迫切，所以发展具备自己特色的校园文化必然成为高职院校关注的重点。

第四节　高职院校校园文化建设的途径

校园文化重在建设。无论原则也好，目标也好，只有通过实际的建设实践才能达到，只有在建设实践的过程中才能发挥作用。高职院校校园文化建设不可能通过暴风骤雨式的文化运动来实现预期的目标，只有通过长期不懈地培育、实实在在地积累才能生成和发展。

教育和文化有着同生共源的关系，教育的过程就是文化的过程，教育以文化的指引不断前进、持续发展；文化的过程是通过教育来实现的，文化以教育的方式世代绵延、生生不息。因此，高职院校的全部教育实践活动是形成校园文化的基础，校园文化的发生、发展贯穿在高职院校教育教学工作中。只有在师生员工文化自觉意识的支配下，齐心合力地推动高职院校的发展，通过文化自身的形成机制，高职院校校园文化才会更加浓厚。

一、 营造高职院校校园文化建设氛围

人——主体——管理者、教师、学生和后勤人员是高职院校校园文化建设的积极因素，没有他们积极有为的建设行为，校园文化建设就是一纸空谈。文化是人造的第二自然。文化从横向结构上看，包括人与人的关系、人与自然的关系、人与自我的关系。和谐文化以构建人与人、人与自然、人与自我的和谐关系为着眼点，不仅体现了中华传统文化的思想精髓，还代表了社会主义先进文化的建设方向。结合和谐文化建设，加强高职院校师生员工之间的沟通交流，培育和谐的人际关系氛围，构建四位一体的和谐建设主体，是高职院校校园文化建设的首要措施。

（一）构建四位一体的和谐建设主体

文化的深层结构——心理是在人际交往中形成的，构建人际关系是构建文化环境的重要内容。教师、学生、管理者和后勤人员在高职院校校园文化建设中都处于不同的地位，发挥不同的作用。各司其职是主体建设行为的基础，在这个基础上，加强师生与员工之间的互动交流，即维持人与人之间和谐关系，构建四位一体的和谐建设主体，是培育高职院校校园文化和谐氛围的第一步。

孔子提出："礼之用，和为贵"（《论语·学而》）。礼之运用，贵在能和，主张借礼的作用来保持人与人之间的和谐关系。孟子提出："天时不如地利，地利不如人和"（《孟子·公孙丑下》）。把"人和"置于天时地利之上，集中表达了对人与人和谐关系的追求。"和谐"是中国传统文化的重要特征，充满了大智大慧的深刻哲理，对调整当代人际关系、行为有着极大的借鉴意义。我国站在历史的高度，审时度势地提出建设和谐文化、和谐社会这一极富现实性和前瞻性的命题，其中一个重心就是形成全社会的思想共识，实现和谐的人际关系。结合和谐文化建设，培育高职院校师生员工之间的和谐人际关系是指在师生员工的交往过程中，形成基本利益一致、双方心理相容性强、心理距离接近、彼此感情认同的局势。这种和谐的人际关系提倡师生员工之间求同存异、取长补短、通力合作、配合默契，从而使人与

人之间的情感比较容易沟通。师生员工在教育、教学、工作、学习、生活过程中心情愉快，便能够充分发挥自身的主观能动性，使其能力和才华得到最大程度的施展。

我们所要构建的四位一体的和谐建设主体，并不是追求没有差异、完全一致，我们所主张的和谐，一是强调多样，二是强调平衡，即“和而不同”。无论是后勤人员还是管理者，无论是教师还是学生，他们自身群体内部或者与其他群体交流时都会存在不同的思想观念、行为方式。对不同的思想观念、不同的行为方式，不是运用强制性的力量使其一致化，而是要提倡“同归而殊途，一致而百虑”（《易传·系辞下》）。要在师生员工中间提倡宽厚之德，发扬包容万物、淳厚中和、兼收并蓄、厚德载物的博大精神，协调不同的观念、行为，使之共同推动校园文化的建设和学校的发展。

（二）培育师生员工的自我心理和谐

根据调查，当前我国高职教师心理健康水平较低，激烈的竞争造成巨大的工作压力，一些教师不能进行有效的自我心理控制与调适，随即在心理和生理上出现精神抑郁不振、嫉妒情绪突出，对外界过分担心与忧虑，有说不出原因的不安感，记忆力减退，注意力涣散，工作效率下降等。对于高职院校的学生来说，相较于普通高等院校的大学生，他们自卑心理较为突出，往往存在学习倦怠、主动性不高的情况，在日常的生活中，其心理问题突出表现在强迫症状、敌对、人际关系敏感和抑郁四个方面。和谐始于内心。良好的心态、健全的人格，是人的身心健康的重要标志。以教师与学生为代表，可以看出高职院校师生员工的心理健康状况不容乐观。加强高职院校师生员工的心理健康教育，实现人与自我的心理和谐，是培育和谐人际氛围所不容忽视的重要环节。和谐文化强调人的自身修养、自我完善，塑造健全的人格与良好的意志品质，是实现人的心理健康、心理和谐的文化源泉。高职院校师生员工要注重通过和谐文化的熏陶和哺育，提高自身的境界、趣味、品位，培育乐观、豁达、宽容的精神、理性平和、塑造自尊自信、积极向上的心态，以开阔的心胸和积极的心境看待一切，用理性合法的方式表达利益诉求，适时适当地调节自身情感和心理，从而促进自身素质的提高、心理的和谐、精神的解放、全面的发展。

二、突出高职院校校园文化建设特色

所谓学校特色，就是对内以特色文化为支撑，凝聚和激发师生员工的人心和自信，强化学校的发展动力和竞争力；对外以特色文化为形象和资源，为社会与公众提供诚实守信的有效服务，扩大学校的社会影响，并以此为契机，拓宽学校获得资源的渠道。目前，我国高职院校在发展上盲目追求高层次的办学模式和积累教育指标，忽视或者缺乏自身层面的内涵充实和特色创造，所以，必须通过推进高职院校的内涵发展来凸显其校园文化建设的特色。

专业建设是高职院校走内涵发展道路的重要依托。我国高等教育的专业设置通常有两个主要依据：一是知识分类，即专业分类；二是社会服务对象或领域的分类，即职业分类。从大学的角度看，专业是为学科承担人才培养的职能而设置的；从社会的角度看，专业是为满足从事某类或某种社会职业所必须接受的教育和训练需要而设置的。高职院校的专业建设是学校适应社会人才需求与引导社会人才消费的一个基本尺度，反映了学校对社会经济发展、科技发展与职业岗位的适应程度。专业建设和高职院校校园文化建设存在着内在的联系。首先，校园文化是基于师生员工全部教育教学实践而形成的，专业建设作为高职院校的工作重心，其发展必然对校园文化产生极大的推动作用，专业建设是否有特色将直接影响到高职院校校园文化建设是否有特色；其次，专业建设也好，校园文化建设也罢，都体现了高职院校师生员工积极有为的实践行为，所以，专业建设的实践行为所折射出的文化气韵与校园文化相辅相成；最后，特色专业被社会认同的过程也就是蕴涵了专业特色的高职院校校园文化的辐射过程，它们在这一过程中融合渗透，成为树立学校形象、打造学校品牌的有利途径。基于专业建设和校园文化建设的这种内在联系，加强专业建设就是对校园文化建设的大力推动，加强富有特色的专业建设就是突出高职院校校园文化建设的特色。

（一）开发特色专业

高职院校对新专业的设计与构建是专业开发。高等职业教育的地方性与职业性特点，决定了它必须根据地方经济发展与职业岗位变化及时开发适销对路的专业，而不能像普通高等教育那样按照既定的专业目录来设置专业。在特色专业的开发方面，深圳职业技术学院的做法是值得借鉴的。学校以市场需求为导向，以职业岗位（群）为依据，实行以职业能力为本位的人才培养模式，同时提出专业建设的新理念，即：不仅要主动适应地方经济社会的需求，而且在一定程度上还要主动引导市场需求、创造市场需求。例如，深圳职业技术学院坚持跟踪深圳产业结构的调整和城市功能定位及社会人才变化的轨迹，不断开设新的专业来与之相适应：为适应深圳高新技术产业的发展和传统产业技术升级的需要，学校设置了数控技术、计算机辅助设计与制造、微电子、网络技术、软件、多媒体技术等专业；为适应深圳物业管理行业的发展需要，学校设置了制冷空调工程、楼宇设备与智能化技术、物业管理、建筑电气与消防、城市环境工程、城市园林等物业管理专业群；根据深圳建设现代物流城市的需要学校设置了物流管理、港口与航运管理、商场管理等物流管理专业群。又比如，学校预测深圳及珠三角地区产业发展的新趋势，适度提前设立新的专业，在一定程度上引导着新兴产业在深圳的定位：为把深圳打造成为设计之都；成立了艺术设计学院，设置工业设计、环境艺术设计、服装设计与艺术、展示设计、家具设计、形象设计、工艺品设计、珠宝及首饰设计等专业群，2003 年，设立动画专业，同年成立动画系，开设影视动画、多媒体设计与制作专业，2005 年，成立动画学院，并提出打造深圳梦幻卡通城的构想，为把深圳建立为动漫之都做贡献。

（二）建设优质课程

没有课程为依托，专业建设就是一纸空谈。结合高职教育的特点建设优质课程并要注意以下几个方面。

1. 体现职业能力

要以专业项目为导向，结合职业岗位（群）所需的知识、能力、素质结构要求，参照行业标准和职业资格标准，设置课程，使课程单元与职业能力相对应。例如，黑龙江建筑职业技术学院建筑工程技术专业在对施工员、资料员、造价员、质检员、安全员、材料检测实验员等就业岗位进行职业能力分解的基础上，对应专项能力，划分出若干个既相互联系又相互独立的课程或训练项目，构建了 5 门选修课程、14 门专业课程、9 个综合训练项目和 3 门公共课程相结合的课程体系。

2. 合理安排课时

深度融合公共基础课程、专业基础课程、专业理论课程和专业实训课程，合理安排课时。例如天津职业大学眼视光技术专业在课程体系的构建中理论和实践教学比例将为 1:1，生产性实训占整个实践环节的 83%，充分保障了学生职业能力的培养。

3. 加强教材编写

组织行业专家、企业技术骨干、实践经验丰富的高级技师和专业教师成立教材编写委员会，加强校本精品教材的编写。例如，青岛职业技术学院机电一体化专业在与海尔集团合作的基础上，结合海尔设备、海尔模具常用的典型零件的机械加工工艺过程，编写了《机械加工技术》和《工业生产自动化技术》等特色教材。

（三）加强校企结合

1. 以校企结合的方式推动专业课程建设

校企结合的方式实现了理论与实践、学生和企业、学校和社会的零距离对接，是推动以职业能力为核心的专业课程建设的必由之路。青岛职业技术学院与海尔、海信、青岛啤酒等大型企业合作，校企共同开发构建以职业能力为基础，以工作过程为导向的7个重点专业、11个支撑专业的课程体系，建立突出品牌企业及外资企业所需的职业能力培养的课程标准，并制定相应的专业教学标准，构建在真实的生产环境中培养训练学生，与大企业合作共振的实境、耦合的培养模式。

2. 以校企结合的方式推动师资队伍建设

校企结合是高职院校培养"双师型"师资队伍的有利途径。校企结合搭建了专、兼职教师合作互动的平台，不仅可以充分发挥兼职教师在教学改革、课程建设等方面的积极作用，也可以促使专职教师丰富理论联系实践的教学经验，实现了专、兼职教师的优势互补。高职院校要通过校企结合的方式建立教师培养和激励的长效机制，并在校企合作进程中不断改善与优化双师队伍结构，形成符合高技能人才培养需要的"双师型"教师的培养、认定、使用和管理机制，逐步形成主要由企业兼职教师承担实践技能课程的机制，从而推动"双师型"师资队伍的建设发展。例如，青岛职业技术学院按照开放性和职业性的内在要求，以专业带头人和骨干教师为中坚，将聘请、培养、引进相结合，依托海尔、海信、青岛啤酒等企业的人力资源优势，打造了校企互通、专兼一体的"双师型"结构教学团队。

3. 以校企结合的方式推动实训基地建设

实训基地建设是高职院校进行实践教学、人才培养的重要环节，通过与企业结合实现共管、共建、共享的实训基地运行模式，不仅在最大程度上实现了高职院校的资源合理配置，也使得实践环境更贴合企业实际，有利于人才培养目标的实现。一方面，高职院校要与行业、企业合作以探索校内实训基地的新型运行机制，创新管理模式，合作建立实训基地管理制度并组织实施，加强校内实训基地的建设力度；另一方面，要不断扩展集教学实训、顶岗实习、就业于一体的高水平校外实训基地的建设。总之，高职院校要根据专业培养目标与课程建设需要，与行业、企业等社会各方联合建设区域共享型、具有职业环境的校内外实训基地，使其具有生产性实训、社会服务、师资培训、职业技能培训与资格鉴定、应用技术研发和服务、区域共享等功能，满足将学生培养成为具有良好职业道德、科学创新精神与熟练专业技能的需要。

三、提升高职院校校园文化建设质量

教育的基本文化功能是人类文明的延续与发展，教育的主体行为动力是对传统的尊重和推动人类文明延续与发展的使命感。人性是人的世界和世界的人最基本的概念，他们构成了以人为主体与对象的教育实践活动的逻辑起点。从这个意义上说，校园文化履行和完成的是一种文化使命和文化任务，对人的教育关怀乃是校园文化人本性的实质。

高职教育在社会经济发展中应运而生，我们对高职教育进行研究，绝不仅仅是为了顺应国家的教育政策、指导高职院校的实践发展，教育目的的最终意义必须体现为一种对人类生存意义的终极关怀，也就是说我们的高职教育必须始终围绕满足人的需求、促进人的发展、实现人的价值这一终极目标。联合国教科文组织在《学会生存》中指出："应把培养人的自我生存能力，促进人的个性全面和谐发展，作为当代教育的基本宗旨。"优质的校园文化可以为高职院校人才培养提供良好的育人环境，相反，人才培养质量的提升也会推动高职院校校园文化的建设水平。当前，我国高等职业教育存在着重技术轻人文、重成器轻成人、重理论轻实践、重专识轻通识、重能力轻素质的"五重五轻"现象。严峻的现实状况使得高职院校必须注重培养全面发展的人，加强人才培养，提升高职院校校园文化建设的质量。

（一）融合职业能力与职业道德

能力是指顺利完成某项任务的心理特征，是个体从事一定社会实践活动的本领，是在合理的知识结构上由多种因素综合作用的结果。高职教育的职业性决定高职教育的人才培养是在科学文化知识和专业技术知识基础上对学生职业能力的塑造和发展，良好的职业能力是高职学生从事职业、适应社会、寻求发展的基本而关键的条件。职业能力包括职业岗位技术能力、方法能力与社会能力。职业岗位技术能力是指胜任职业岗位所必须具备的生产、经营、服务等专业性质的综合技能。

职业岗位技术能力是职业能力的核心内容，是高职院校教学的重要内容。高职学生通过学校有计划、有目的、有组织的职业岗位技术能力培训，为今后胜任工作岗位、获取立足社会的本领奠定了基础。方法能力指从事职业活动所需要的工作方法和学习方法，包括科学的思维模式和基本技能。方法能力是对高职学生专业知识、专业技能的升华和提炼，它是高职学生日后发展的铺垫。学生在学校学习的知识、技能总是有限的，并且随着科技的发展、分工的细化或岗位的调整变动，以前的知识、技能储备就更显得不完善了，所以，在习得技术能力的基础上，高职院校必须注重学生方法能力的培养，使学生养成科学的思维能力，获取有效的学习方法，使学生可以在今后的工作中通过自身的发展性能力不断完善自我、提升自我以适应不断变化的职业要求。社会能力是指从事职业活动以及生活在社会中所需要的行为能力，包括人际交往能力、社会信息处理能力、公共关系建立能力等。职业是一种社会分工，没有一种职业可以脱离与社会的关系，高职教育人才培养的职业性和社会性是相关的，学生如若不具备良好的社会能力，就无法在职业中取得更好的发展。

职业道德是指从事一定职业的人们在其特定的工作中或劳动中行为规范的总和。它是社会公德在职业生活中的具体体现。人们的生产实践不仅涉及人与自然的关系，更重要的是人与人之间的生产关系。相较于人与自然的关系，生产关系更为复杂，为了维护生产关系的稳定性，保障生产活动的顺利进行，人们就制定了一些道德和行为规范，这就是职业道德。职业道德是在特定的职业范围内的特殊的道德要求，它既是对本行业人员在职业生活中行为准则的要求，又是本行业人员对社会所负的道德责任和义务。由于职业活动是人类的基本社会活动，所以职业道德更直接、更深刻地反映着社会的道德水平和道德风貌，它是社会整个道德体系的重要组成部分。职业道德包括五个方面的内容。第一，职业道德认知。职业道德认知是对一定职业道德准则的理解和掌握，它是建立在职业道德知识的基础之上的。第二，职业道德情感。职业道德情感是指在职业道德认识的基础上产生的一种内心体验。它是随着人们的认识信念、世界观的形成和发展，在职业实践中产生和丰富起来的道德情感。第三，职业道德意志。在职业道德认知和情感的基础上，人们就会产生职业目的性和克服心理障碍及各种干扰的道德力量，如忠于职守、开拓进取、精益求精等工作信条。第四，职业道德信念。职业道德信念是在长期的职业实践中产生的对人们进行职业道德行为的内在动力，是在职业道德认知和情感发生共鸣的基础上确立的观念，并以职业理想的形式表现出来。第五，职业道德习惯。职业道德习惯是人们自觉地按职业道德准则和规范选择自己行动的行为方式。只有形成职业道德习惯才表明某种职业道德的形成达到了较高的境界。

职业能力和职业道德都是一个高职学生胜任日后工作所必不可少的条件，二者是相辅相成的。缺乏职业道德的人，首先他在为人之根本上即存在缺陷，这样的人不可能被同事、被社会所认同，再者，也不可能尽心尽力地对待自己的工作，那么即使他具备了精湛的职业能力，也不可能在工作领域中有所作为；反之，尽管一个人具备了高尚的职业道德，但是如果缺乏职业能力的话，它将无法胜任工作，限制了自身的发展。所以，职业能力是一个基础，没有职业能力就无法立足，职业道德是一个前提，是做人的道德要求在职业领域的体现，没有职业道德就无法发展。高职院校不能只注重学生的技能培养，更要在课堂中、实训中、实习中加大对学生职业道德的培育，使学生获取全面发展的能力。

（二）融合科学精神与人文精神

高职教育的职业性是其突出的特性，但是高等性是高职教育的一个基本属性。高职学生不仅是高技能人才，也是高素质人才。对于日后在生产第一线从事技术实施和生产管理的高职学生来说，他们不仅要看得懂图纸，也应具备欣赏文学艺术作品的能力；他们不仅要具备完成任务的能力，更应具备主动开发创新的进取精神。所以，科学精神和人文精神的培育对高职院校的学生来说并不是作秀，而是社会发展对高技能人才的基本要求。

竺可桢曾指出："什么是科学精神？就是追求真理。不计利害，但求真理"。科学精神是人们在科学活动中培养起来的意识和态度，是科学工作者信念、气质、品质、责任感、使命感的总和，是促进科学发展的精神动力。具有科学精神的人，敢于质疑旧说，创立新说。具有科学精神的人，敢于反对权威，这是科学精神的气质之所在。科学精神是创新的动力源泉。高职院校的学生在走上工作岗位之后，必然承担着新技术、新工艺、新项目的开发任务，没有科学精神的支撑，就会失去不断开拓创新的精神力量。所以，涵养科学精神、锻炼科学的思维方式、树立不断探索创新的信念是高职院校人才培养的重要内容。

在人文科学之中的普遍价值观念是人文精神蕴含，是对人类生存意义的拷问，是对人类存在价值的肯定，是对人性自由的释放，是对人类权利的维护，是对至善、至美精神境界的追求。人文精神体现了一种对人的存在、发展的生命意义的终极关怀。对于个体来说，人文精神的缺失会导致生命意义的消亡，引起价值体系的紊乱；对于社会来说，人文精神的缺失，会导致科学主义的泛滥，社会道德伦理、价值信仰、正义公平、责任感、使命感的失落。人文精神的塑造，可以使高职学生提升修养、陶冶情操、净化心灵，使得他们可以以一种更为开阔的眼界来看待学习、工作、生活，更容易获得满足感和愉悦感。所以，人文精神的培育对高职学生来说是必不可少的。

科学精神和人文精神相辅相成，它们是我们观察世界的一双眼睛，是我们开展实践活动的左膀右臂。它们不同的内在机理构建了人类认识自然、改造世界、完善自我的整体视图，不可偏颇。无论在东方还是西方，在人类早期的文化母体中，科学精神与人文精神是完全融合的。随着人类步入近代工业文明，科学的地位和作用被无限夸大，科学理念被不加限定的推广到人文社科领域，人文精神逐步衰落。科学精神与人文精神的严重分离和尖锐对立，既给两者各自的发展带来了不良的影响，也给人类社会的发展带来了消极的后果。在日益深重的科学危机、文明危机和人类困境面前，在人与自然、人与社会的尖锐矛盾面前，人们开始强烈呼吁重振人文科学，重塑人文精神，希冀从人类自身内在的精神世界和文化财富中，从千百年来圣贤先哲为我们所勾画的理想和所阐明的价值观中找到进一步前进的道路。因此，高职院校在科学精神和人文精神的培育过程中，必须注重二者的有机融合，使学生获得全面的发展。

四、扩大高职院校校园文化辐射能力

任何一种文化形态，它的辐射面越广，就会被越多的人所认同、接受，它的生命力就越强大，其价值和意义也就越重大。因此，辐射能力是高职院校校园文化建设优劣的衡量标准之一。优秀的高职院校校园文化辐射能力强，不断地被越来越多的公众所认同，不仅树立了高职院校在社会中的良好形象，更通过文化育人的方式影响着社会公众的思维，对推动社会文化的发展具有极大的积极意义。因此，高职院校校园文化建设要大力加强其校园文化的辐射能力，成为社会文化前进的推动力量。

高职院校的重要职能是社会服务，是直接推动社会经济发展的重要途径。高职院校的社会服务是全方位、多方面的，但概括来看包括对人的培训和对物的开发两大种类。无论涉及的是人还是物，它们都是经过校园文化或人化了的结果，被打上了校园文化的烙印，凝聚了高职院校的文化气韵。当它们进入社会时，它们所凝聚的高职院校校园文化会被释放出来，当它们与社会发生诸种关系时，校园文化通过诸种关系被传播、被附着到更多的人和物上。由此看来，社会服务是高职院校校园文化辐射能力提升的重要途径，因此，高职院校要充分发挥职教特色，不断增强社会服务职能。

（一）服务企业

高职院校的校企合作是互惠互利、是双方面的，高职院校利用企业的资源，实现了教学与实践、课堂与岗位的零距离接轨，而学校结合自身的专业优势，也为企业的发展提供了有利条件。一方面，高职院校为企业提供员工培训，为企业员工继续深造、不断适应岗位新技术、新技能要求打开了便利之门。另一方面，高职院校利用学校人才集中、技术集中的优势，可以派出教师参与企业的科技开发项目，跟踪最新技术的发展应用，协助企业进行研究开发，为企业解决发展中面临的实际问题。

（二）服务社会主义新农村

高职院校要充分地发挥职教为农的思想，为社会主义新农村建设提供多方面的服务。首先，高职院校要加大农村剩余劳动力转移培训的力度，并通过校企结合的优势，尽可能为培训后的农村剩余劳动力提供就业机会。其次，大力开展义务支农活动，对口支援社会主义新农村建设，选派专业教师和管理人员对当地农民进行实

参考文献

[1] 朱正昌. 高校辅导员队伍建设研究[M]. 北京：人民出版社，2010.
[2] 陈奎元. 高校学生处管理模式及工作创新使用手册[M]. 北京：中国教育出版社，2008.
[3] 郭超. 高校院系辅导员团队建设的意义、现状与路径[J]. 安庆师范学院学报(社会科学版)，2010 (3).
[4] 陈元瑞. 高校辅导员团队建设的问题与对策思考[J]. 河北能源职业技术学院学报，2011 (6).
[5] 樊宁宁. 完善高校辅导员团队建设研究[D]. 山西财经大学硕士论文，2013.
[6] 冯伟光. 论高校辅导员学术团队建设[J]. 辅导员工作研究，2011 (12).
[7] 王瑞杰. 高校院系学术辅导员团队建设研究[J]. 高校辅导员，2012 (8).
[8] 谢简. 基于组织学习的高校辅导员团队建设工作[J]. 科教导刊，2012 (2).
[9] 邵建平. 高校辅导员团队波士顿矩阵的构建与应用[J]. 教育探索，2010 (09).
[10] 陈元瑞. 高校辅导员团队建设的问题与对策思考[J]. 河北能源职业技术学院学报，2011 (02).
[11] 俞世恩. 高校校院辅导员团队分层建设探究[J]. 高校辅导员学刊，2011 (04).
[12] 贺新芳. 高校辅导员团队建设的思考[J]. 党史文苑，2010 (05).
[13] 丁志卫. 论高校专职辅导员团队构成及建设[J]. 教育与职业，2008 (05).
[14] 张丽琴. 新形势下高校辅导员团队建设的新思路[J]. 南昌教育学院学报，2011 (06).
[15] 林平. 黄毅军. 构建学习型高校辅导员团队的思考[J]. 福建教育学院学报，2011 (02).
[16] 章林，马杰，高校辅导员和谐团队建设探析[J]. 长春理工大学学报（社会科学版)，2009 (05).
[17] 林钦松. 高绩效团队与高校辅导员队伍建设[J]. 福建师范大学学报，2010 (06).

[18] 操菊华. 邓新洲，桂展鹏. 辅导员队伍建设中的研究团队理念概论[J]. 学校党建与思想教育，2010 (05).
[19] 鲁海新. 团队理论对农业院校辅导员队伍建设的启示[J]. 高度农业教育，2009 (07).
[20] 江丽媚. 高校辅导员的角色定位与队伍建设[D]. 广西师范大学学位论文. 2007.
[21] 杨东. 高校辅导员的专业化及保障制度研究——基于上海高校的调查与分析[D]. 华东师范大学硕士论文. 2007.
[22] 卢吉超. 社会转型期高校辅导员队伍建设与管理研究[D]. 华东师范大学硕士论文. 2005.
[23] 汤琳夏. 高校辅导员队伍激励机制研究一个设想方案的调查与思考——以上海大学为例[D]. 华东师范大学硕士论文. 2005.
[24] 李红革. 高校辅导员的品德结构研究. 华东师范大学硕士论文[D]. 2004.
[25] 王丽丽. 大学创新团队契约对知识共享的影响研究[D]. 辽宁：大连理工大学，2010
[26] 李漫. 高等院校优秀教学团队的构建和运行[D]. 南京理工大学硕士论文. 江苏：南京理工大学 2008.
[27] 卢吉超. 社会转型期高校辅导员队伍建设与管理研究 [D]，华东师范大学硕士论文，2005.
[28] 王冬梅. 高校辅导员队伍建设研究[D]. 河北师范大学硕士论文，2008.
[29] 徐世荣. 地方新建本科院校辅导员队伍建设研究[D]. 华中师范大学硕士论文，2008.
[30] 江丽媚. 高校辅导员的角色定位与队伍建设[D]. 广西师范大学硕士论文，2007.
[31] 池颖. 我国高校科研创新团队建设研究[D]. 吉林大学博士论文，2009.
[32] 中共中央国务院关于进一步加强和改进大学生思想政治教育的意见（中央16号文件）[Z]. 2004.
[33] 教育部关于加强高等学校辅导员、班主任队伍建设的意见. 教社政 [2005] 24号 [Z]. 2005.
[34] 普通高等学校辅导员队伍建设规定（中华人民共和国教育部令第24号）[Z]. 2006.
[35] 2006－2010年普通高等学校辅导员培训计划 [Z]. 教思政厅 [2006] 2号.
[36] 陈一星. 团队建设研究[M]. 北京：中央编译出版社，2007.